中国铁路改革
研究丛书

铁路国家所有权政策研究

左大杰▲著

图书在版编目（CIP）数据

铁路国家所有权政策研究 / 左大杰著. —北京：中国发展出版社，2018.9
ISBN 978-7-5177-0902-2

Ⅰ.①铁… Ⅱ.①左… Ⅲ.①铁路运输—所有权—研究—中国 Ⅳ.①F532

中国版本图书馆CIP数据核字（2018）第207569号

书　　名：铁路国家所有权政策研究
著作责任者：左大杰
出 版 发 行：中国发展出版社
（北京市西城区百万庄大街16号8层　100037）
标 准 书 号：ISBN 978-7-5177-0902-2
经　销　者：各地新华书店
印　刷　者：北京市密东印刷有限公司
开　　本：710mm × 1000mm　1/16
印　　张：19.5
字　　数：274千字
版　　次：2018年9月第1版
印　　次：2018年9月第1次印刷
定　　价：60.00 元

联 系 电 话：（010）68990630　68990692
购 书 热 线：（010）68990682　68990686
网 络 订 购：http://zgfzcbs. tmall. com//
网 购 电 话：（010）88333349　68990639
本 社 网 址：http://www.develpress. com. cn
电 子 邮 件：bianjibu16@vip. sohu. com

丛书前言

我国铁路改革始于20世纪70年代末。在过去的近40年里，铁路的数次改革均因铁路自身发展不足或改革的复杂性而搁置，铁路改革已大大滞后于国家的整体改革和其他行业改革，因而常被称为“计划经济最后的堡垒”。2013年3月，国家铁路局和中国铁路总公司（以下简称“铁总”）分别成立，我国铁路实现了政企分开，铁路管理体制改革再一次成为行业研究的热点。

以党的十八届三中全会为标志，全面深化铁路改革已经站在新的历史起点上。在新的时代背景下全面深化铁路改革，必须充分考虑当前我国的国情、路情与铁路行业发展中出现的新的关键问题，并探索解决这些关键问题的方法。经过较长时间的调研与思考，作者认为当前深化铁路改革必须解决如下十二个关键问题。

第一，铁路国家所有权问题。国家所有权政策是指有关国家出资和资本运作的公共政策，是国家作为国有资产所有者要实现的总体目标，以及国有企业为实现这些总体目标而制定的实施战略。目前，如何处理国家与铁路之间的关系，如何明确国有经济在铁路行业的功能定位与布局，以及国有经济如何在铁路领域发挥作用，是全面深化铁路改革在政策层面的首要关键问题。

第二，铁路网运关系问题。铁路网运合一、高度融合的经营管理体制，是阻碍社会资本投资铁路的“玻璃门”，也是铁路混合所有制难以推进、公益性补偿机制难以形成制度性安排的根源，因而成为深化铁路改革难以逾越的体制性障碍。如何优化铁路网运关系，是全面深化铁路改革在技术层面的首要关键问题。

第三，铁路现代企业制度问题。党的十八届三中全会明确提出，必须适应市场化、国际化的新形势，进一步深化国有企业改革，推动国有企业完善现代企业制度。我国铁路除了工程、装备企业之外，铁总及所属十八个铁路局、三个专业运输公司绝大多数均不具有现代企业制度的特点，公司制、股份制在运输主业企业中还不够普遍。

第四，铁路混合所有制问题。发展铁路混合所有制不仅可以提高铁路国有企业的控制力和影响力，还能够提升铁路企业的竞争力。当前我国铁路运输主业仅有三家企业（分别依托三个上市公司作为平台）具有混合所有制的特点，铁总及其所属企业国有资本均保持较高比例甚至达到100%，铁路国有资本总体影响力与控制力极弱。

第五，铁路投融资体制问题。“铁路投资再靠国家单打独斗和行政方式推进走不动了，非改不可。投融资体制改革是铁路改革的关键，要依法探索如何吸引社会资本参与①。”虽然目前从国家、各部委到地方都出台了一系列鼓励社会资本投资铁路的政策，但是效果远不及预期，铁路基建资金来源仍然比较单一，阻碍社会资本进入铁路领域的“玻璃门”依然存在。

第六，铁路债务处置问题。铁总在政企分开后承接了原铁道部资产与债务，这些巨额债务长期阻碍着铁路的改革与发展。铁总2016年负债已达4.72万亿元（较上年增长15%），当年还本付息就达到6203亿（较上年增长83%）；随着《中长期铁路网规划（2016-2030）》（发改基础〔2016〕1536

① 2014年8月22日，国务院总理李克强到中国铁路总公司考察时做出上述表示。

号）的不断推进，如果铁路投融资体制改革不能取得实质性突破，铁路债务总体规模将加速扩大，铁路债务风险将逐步累积。

第七，铁路运输定价机制问题。目前，铁路运输定价、调价机制还比较僵化，适应市场的能力还比较欠缺，诸多问题导致铁路具有明显技术优势的中长途以及大宗货物运输需求逐渐向公路运输转移。建立科学合理、随着市场动态调整的铁路运价机制，对于促进交通运输供给侧结构性改革、促进各种运输方式合理分工，具有重要意义。

第八，铁路公益性补偿问题。我国修建了一定数量的公益性铁路，国家铁路企业承担着大量的公益性运输。当前铁路公益性补偿机制存在制度设计缺失、补偿对象不明确、补偿方式不完善、补偿效果不明显、监督机制缺乏等诸多问题。铁路公益性补偿机制设计应从公益性补偿原理、补偿主体和对象、补偿标准、保障机制等方面，形成一个系统的制度性安排。

第九，铁路企业运行机制问题。目前，国家铁路企业运行机制仍受制于铁总、铁路局两级法人管理体制，在前述问题没有有效解决之前，铁路企业运行的有效性和市场化不足。而且，铁总和各铁路局目前均为全民所有制企业，实行总经理（局长）负责制，缺乏现代企业制度下分工明确、有效制衡的企业治理结构，决策与执行的科学性有待进一步提高。

第十，铁路改革保障机制问题。全面深化铁路改革涉及经济社会各方面的利益，仅依靠行政命令等形式推进并不可取。只有在领导组织、法律法规、技术支撑、人力资源以及社会舆论等保障层面形成合力，完善铁路改革工作保障机制，才能推进各阶段工作的有序进行。目前铁路改革的组织领导保障、法律法规保障、技术支撑保障、人力资源保障、社会舆论环境等方面没有形成合力，个别方面还十分薄弱。

第十二，铁路监管体制问题。铁路行业已于2013年3月实现了政企分开，但目前在市场准入、运输安全、服务质量、出资人制度、国有资产保值增值等方面的监管还比较薄弱，存在监管能力不足、监管职能分散等问题，适应政企分开新形势的铁路监管体制尚未形成。

第十二，铁路改革目标路径问题。十八届三中全会以来，电力、通信、油气等关键领域改革已取得重大突破，但关于铁路改革的顶层设计尚未形成或公布。个别非官方的改革方案对我国国情与铁路的实际情况缺乏全面考虑，并对铁路广大干部职工造成了较大困扰。“十三五”是全面深化铁路改革的关键时期，当前亟须结合我国铁路实际研讨并确定铁路改革的目标与路径。

基于上述对铁路改革发展12个关键问题的认识，作者经过广泛调研并根据党和国家有关政策，初步形成了一系列研究成果，定名为“中国铁路改革研究丛书”，主要包括12本专题和3本总论。

①《铁路国家所有权政策研究》：铁路国家所有权政策问题是全面深化铁路改革在政策层面的首要关键问题。本书归纳了国外典型行业的国家所有权政策的实践经验及启示，论述了我国深化国有企业改革过程中在国家所有权政策方面的探索，首先阐述了铁路国家所有权政策的基本概念、主要特征和内容，然后阐述了铁路的国家所有权总体政策，并分别阐述了铁路工程、装备、路网、运营、资本等领域的国家所有权具体政策。

②《铁路网运关系调整研究》：铁路网运关系调整是全面深化铁路改革在技术层面的首要关键问题。本书全面回顾了国内外网络型自然垄断企业改革的成功经验（特别是与铁路系统相似度极高的通信、电力等行业的改革经验），提出了“路网宜统、运营宜分、统分结合、网运分离”的网运关系调整方案，并建议网运关系调整应坚持“顶层设计+自下而上”的路径进行。

③《铁路现代企业制度研究》：在现代企业制度基本理论的基础之上，结合国外铁路现代企业制度建设的相关经验以及国内相关行业的各项实践及

其启示，立足于我国铁路建立现代企业制度的现状，通过理论研究与实践分析相结合的方法，提出我国铁路现代企业制度建设的总体思路和实施路径，包括铁总改制阶段、网运关系调整阶段的现代企业制度建设以及现代企业制度的进一步完善等实施路径。

④《铁路混合所有制研究》：本书认为，我国国家铁路企业所有制形式较为单一，亟需通过混合所有制改革扩大国有资本控制力，扩大社会资本投资铁路的比重，但是网运合一、高度融合的体制是阻碍铁路混合所有制改革的“玻璃门”，前期的铁路网运关系的调整与现代企业制度的建立为铁路混合所有制改革创造了有利条件。本书在归纳分析混合所有制政策演进以及企业实践的基础上，阐述了我国铁路混合所有制改革的总体思路、实施路径、配套措施与保障机制。

⑤《铁路投融资体制研究》：以铁路投融资体制及其改革为研究对象，探讨全面深化铁路投融资体制改革的对策措施。本书在分析我国铁路投融资体制改革背景与目标的基础上，借鉴其他行业投融资改革实践经验，认为铁路产业特点与网运合一体制是阻碍社会资本投资铁路的主要原因。本书研究了投资决策过程、投资责任承担和资金筹集方式等一系列铁路投融资制度，并从投融资体制改革的系统性原则、基于统分结合的网运分离、铁路现代企业制度的建立、铁路混合所有制的建立等方面提出了深化铁路投融资体制改革的对策措施。

⑥《铁路债务处置研究》：在分析国内外相关企业债务处置方式的基础上，根据十八大以来党和国家国有企业改革的有关政策，提出应兼顾国家、企业利益，采用“债务免除”“债转资本金”“债转股”“产权（股权）流转”等措施合理处置铁路巨额债务，并结合我国国情、路情以及相关政策，通过理论研究和实践分析，提出了我国铁路债务处置的思路与实施条

件。

⑦《铁路运输定价机制研究》：在铁路运价原理的基础上阐述价值规律、市场、政府在铁路运价形成过程中的作用，阐述了成本定价、竞争定价、需求定价三种方式及其适用范围，研究提出了采用成本定价法并考虑合理的公共需求合理确定顶棚运价（政府指导价）、采用成本定价法合理确定列车运行线价格、采用市场与需求定价方法合理确定市场执行运价等方法，并建议对公益性运输实行“明补”。

⑧《铁路公益性补偿机制研究》：分析了当前我国铁路公益性面临补贴对象不明确、补贴标准不透明、制度性安排欠缺等问题，认为公益性补偿机制设计应从公益性补偿原理、补偿主体和对象、补偿标准、保障机制等方面形成一个系统的制度性安排，并从上述多个层面探讨了我国铁路公益性补偿机制建立的思路和措施。

⑨《铁路企业运行机制研究》：本书认为，国家铁路企业运行机制仍受制于铁总、铁路局两级法人管理体制，企业内部缺乏分工明确、有效制衡的企业治理结构。本书在归纳分析国外铁路企业与我国典型网络型自然垄断企业运行机制的基础上，提出了以下建议：通过网运关系调整使铁总“瘦身”成为路网公司；通过运营业务公司化，充分发挥运输市场竞争主体、网运关系调整推动力量和资本市场融资平台三大职能；通过进一步规范公司治理和加大改革力度做强做优铁路工程与装备行业；从日益壮大的国有资本与国有经济中获得资金或资本，建立铁路国有资本投资运营公司，以铁路国资改革促进铁路国企改革。

⑩《铁路改革保障机制研究》：在分析我国铁路改革的背景及目标的基础上，从铁路改革的组织保障、法律保障、政策保障、人才保障和其他保障等方面，分别阐述其现状及存在的问题，结合国外铁路改革保障机制的实践

与启示，并借鉴其他行业改革保障机制的实践经验，通过理论研究和分析，提出了完善我国铁路改革保障机制的建议，以保证我国铁路改革相关工作有序推进和持续进行。

⑪《铁路监管体制研究》：通过分析我国铁路监管体制现状及存在的问题，结合政府监管基础理论及国内外相关行业监管体制演变历程及经验，提出了我国铁路行业监管体制改革的总体目标、原则及基本思路，并根据监管体制设置的一般模式，对我国铁路监管机构设置、职能配置及保障机制等关键问题进行了深入分析，以期为我国铁路改革提供一定的参考。

⑫《铁路改革目标与路径研究》：本书回顾了国外铁路以及我国国有企业改革目标与路径的实践及其启示，根据党和国家关于国企改革的一系列政策，首先提出了铁路改革的基本原则（根本性原则、系统性原则、差异性原则、渐进性原则、持续性原则），然后提出了我国铁路改革的目标和“六步走”的全面深化铁路改革路径，并对“区域分割”、“网运分离”、“综合改革”三个方案进行了比选，最后从顶层设计、法律保障、人才支撑等方面论述了铁路改革目标路径的保障机制。

在12个专题的基础上，考虑到部分读者时间和精力有限，作者将全面深化铁路改革的主要观点和建议进行了归纳和提炼，撰写了3本总论性质的读本：《全面深化铁路改革：总论》《全面深化铁路改革：N问N答》《全面深化铁路改革：总体构想与实施路线》。特别是《全面深化铁路改革：N问N答》一书采用一问一答的形式，对铁路改革中的一些典型问题进行了阐述和分析，便于时间和精力有限的读者阅读。

本丛书的主要观点和建议，均为作者根据党和国家有关政策并结合铁路实际展开独立研究而形成的个人观点，不代表任何机构或任何单位的意见。

感谢西南交通大学交通运输与物流学院为丛书研究提供的良好学术环

境。丛书的研究成果获得西南交通大学中央高校基本科研业务费科技创新项目（26816WCX01）的资助，部分研究成果由西南交通大学中国高铁发展战略研究中心资助出版。感谢中国发展出版社编辑宋小凤女士在本书出版过程中所给予的大力支持，以及在出版工作中付出的辛勤劳动。

本丛书以铁路运输领域理论工作者、政策研究人员、政府部门和铁路运输企业相关人士为主要读者对象，旨在为我国全面深化铁路改革提供参考，同时也可供其他感兴趣的广大读者参阅。

总体来说，本丛书涉及面广，政策性极强，实践价值高，写作难度很大。但是，考虑到当前铁路改革发展形势，迫切需要出版全面深化铁路改革系列丛书以表达作者的思考与建议。限于作者知识结构，以及我国铁路改革本身的极其复杂性，本丛书难免有尚待探讨与诸多不足之处，恳请各位同行专家、学者批评指正（意见或建议请通过微信\QQ：54267550发送给作者），以便再版时修正。

西南交通大学　左大杰

2017年7月

前 言

我国铁路经过三十多年不间断的改革，现已进入最后的攻坚克难阶段。除铁路之外，对国民经济有重大影响的垄断性产业的改革和重组均已进入市场意义上的运作阶段。

传统观念认为，铁路运输产业具有自然垄断性，应对其垄断经营。实际上，铁路运输产业仅在某些业务领域具有自然垄断特性，在其他领域不具有自然垄断性或自然垄断性不显著。为了合理地引入竞争机制，增加企业活力，笔者认为应实行铁路的自然垄断业务和非自然垄断业务分离，即对于路网领域、工程领域、装备领域、运营领域和资本领域，根据领域特征规定不同的国家所有权政策。

国家所有权政策是指国家作为国有资产所有者要实现的总体目标，以及国有企业为实现这些总体目标而制定的实施战略。铁路国家所有权政策，是指导国家行使所有权的一项基本政策，也是将此作为信息披露和提高透明度的一种手段。

目前，铁路作为自然垄断行业在深化国有企业改革过程中存在国家与铁路的关系、国有经济与铁路的关系、国家对于铁路各领域的定位以及国家对铁路企业的投资与控制方式不明确等问题。只有明确铁路国家所有权政策，才能更好地发挥国有企业的主导作用，推进国有资本战略性调整。

本书一共分为12章。第1章为绪论，阐述研究背景、研究意义、国内外发展研究现状等，对比西方国家国有企业的改革与发展，显现出我国国有企业的发展存在的诸多问题。明确国家所有权政策，能更好地发挥国有企业的主导作用，加快垄断行业改革，深化垄断行业国有企业改革。

第2章为国家所有权政策的理论与探索，对国外典型行业的国家所有权政策的实践经验及启示做了总结，并结合我国国情，简要论述我国在深化国有企业改革过程中对国家所有权政策的探索。

第3章为铁路行业的发展现状与趋势，主要明确了我国铁路各领域的发展概况与相应的发展趋势，并对铁路行业发展的主要问题进行分析，为确定铁路国家所有权政策奠定基础。

第4章为铁路国家所有权政策的总体框架，阐述了铁路国家所有权政策的基本概念、主要体系、主要特征和内容。

第5章为铁路国家所有权的总体政策，其中包括铁路的功能及任务，铁路国家所有权政策的基本目标，以及铁路国家所有权政策涉及的五大关系等内容。

第6章至第10章分别阐述铁路工程领域、装备领域、路网领域、运营领域和资本领域的铁路国家所有权具体政策。由于铁路各领域在公益性和竞争性上有所区别，应针对各领域制定相应的国家所有权政策。

第11章为铁路国家所有权政策的保障机制，主要包括顶层设计、政策、法律、人才和宣传等方面。

第12章为主要研究内容总述及结论与展望。

本书由西南交通大学左大杰副教授承担第1～10章、第12章的撰写工作，西南交通大学硕士研究生雷之田同学承担本书第11章的撰写工作。全书由左大杰负责统稿。

本书编写过程中参考了相关文献，对其作者表示衷心的感谢。

由于国家所有权政策相关理论处于快速发展中，以及编著者水平和能力所限，本书中难免会存在不足，欢迎批评指正。

作者

2018年7月

目 录

第1章 绪论

本章以十八届三中全会中提出的全面深化改革为背景，叙述我国国有企业的现状及存在的问题。我国铁路运输企业自20世纪90年代起出现行业性亏损，是我国最后一个实现政企分离的网络型垄断性行业，目前仍存在政企分离率低、董事会缺失、道德风险和监事会职能弱化等现象。制定国家所有权政策是深化铁路行业改革的必要手段。因此，推出铁路国家所有权政策刻不容缓。

1.1 研究背景与研究意义

1.1.1 研究背景

1. 全面深化改革背景

改革开放四十年，在取得巨大成就的同时，我国发展也面临一系列突出矛盾和问题。十八届中三中全会以“全面深化改革”为主题，指出全面深化改革必须以促进社会公平正义、维护人民利益、增进人民福祉为出发点和落脚点，以完善和发展中国特色社会主义制度，推进国家治理体系和治理能力现代化为总目标。十八届四中全会首次定位了“四个全面”战略布局，强调全面建成小康社会、全面深化改革、全面依法治国、全面从严治党这四大战略任务相互联系、相辅相成，必须要协调发展、共同推进。全面深化改革方法，对我国改革与发展具有重大而深远的影响。

新时代要求进一步深化改革，经济社会发展呼唤进一步深化改革，人民群众期待进一步深化改革，改革的步伐绝不能停顿，更不能倒退。解决当前我国发展面临的一系列重大问题，继续保持经济社会持续健康发展的势头，迫切要求全面深化改革。

2. 国有企业改革背景

改革开放前，我国国有经济战线太长，布局不合理，高度集中的计划体制和传统国有企业体制暴露了企业缺乏活力、国有企业的管理体制过于集中、企业缺乏经营自主权等弊端。新中国成立后，为了巩固社会主义国家政权，国家大力发展国有经济，发展了上万家大型国有企业和几十万家中小型国有企业。国有经济从无到有，从小到大，由弱到强，对促进我国生产力发展，改善人民生活，巩固社会主义制度，作出了巨大贡献，也为我国的现代化建设奠定了必不可少的物质基础。

随着改革开放进程的推进，国有企业改革经历了探索期、突破期和现代企业制度完善期三个阶段。但是改革的任务仍未全部完成，国有企业的发展还有很多问题待解决。例如，政企不分的国有资产管理体制；国有企业不是市场主体和利益主体，缺乏积极性；内部收入分配，缺乏竞争意识；国有企业的管理权高度集中于中央，企业无经营自主权等。国有企业发展存在的问题分为六个方面：①在管理体制方面，国家对国营企业实行“统一领导，分级管理”；②在计划管理方面，国家制定指令性计划决定国营企业各项经营活动；③在投资管理方面，国家对国有企业基本建设的投资权高度集中；④在财务管理方面，国家对国营企业实行“统收统支”的财务收支管理制度；⑤在产品流通方面，国家对国营企业产品和原材料“统购包销”进行分配和定价的统一管理；⑥在劳动工资管理方面，国家对国营企业用工进行统一分配。

十八届三中全会通过的《中共中央关于全面深化改革若干重大问题的决定》中提出，积极发展混合所有制经济。国有资本、集体资本、非公有制资本等交叉持股、相互融合的混合所有制经济，是基本经济制度的重要实现形式，有利于国有资本放大功能、保值增值，提高竞争力。国有资本投资项目允许非国有资本参股。允许混合所有制经济实行企业员工持股，形成资本所有者和劳动者利益共同体。完善国有资产管理体制，以管资本为主加强国有资产监管，改革国有资本授权经营体制，组建若干国有资本运行公司，支持有条件的国有企业改组为国有资本投资公司。

深化国有企业改革、完善现代企业制度，必须按照加快完善社会主义市场经济体制、坚持和完善基本经济制度的要求，牢牢把握市场在资源配置中起决定性作用这条主线，以完善公司法人制度为基础，以产权明晰、权责明确、政企分开、管理科学为基本要求，以规范经营决策、资产保值增值、公平参与竞争、提高企业效率、增强企业活力、承担社会责任为重点，通过完善现代企业制度进一步提高国有企业发展质量，不断增强国有经济活力、控制力和影响力。

3. 深化铁路改革背景

我国铁路运输主要分为旅客运输和货物运输两种形式。我国铁路运输业由于具有布局的网络性、运输生产的联动性、调度指挥高度集中性等生产特点，通常被定位为自然垄断性产业。我国铁路运输业的垄断性质之所以长期存在，是因为它具有特有的优势。铁路运输除承担客、货运输外，还承担军事物资运输、民族之间的交往、国土开发与保护等大量的社会公益性和国家安全性的运输任务。所以，我国铁路运输业垄断性的形成具有必然性、合理性和公益性。

铁路作为自然垄断性行业，具有一定的网络特性，即生产企业必须借助于传输网络才能将其产品或服务传递给用户，用户也必须借助于传输网络才能使用企业生产的产品或服务。目前，铁路的运输存在来自公路、空运、水运等其他运输方式的业外竞争，不完全符合自然垄断。而铁路产业的路网部分，具有自然垄断性质。可以说我国铁路运输业有业内垄断，但存在激烈的业外竞争。

自然垄断行业由于其特殊性和重要性，国有资产占据绝对比例，因此，我国目前自然垄断行业存在的各种问题与矛盾，多与自然垄断行业国有资产管理体制改革的不到位密切相关[①]。改革开放以来，国务院将自然垄断行业摆在重要位置，相关改革法案陆续颁布，围绕政企分离进行的国有资产管理体制改革已进入深化阶段。目前，我国自然垄断行业的国有资产管理体制仍存在重要问题，包括政企分开不完全、监管条块化问题严重、某些行业的国有企业集团运营的效率仍处于低水平等。这些问题的存在呼唤我国自然垄断行业国有资产管理体制改革的到来，为深化我国国有资产管理体制改革提供推动力量。改革和完善自然垄断行业国有资产管理体制是我国自然垄断行业改革的核心问题之一，关系到公共服务产品的供给效率和国有资产的配置效率。

十八届三中全会明确提出我国自然垄断行业的改革要求，“国有资本继续控股经营的自然垄断行业，实行以政企分开、政资分开、特许经营、政府监管为主要内容的改革，根据不同行业特点实行网运分开、放开竞争性业务，推进公共资源配置市场化。进一步破除各种形式的行政垄断”。我国自然垄断行业的改革要求，其总体方向是公共资源配置市场化，途径是政企分开、政资分开，特征是网运分离、竞争性业务破除垄断。

为进一步深化垄断行业国有企业改革，要提高改革的针对性和协同性，实施精细化改革；推进产权多元化，深化产权改革与重组；推进产业组织结构合理化，实施业务结构重组；加快监管体系改革步伐，推进行业健康发展。我国铁路运输行业应继续深化政企分离和网运分离，加大改革步伐，增强改革力度，注重改革创新，使铁路运输业快速发展。

2013年3月，根据第十二届全国人民代表大会第一次会议审议的《国务院关于提请审议国务院机构改革和职能转变方案》的议案，铁道部实行铁路政企分开。将铁道部拟定铁路发展规划和政策的行政职责划入交通运输部，

① 陈小洪、赵昌文：《新时期大型国有企业深化改革研究》，中国发展出版社2014年版。

交通运输部统筹规划铁路、公路、水路、民航发展，加快推进综合交通运输体系建设。分别组建国家铁路局和中国铁路总公司，使中国铁路实现了政府与企业职能在组织机构上的分开。中国铁路总公司的成立标志着我国自然垄断行业已全部在机构设置上实现政企分离，也标志着我国铁路行业最终结束了近70年政企不分的状况，成为最后实现政企分离的自然垄断行业。与此同时，这也改变了铁路的性质和发展方向。

2013年6月，中国铁路总公司启动铁路货运组织改革。该公司对其直属的中铁快运、中铁集运和中铁特货三家货运公司进行改革，将原本配属三家公司的行李车、班列、仓库站场等资产由地方路局收回，三家公司从运输经营职能转向运输管理职能。2014年4月1日起，中铁快运公司在北京、上海、广州、沈阳等国内20座城市陆续推出包含“当日达、次日达、次晨达”三项服务的高铁快递业务。

为深化铁路投融资体制改革，更好地发挥政府和市场的作用，促进铁路持续发展，《国务院关于改革铁路投融资体制 加快推进铁路建设的意见》（国发〔2013〕33号）中提出：推进铁路投融资体制改革，多方式多渠道筹集建设资金；不断完善铁路运价机制，稳步理顺铁路价格关系；建立铁路公益性、政策性运输补贴的制度安排，为社会资本进入铁路创造条件；加大力度盘活铁路用地资源，鼓励土地综合开发利用；强化企业经营管理，努力提高资产收益水平；加快项目前期工作，形成铁路建设合力。

目前，铁路行业作为自然垄断行业的政企分离程度最低，远远没有达到建立规范的现代企业制度的要求。这是我国计划经济体制遗留下来的历史问题，改革刻不容缓。

构建中国铁路行业国有资产管理体制，必须推进制度改革，制定铁路国家所有权政策。对于铁路行业不同的业务范围，应该实行不同的国家所有权制度安排。对于规模大、资本投入量巨大的铁路路网等产权应实行国家绝对控股，设立铁路发展基金，以中央财政性资金为引导，吸引民营资本投入；而对于铁路行业面向市场的经营性产权可以相对控股，开放竞争机制。

4. 铁路的国家所有权问题日渐突出

在改革开放之前，我国实际无政府与企业之分，所谓企业只不过是政府的一个机构，此时中国的自然垄断产业都是国家所有的。我国铁路运输行业实行国家垄断经营形式，包括所有权的垄断和经营权的垄断。铁道部既承担企业生产职能，又负责整个铁路行业的监管。因此，铁路运输行业面临较大的、较直接的政府干预。与此同时，国家控制和经营着巨额的国有资产，其经济活动占据了广阔的地域和空间，对国民经济的稳定和发展有着重大的影响。

国家所有占主导地位的所有权结构模式具有一系列的弊端，其中最主要的是导致了所有权的单一性和难以有效流动性。这种模式无法在不同的产权主体间实现对自然垄断企业的控制权竞争，因而导致了企业所有者主体的僵化和缺乏责任心，反映在国有产权身上，就表现为僵化的官僚主义以及政府机构对企业的任意行政干预。

我国的国有资产属于全体人民，但是人民不能亲自履行国有资产的所有权，只能交由政府代为所有。为了加强对国有资产的管理和监督，建立必要的资产管理和运营责任制，确保国有资产的保值和增值，我国在2003年构建了新型的国有资产管理体制，成立了国务院国有资产监督管理委员会（以下简称“国资委”）。国资委依照《中华人民共和国公司法》等法律和行政法规履行出资人职责，其定位为“企业国有资本的出资人”。国资委履行出资人职责就是执行和实施既定的国家所有权政策，代表国务院具体行使国家股东的职责。

目前，国资委行使国家所有权职能还缺乏明确的所有权政策职能作为指引。国家所有权政策是指国家作为国有资产所有者要实现的总体目标，以及国有企业为实现这些总体目标而制定的实施战略。国家所有权政策，既是指导国资委行使所有权的一项基本政策，也是将此作为信息披露和提高透明度的一种手段。国资委作为国家出资人机构，其职责是按照国家所有权政策的目标运营国有资本，确保国有资本的回报，并且确保在公共领域国有企业执行相应的公共政策和产业政策。

2013年，中国铁路总公司的成立实现了机构上的政企分离。在机构设置上实现政企分离之后，必须通过国有企业内部机构设置、人员选聘机制的调整和完善，逐渐建立起规范的企业治理结构和现代企业制度，彻底打破国有企业"行政附属物"这一历史观念和局面。但是，目前政企分离改革仍不完全。长期以来，铁路运输行业与其所投资的企业存在着若干产权关系不顺、所有权不清的问题。为维护铁路国有资产所有者权益，进一步推进铁路企业改革，政企分离的深化改革迫在眉睫。

财产所有权是指所有人依法对自己的财产享有占有、使用、收益和处分的权利[①]。国家所有权是国家对特定的财产所有、占有、使用、收益和处分的权利。国有企业对授予它经管的财产获得经营权，国家对财产仍保留所有权。国有企业必须拥有经营权，实行国有资产行政管理权和资产经营权分离，有了经营权国有企业才能具有经营的活力。

中共十八届三中全会《决定》指出，要"推动国有企业完善现代企业制度"、"进一步深化国有企业改革"。我国自然垄断行业的政企不分已经严重制约了国有企业效率的提高。政府的行业主管部门应该致力于为自然垄断行业发展创造良好的政策环境和公平、公正的市场竞争环境。铁路作为自然垄断行业在全面深化改革和建立现代企业制度的实践探索中主要出现以下四个问题。

第一，政企分离程度低。目前，我国大型国有企业中铁路政企分离程度最低。企业经营权缺乏将导致两种明显弊端：首先，企业不能根据社会需要积极主动地进行生产和经营，因而缺乏活力；其次，企业对改善生产经营缺乏物质利益的动力。一个企业既不能积极主动的经营，又不能从物质利益上关心它的经营，是导致企业经营缺乏活力的主要因素。虽然，我国铁路作为

① 《中华人民共和国物权法》。

具有一定公益性的国有企业承担着提供公共产品、修建基础设施等职能，因而可能会出现政策性亏损，但是对于我国自然垄断行业非自然垄断性国有资产经营业务，利润最大化才是企业最终的目标。政府用行政管理手段干预经管人员的选任、对经营性业务进行干预的结果，就是国有企业行政化色彩浓厚，迟迟无法提高经营绩效。

第二，董事会缺失。目前，我国自然垄断行业虽然进行了公司制改造，但企业内部的企业治理结构却并不完善，关键原因在于国有企业实行的“总经理负责制”。2013 年成立的中国铁路总公司领导班子由中央管理；公司实行总经理负责制，总经理为公司法定代表人，由原铁道部部长盛光祖担任。铁路总公司董事会的缺失、内部组织机构对原铁道部机构设置的延续，使得铁总看起来更像是政府部门，虽然在形式上进行了现代企业制度的改革，但是内容上离现代企业制度要求的规范的企业治理结构相去甚远。有的国有独资企业甚至只有董事长而没有董事会。而董事会本应具有的权力却集中于国有企业的“总经理”和董事长手中，可见这一体制背后隐藏的国有资产流失风险十分巨大。

第三，存在道德风险，“内部人控制”现象亟待解决。虽然自然垄断行业国有资产的所有权明晰，即属于我国全体人民，但是现实情况是，交易成本巨大，我国人民不能亲自履行自然垄断行业国有资产的所有权和监督权。目前我国自然垄断行业国有资产出资人机构并没有统一。国有资产所有权和监管权分散不仅造成自然垄断行业“条块分割”式管理，更使得自然垄断行业国有资产所有权虚化，国有资产的控制权实质上已被经营管理者牢牢掌握在经理人手中。由于监督机制的缺乏，“内部人控制”现象出现，造成我国自然垄断行业国有资产出现巨额流失。与此同时，我国自然垄断行业并未建立效用多元化的“激励和约束”机制，经理人与股东利益的不一致更助长经营者违背股东利益的短视行为和道德风险的发生。

第四，监事会职能弱化，对国有企业的监督机制不完整、规范。我国国有资产管理体制的重要环节是对国有资产的监督，分为内部监督和外部监督，而内部监督主要体现在监事会上。根据现代企业制度的要求，监事会和董事会平级，都对股东大会负责。但反观我国的自然垄断行业国有企业，监事会已经沦为形式，甚至附属于董事会，其对国有资产独立的监督权难以履行。与此同时，有些国有企业监事会与公司内部的各阶层有千丝万缕的联系，在主观上也不愿出面履行国有资产的监督权。

为了推进铁路改革以及现代企业制度的建立，首先需要明确国家对铁路各领域企业的功能定位与发展目标，也就是解决铁路的国家所有权问题，才能使其他改革措施顺利推进。

2018年3月7日，全国人大代表、中国铁路总公司党组书记、总经理陆东福接受新华网记者专访，回应了有关铁路的众多热点问题，主要包括铁路发展、铁路改革、中国高铁“走出去”、高铁提速、高铁创新、“交通强国、铁路先行”奋斗目标、广深港高铁等7个问题。

专栏1-1　陆东福总经理对铁路改革的阐述

记者：今年是改革开放40周年，请问铁路系统有哪些重大改革举措？

陆东福：2013年铁路实施政企分开、成立中国铁路总公司以来，我们对总公司和所属18个铁路局进一步明晰了职能定位，厘清了管理关系和方式，建立了管理制度体系，初步形成了上下贯通、法治化市场化经营体制。去年，又顺利实施了铁路局公司制改革和总公司机关组织机构改革，制定了发展混合所有制经济的意见和新建铁路项目吸引社会投资暂行办法，并做了一些积极探索，同时，大力推进铁路运输供给侧结构性改革。一些改革成效已经显现，一些改革重点已经破题，铁路改革正处在关键窗口期，我们将坚定不移地全面深化改革。

一方面，加强党对国铁企业的全面领导。我们要保持政治定力，坚持以人民为中心的发展思想，正确处理好政府、企业、市场三者的关系，把握好铁路建设发展服务国家战略、服务经济社会发展的价值取向，坚持和发挥集中力量办大事的体制优势和铁路行业专业优势，促进铁路事业持续优质发展。

另一方面，加快建立具有中国特色现代国铁企业制度和运行机制，力求取得改革新突破。在进一步完善所属18个铁路局集团公司法人治理结构的基础上，巩固总公司机关组织机构改革成果，尽快完成总公司的公司制改革；按照提高铁路核心竞争力、做强做优做大国有资本的方向，积极推动铁路领域混合所有制改革和铁路资产资本化股权化证券化改革，加快推进非运输企业重组改制，积极探索铁路公司混改、债转股法治化市场化途径，探索推进铁路企业发行资产支持证券工作；研究以路网运营企业、专业运输企业及非运输企业为重点的资源整合、资产重组、股改上市等方案，推出一批对社会资本有吸引力的项目；继续深化铁路运输供给侧结构性改革，加快铁路网与互联网的融合发展，深化“三项制度”改革，强化全面预算管理，增强铁路企业发展活力，推动中国铁路效率效益持续提升，实现高质量发展。

资料来源：新华网，http：//www.xinhuanet.com/politics/2018lh/2018-03/07/c_129824949.htm。

陆东福总经理提到的“我们要保持政治定力，坚持以人民为中心发展思想，正确处理好政府、企业、市场三者的关系，把握好铁路建设发展服务国家战略、服务经济社会发展的价值取向”，正是铁路国家所有权政策问题，涉及我国关于铁路国有企业的目标、行为，政府和国有企业的关系，国有企业与市场，包括民营、国民的关系等方面的规则。这是铁路改革中亟须解决的重要问题，而目前我们尚未对其做出针对性的研究。

综上所述，我国应明确铁路国家所有权政策，更好地发挥国有企业的主导作用，推进国有资本战略性调整；健全国有资本经营管理体制，按照政资分开原则理清政策制定、执行和监督职能，初步建立国有资本分类管理的体系；在改进公司治理、提升企业国际竞争力和管理水平上取得重大进展；加快垄断行业改革，深化垄断行业国有企业改革。

1.1.2 研究意义

1. 铁路国家所有权政策是国家行使权能的基础

国资委应定位为企业国有资本的出资人，应使其拥有完整的出资人权利。在铁路行业中，国资委履行出资人职责就是执行和实施既定的铁路国家所有权政策，代表国务院具体行使国家股东的职责。国资委应成为经营性国有资产的统一监管者，履行对全国经营且营利性国有资本的统一战略规划布局、统一国资预算编制、统一监督管理与考核以及统一国资基础管理等重要职能。在国资委下面设立行业性国有资产（资本）经营公司，通过国有资本经营公司来实现国有资产管理的优化。铁路的国家所有权职能包括决策、执行和监督三个方面：制定国家所有权政策的职能、执行国家所有权政策的职能，以及对执行国家所有权政策的效果进行监督的职能。因此，铁路国家所有权政策是指导国资委（或其他股价出资人代表，下同）行使所有权的一项基本政策，是国资委行使权能的基础。

2. 铁路国家所有权政策是影响国有经济布局的重要因素

国有经济的背后涉及的是国家所有权，国家所有权政策的实施效果如何，不仅影响中国国有企业的发展和改革，而且对中国经济的发展具有重大的现实意义。铁路国家所有权政策与国有经济布局及其调整政策有密切关系。某种意义上，两个政策只是针对同一问题的不同视角。二者的交集，是对国有经济功能作用目标的基本认识。不同的是，铁路国家所有权政策还包括对国有经济规范管理的内容，即同时着眼于国有经济如何管理（及定位），有管理工具手段的含义和内容。而国有经济布局和调整的政策，主要着眼于如何确定合理的国有经济布局和调整的原则、结构，调整的步骤、程序及条件，包括如何与其他情况及政策配合（如与资本市场配合安排）、根据国家政策等确定购股者条件等有关的内容和政策安排。

铁路国家所有权政策和国有经济布局及调整政策的关系，总体来看，是前者指导后者，铁路国家所有权政策中有关国有经济投资方向和功能目标的政策，将影响对国有经济布局现状的评估及调整方向设计，亦对布局调整方案的具体设计和实施有影响。同时国有经济布局及其调整的实际方案，亦对铁路国家所有权政策，尤其是阶段性的铁路国家所有权具体政策会有影响。当调整的实际进程由于资本市场或其他原因与目标方案有所不同时，国家所有权具体政策亦需做出相应的调整，否则政策难以有效管理和实施。

3. 铁路国家所有权政策在深化铁路改革中处于纲领地位

铁路的国家所有权问题最重要的是要解决国家对铁路各领域企业的功能定位与发展目标，铁路国家所有权政策在深化铁路改革之中处于纲领地位，纲举则目张，如果不首先明确这个，将直接导致其他改革措施难以推进。只有确定了铁路各领域的企业目标和功能定位，即确定铁路及其各领域在国民经济体系中的重要地位、国有资本的功能定位及布局，才能进一步明确国家对各领域的控制方式、是否允许社会资本参加、铁路各领域国有企业的出资人、法律形式以及相应的治理结构。加强对铁路国家所有权政策问题的研究，以便对各领域企业采取适宜的控制政策，是全面深化铁路改革有效进行的必要基础。

4. 铁路国家所有权政策是铁路企业与社会沟通的有效工具

制定铁路国家所有权政策，进一步明确国家作为国有企业的所有者对铁路企业的目标要求，特别是需要明确铁路作为国家投资、国家所有、国家管理的国有企业，受托责任的内容和评价方式，并将之公布于众，接受监督才能够满足社会和公众对铁路企业的期待。国家所有权政策总体要求具体经营目标可根据国家宏观政策和企业发展情况的变化不断调整和更新。铁路国家所有权政策对国有企业的责任和义务、战略使命和总体目标、经营目标和评价标准、特殊职责和国家支持等内容作出明确表述，向社会公开，成为国有企业与社会公众沟通的有效工具，使公司、市场和公众清楚了解铁路作为国有企业的目标和承诺，更加理解铁路企业对国家和社会的意义。

1.2 国内外发展与研究现状

1.2.1 国外发展与研究概况

世界各国，包括社会主义国家和资本主义国家国有企业的迅速发展始于第二次世界大战后。西方资本主义国家最早建立的国有企业都是国家独资企业。随着现代市场经济的不断发展，经济关系的日趋复杂化，不同性质的经济实体之间有了广泛的交流与合作，国有企业不再单独经营。因此，国有企业的种类开始增加。西方国家判定国有企业的依据是：政府是否对其拥有实质上的支配权或控制权，而不是看企业的资产是否全部为政府所拥有。

在德国，将国家股份为100%的企业称为完全国有企业；国家参股超过50%但不足100%的称为多数参股国有企业，国家参股低于50%的称为少数参股国有企业。在法国，国有企业包括国家直接所有并经营的企业，如军事工业部门、铁路公司、电力公司等；国家以主要股东的身份控制的企业。意大利除了把国家全资企业、国家控股企业视为国有企业外，更注重发展国家参与企业。另外，有些国家把在企业中设置了“黄金股”的企业也看作国有企业。在这类企业中，政府只掌握不大的“黄金股”，也许只有全部股金的1%，但在关键时刻，如果政府认为公司再转手倒卖或在其他经营过程中有损国家利益，则可以行使最终否决权，以监控企业。同时，发达资本主义国家的经济体制逐渐开始转型，转向由国家进行宏观调控和干预的一种现代型市场经济体制。

在资本主义经济中，最早的企业制度是以企业资本所有者即企业的出资者同时掌握企业的所有权、企业的控制权、企业经营决策权和企业经济活动的组织管理权为特征的。这时，企业资本的所有者与企业的经营者是一体化的，有关企业制度的各项权利作为企业资产所有者的权利也是一体化的。这种企业制度被称为企业资本所有者控制型的企业制度。

随着资本主义产业革命的完成，企业资本的所有者只掌握企业资本的所有权、企业资本的控制权和企业的经营决策权；企业经济活动的组织管理权已从企业资本所有者的权利中分离出来。因此，企业制度形式是企业资本的所有权、企业资本的控制权与企业经营决策权“三权合一”，企业资本所有者的权利与企业经济活动的组织管理权相分离的非典型的早期企业制度形式。

19世纪后期，随着企业规模的扩大和市场竞争日趋激烈，企业的风险日益扩大。因此，企业资产的所有者为了分散风险，逐步选择了多样化经营的战略。企业权利安排的最突出特征是企业经营权的分化和企业经营决策主体的二元化。虽然此时从企业资本所有者的权利来看，仍保持着企业资本所有权、企业资本控制权和企业经营决策权“三权合一”的基本框架，但这时企业资本所有者所掌握的企业经营决策权已经不完整了，一部分企业经营决策权已经委托给了同样不属于企业资产所有者范畴的企业经理人员。这种由企业的资本所有者和企业经理人员分享企业经营决策权的企业制度形式，被称作“经营决策主体二元化”的企业制度形式。

在这种企业制度下，包括企业总体的经营性决策权和企业资本控制权在内的企业控制权，逐步从企业资本所有者手中转移到企业的经理人员手中。企业控制权在企业资本所有者和企业经营者之间的这种重新安排，被称作“经理革命”。这种由企业的经理人员实际控制的企业，被称作非企业资本所有者控制型企业。

西方国家的国有企业大体可分为两类：一类是按照特别立法成立的企业，以实现国家的某些具体目标为宗旨，即主要以社会效益为目标，属于非盈利企业，这类企业在组织上是独立的，但不自负盈亏。另一类是按照商法成立的企业，多以股份公司的形式出现，股份全部或部分归国家所有。这类企业完全按照市场经济准则运转，以盈利为目标，享有完全的自主经营权。

西方各国除了少数国家国有企业由国家直接经营管理外，绝大部分由国家间接经营。间接经营归纳起来，大致有以下四种方式。

一是股份制。西方各国对国有企业普遍采用的是股份制经营方式。国家以国有企业股东的身份通过持有企业股份掌握国有资产的所有权。作为主体股东，国家通过任免董事、董事长及同企业订计划合同等措施来控制国有企业的发展方向和经营方针。对企业的生产和经营活动，国家则不加干预，由董事会自主经营。这样国家与企业之间就成了股东与经营者的关系。这种方式既实现了资本所有者的权利，又保证了经营者自主经营和管理的权利。从目前情况看，法国政府是采用股份制方式管理国有企业最典型的国家。在法国，政府通过不同控股数额在不同程度上控制国有企业。如法兰西电力公司、法兰西煤气公司采取的是国家全额股份控制。雷诺汽车公司、马特拉军火公司等采取国家多数股份控制，即国家控股为51%～99%。法国石油公司采取国家少数股份控制，即国家控股在50%以下，具体只有35%。

二是租赁制。租赁经营制是在不改变企业所有权性质的条件下，国家将企业资产在一定期限内有偿地出租给承租者，是让渡经营权的一种经营方式。美国是租赁业务发展较早并采用租赁制经营国有企业的典型国家。采用租赁制经营国有企业的具体做法是承租方要根据租约定期向国家交纳租金。租金一般由资产折旧费和一部分利润构成。在规定期限内，承租人可以一直使用固定资产为自己生产商品，政府不予干预，但企业的主要产品要交给国家。

三是承包制。承包经营制是以承包经营合同形式确定国家与企业的责权利关系，使企业做到自主经营、自负盈亏。美国政府在对国有混合公司的管理上，主要采取了系统承包制的经营方法。所谓系统承包是指承包商与国家直接签订承包合同，而后由主包商再向转包商发包，国家只需要对主承包商监督承包合同履行的情况，不必插手企业业务活动。

四是计划合同制。计划合同制是西方国家对国有资产实行计划管理的一种有效的经营方式，采用计划合同制的典型国家是法国。计划合同制最早是在20世纪60年代末，由法国财政总监诺哈先生提出来的。其核心内容是：国家与企业签订项目合同，从法律上规定双方的义务并确认解决国家与企业关系的基本原则，即保证国有企业财务收支平衡；国有企业以企业身份开展自己的业务；企业经营活动要贯彻执行政府的经济政策；企业承担社会义务付出的代价，国家要给予补偿。

1.2.2 国内发展与研究概况

我国传统的国有产权企业制度与西方国有企业有诸多不同之处。其特征如下：

①企业边界的极度扩张。国有产权制度把整个国家的经济活动都纳入计划交易范畴，国企之间不存在真正意义上的市场交易关系。同时，我国每一个国企的边界也是相对无效的，国企把本应属于市场交易的活动纳入内部计划交易，使企业背上沉重的包袱，效率降低。

②国家享有完全的剩余索取权，企业绩效与其成员的报酬无密切联系，引致团队生产者对企业资产的营运、增值、成本与收益问题不甚关心。

③政企分离度低，政府行政权干预或损害企业的财产经营权。

④企业内生产要素投入者的权利关系不明晰。首先，劳动者与管理者的权利关系不明晰，相互间均无有效的约束，加之企业管理人员缺乏监督激励，因此，国企的生产者最普遍的行为是偷懒或机会主义，以此来实现个人效用最大化。这就是我国职工在传统的国有产权制度安排下缺乏劳动积极性和创新动力的深层原因。其次，企业家投入经营才能后的风险损益或剩余分享权未明确规范，引致企业经营者缺乏积极性或采取机会主义行为选择。

⑤产权及其权利关系凝固化，企业资产与成员无自由流动与自我选择的权利，这使企业无竞争压力，成员无创新的内在动力。

近年来，我国围绕大中型国有企业，采取扩大国有企业经营自主权、改革经营方式等措施。我国国企改革可分为放权阶段、权利分离阶段、现代化阶段、股份制阶段和混改阶段等五个阶段。具体为：1979年7月，国务院先后颁布了《关于扩大国营工业企业经营自主权的若干决定》等五项文件赋予了国营企业自主经营的权利，同步推进利税改革，实现国企放权让利。1984年中央明确指出经济体制改革的中心环节是增强国有大中型企业的活力。1993年中央首次公开提出法人产权的概念，要求企业拥有法人财产权，要求国企进一步建立现代企业制度，使国有企业更好地发挥在国民经济中的主导作用。2003年中央明确指出股份制要成为公有制的主要实现形式，在加大股份制力度改革、推进股权分置改革、建立董事会、主辅分离辅业改革、继续实施政策性破产等五大方向推进改革。2013年十八届三中全会《决定》是新一轮国有企业改革的纲领性文件，文件中指出：坚持以公有制为主体，多种所有制经济共同发展的基本经济制度；完善产权保护制度，健全现代产权制度；积极发展混合所有制经济，完善国有资产管理体制；完善现代企业制度等。

国企改革过程中的重要举措如下：2003年4月，国务院国有资产监督管理委员会挂牌成立，国有企业之间实行兼并重组，数量降到11万多家，央企减至113家，控制了关键领域和重要行业超80%的市场份额；2014年2月，中国石油化工股份有限公司率先引进社会和民资参股，打响了垄断型国企改革的“第一枪”，实现混合所有制经营；2014年7月15日，六家央企成为第一批国资“四项改革”试点：国家开发投资银行、中粮集团、中国医药集团总公司、中国建筑材料集团有限公司、中国节能环保集团公司、新兴际华集团有限公司；2015年9月13 日，中共中央、国务院发布了《关于深化国有企业改革的指导意见》，意见中指出：国有企业改革的总体要求、如何分类推进国有企业改革、完善现代企业制度和完善国有资产管理体制，使得国企改革进入新时期。

混合所有制作为现代企业的一种资本组织形式，以其完备的企业治理结构、健全的运行机制、合理的资产负债比例以及良好的经济效益，正逐步成为国有企业特别是国有大中型企业改革的方向。通过几十年的探索与发展，全国各省市地区通过推行不同的政策措施，依托混合所有制经济来解决或缓和国企在日常运营中的各种委托代理矛盾，从而实现国有企业的健康发展。

2017年中央经济工作会议明确提出，“要以混合所有制改革作为重要突破口，深化国资国企改革”；2017年政府工作报告在“2017年重点工作任务”中也再次提出“深入推进国企、国资改革和混合所有制改革”。可以说，作为全面深化改革的必选项、供给侧结构性改革的重要发力点，国资国企改革已经成为各级人民政府的工作重点，将会逐步向纵深推进。

混合所有制集传统国企和私企优势于一体，能够使得整个国民经济发展不偏离于整体社会经济目标，同时实现国有资本保值增值。混合所有制有助于市场真正发挥配置资源的决定性作用。发展混合所有制经济，将使得各种所有制经济充分借助市场机制的平台和渠道，在相互竞争的基础上获得更多的合作机会和发展空间。混合所有制有助于抑制社会资金的投机倾向且有利于实现多数人的利益①。通过几十年的探索与发展，全国各省市地区通过推行不同的政策措施，依托混合所有制经济来解决或缓和国企在日常运营中的各种委托代理矛盾。目前，北京、上海和广东省（直辖市）出台的对于混合所有制经济改革的政策措施如表1–1所示。

表1-1　部分省市混合所有制经济改革的政策措施

省/直辖市	文件	政策具体内容
北京	《关于全面深化市属国资国企改革的意见》	①城市公共服务类、特殊功能类和竞争类这三类企业共同构成了市属国企，前两类特殊企业将在2020年实现国资占比60%以上，战略支撑企业将成为竞争类企业的主流 ②促进市属国企和央企的合作关系，通过多种渠道实现股权多元化；鼓励优秀民企参与国资改革重组，推进竞争类企业上市计划，加快推进以竞争类企业为主体的国有企业和条件成熟的企业上市。力争2020年达到国资证券化率50%以上

① 李国营：“浅析新形势下国有企业混合所有制改革”，《商》，2014年，第16期。

续表

省/直辖市	文件	政策具体内容
上海	《关于进一步深化上海国资改革促进企业发展的意见》	①将国资委80%的国有资本向关键领域和优势产业集中，集中方向有战略性新兴产业、先进制造业、现代服务业以及基础设施和民生保障产业 ②以加快企业整体上市或核心业务资产上市为手段，推进股份制改革 ③通过统筹管理上市公司和非上市公司股权，进行市场化运作进行国资合理布局。并通过网络平台向公众公开国有资产流动信息
广东	《广东国资国企改革发展工作会议》	①对于国有资产持有率无最高最低限制；对国有资产的灵活配置和优势重组进行支持；组建国有资本运营公司和国有资本投资公司；并对人员的选聘采取市场化方式。引进职业经理人管理 ②2020年实现混合所有制企业占比80%以上，竞争性国有企业在二级以下的都改制为混合所有制企业

在上海，上市公司中有两家企业已经实现了员工参股。2017年初，上海汽车集团股份有限公司核心员工持股计划顺利实施，共有2207名员工参与核心员工持股计划，认购金额合计11.05亿元。2017年2月，上海市建工股份有限公司共有4542名符合条件的员工按规定缴款参与员工持股计划，合计缴款金额为12.59亿元。

1.2.3 国内外现状总体评价

在世界上大多数国家中，国有企业依旧是政府履行经济社会职能、管理社会事务的重要手段。但也存在着国企经营效率低下、垄断严重、政府干预大等问题。因此，一些国家在较早的时间内就引入非国有资本来充实市场活力，并借其手来对国有企业进行民营化改革。国有企业这一类型目前还在整体世界经济中占据相当大的比重。

目前，我国部分国有企业仍存在政企关系模糊；国有企业公司内部治理不够完善，缺乏现代企业制度；国有企业运营监管缺失，内部监督机制失效；国有企业缺乏有效的激励机制等弊端。

虽然很多发达国家实行与我国不同的经济制度，国有资产有着不同的成因，经营和管理方式也各不相同，但其在国企的混合所有制经营方面积累了一些经验，尤其是在企业运营方式、资本管理、企业制度建立上存在很大的借鉴价值。

因此，借鉴国外的经验，我国应大力发展混合所有制经济，把国有资本、集体资本和非公有资本吸引到一起进行参股，实现多元化的投资主体，将股份制变成公有制的主要实现形式。股份制有利于实现企业经营权和所有权的分离，可以提高企业管理和运营效率。积极发展混合所有制，无疑是促进国有企业改革、实现多种所有制共同发展的有效载体。混合所有制经济进入国有企业改革，主要有两方面的意义：一方面，优化国有资本布局结构，推动企业兼并重组，尽快处置“僵尸”企业、亏损企业和无效资产；另一方面，可以加快技术改造，提高国有资本的运行效率，扭亏为盈，增强企业的生存能力，促进国有资产保值增值。

到目前为止，我国宪法和党的十五大、十五届四中全会、十六大、十六届三中全会等文件，已经明确了有关国家所有权政策的基本方针，包括国家在总体上明确国有企业的基本目标、国有企业的基本功能和控制方式、国有企业基本行为规则等。但由于国家所有权政策还没有明确的基本目标和规则，在某种程度上可以认为我国的国家所有权政策仍未真正形成。

对于铁路行业，某些领域的企业如中车、铁建、通号等政企分离程度比较高，现代企业制度相对比较规范，但某些企业还存在以下几点问题：政企分离程度低，企业缺乏经营权；国有企业公司内部治理不够完善，董事会缺失，缺乏现代企业制度；国有企业运营监管缺失，内部监督机制失效；国有企业缺乏有效的激励机制等。

目前，我国虽已将其各领域企业划分为商业类和公益类并进行分类改革，进而明确各领域功能定位，据此确定企业的法律形式、控制形式和经营目标等，但并没有进行系统性的政策制定。铁路按照功能可划分为路网、工程、装备、运营和资本这五大领域，根据不同领域国家所有权政策对应的主体、客体等特性的不同，国家所有权政策应有所区别。对于公益类企业，国家应该保证完全的控制力；而对于具有竞争性的商业类企业，国家应该积极推进混合所有制经济，视具体领域特性开放一定程度的市场竞争。这也将是本书制定铁路国家所有权政策的重点研究内容。

1.3 研究内容与技术路线

本书以全面深化国有企业改革为背景。首先综述国家所有权政策的概念和内容，再对国外典型行业的国家所有权政策的实践经验及启示做出总结，并结合我国国情，简要论述我国在深化国有企业改革过程中对国家所有权政策的探索。明确铁路五大领域的发展概况和发展趋势，并对铁路行业发展的主要问题进行分析，为确定铁路国家所有权政策奠定基础。

本书对铁路国家所有权政策的总体框架进行构建，阐述铁路国家所有权政策的基本概念、主要体系、主要特征和内容。主要包括铁路行业总体政策和铁路各领域具体政策两个层面。首先，国家要在总体上明确铁路作为国有企业的功能作用、任务、基本目标及国家对铁路的发展定位，然后制定能够确保总体政策落实的具体政策。

在制定铁路国家所有权总体政策方面，首先简述铁路的功能及任务，其次明确铁路国家所有权政策的基本目标以及铁路国家所有权政策涉及的五大关系。

对于具体政策方面，根据铁路五大领域发展现状、趋势及功能定位的不同，分别阐述工程领域、装备领域、路网领域、运营领域和资本领域在铁路中扮演的不同角色。由此可对各领域提出企业出资人制度、企业法律形式、企业治理结构等方面的改革建议。

为确保铁路国家所有权政策的有效实施，首先应当做好相应的理论准备，进而从顶层设计、政策、法律、人才、宣传等五个方面提出铁路国家所有权的实施路径与保障机制。

本书的研究技术路线图如图1-1所示。

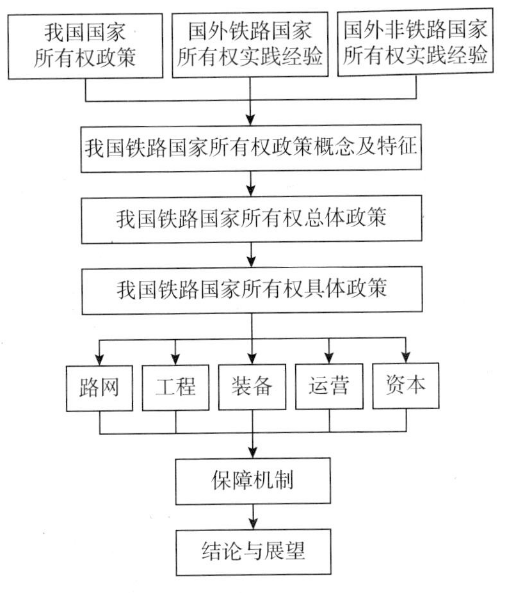

图1-1 研究技术路线图

1.4 本章小结

本章主要研究了改革开放四十年来，在全面深化改革国有企业的背景下，对比西方国家国有企业的改革与发展，我国国有企业的发展暴露出的诸多问题。缺乏系统的国家所有权政策，不仅是国有企业发展和改革政策的不足，也是国家公共政策体系的重大缺陷。

因此，笔者强调明确铁路国家所有权政策，能更好地发挥国有企业的主导作用，加快垄断行业改革，深化垄断行业国有企业改革。

第 2 章
国家所有权政策综述：理论与实践

本章主要对国家所有权政策作出综述。首先，明确国家所有权政策的基本概念和主要内容以及国有企业布局现状。其次，分析国外非铁路运营行业及铁路行业的国家所有权实践经验与启示，主要包括所有权与经营权分离以及公益性企业和商业性企业分类管理、公益性企业国家保持控制、商业性企业引入竞争机制等。最后，结合我国国情及国有企业改革背景，对中国的国家所有权政策进行初步探讨。

2.1 基本概念

国家所有权政策是指有关国家出资和资本运作的公共政策，说明国家投资兴办企业或出资的目标和领域、国家在国有企业公司治理中的作用方式，以及与国有资本有关的重要关系的处理原则和处理国有企业与社会、与其他企业关系及规则的基本政策。国家所有权政策是国家作为国有资产所有者要实现的总体目标，以及国有企业为实现这些总体目标而制定的实施战略。

国家所有权政策分为两个层面：一是总体政策，即国家在总体上明确国有企业的基本目标、功能作用及有关规则和国家的有关作用、要求和责任；二是具体政策，即针对具体国有企业基本目标、功能作用、有关规则及国家要求的政策及手段。总体政策指导具体政策的制定，具体政策保证总体政策的落实。

国家所有权政策作为处理国有企业和社会、与其他企业关系及规则的基本政策，既是指导国务院国有资产监督委员会行使所有权的一项基本政策，也是将此作为信息披露和提高透明度的一种手段。国务院国有资产监督管理委员会作为国家出资人机构，其职责是按照国家所有权政策的目标运营国有资本，确保国有资本的回报，并且确保在公共领域国有企业执行相应的公共政策和产权政策。

国家所有权政策成为体系的重要标志，首先是目标和规则有前瞻性，同时具体化，有服务于目标的政策体系和工具手段；其次是有政策设计和实施并能不断改进的组织保证体系。目前，按照这两个标准，我国已出台一些本质上属于国家所有权政策范畴的政策，但我国的国家所有权政策还未成体系，没有真正形成。

2.2　主要内容

我国宪法和党的十五大、十五届四中全会、十六大、十六届三中全会等文件，明确了关于国家所有权政策的基本方针。在社会主义初级阶段，坚持公有制为主体、多种所有制经济共同发展的基本经济制度；国有经济在四类“重要行业和关键领域”要有控制力，“国有经济要‘有进有退’进行战略性布局调整”；重要企业国家可以绝对控股或相对控股；“除极少数必须由国家独资经营的企业外，积极推行股份制，实行投资主体多元化”；“各种所有制经济完全可以在市场竞争中发挥各自优势，相互促进”；“促进各种所有制经济公平竞争和共同发展”。

根据上述国家所有权政策方针的内容，本文将国家所有权政策内容按照明确国家所有权政策的全部目标、国家所有权机构与企业的关系、国家所有权政策实施措施三方面进行分析。

2.2.1 明确国家所有权政策的全部目标

按照党的十五届四中全会和十六届三中全会精神，对国有经济“有进有退”进行战略性布局和调整，明确国家必须控制的重要行业和领域，明确国有经济保持控制地位的少数具体领域。十五届四中全会《决定》指出：“国有经济要控制的行业和领域主要包括：涉及国家安全行业、自然垄断行业、重要公共产品和服务行业中的重要骨干企业”。

区别不同情况实行绝对控股或相对控股，以及控股、参股的方式，推进大型国有企业股份制改革，完善国有资产监管机制。进一步推动国有资本更多地投向关系国家安全和国家经济命脉的重要行业和关键领域，并加快推进和完善垄断行业的改革，放宽市场准入，引入竞争机制，提升国有经济的控制力和影响力。

列出国家所有权的目标的优先顺序，提出目标的具体指标，例如投资回报率和股利分配政策。在设置的目标里可包括股东价值、公共服务，甚至是就业保障之间的权衡，并明确平衡这些不同类别目标的方法。

2.2.2 国家所有权机构与国有企业的关系

国家所有权政策根据企业类型的不同有所不同。目前，国有企业存在使命矛盾，一方面，国有企业具有“盈利性使命”，需要通过追求利益性保证自己不断发展，从而实现主要地位。另一方面，国有企业具有“公共政策性使命”，要弥补市场缺陷，服务公共目标，可能导致利益牺牲。正是国有企业存在的矛盾引起了国有企业行为的偏差，使得国有资本没有充分发挥。因此，必须给予国有企业明确的使命定位，对国有企业进行分类。基于国有经济的功能定位，明确将国有企业分为公共政策性、特定功能性和一般商业性企业三类。

第一类是公共政策性企业。主要是指处于自然垄断的行业、提供重要公共产品和服务的企业，具体行业包括教育、医疗卫生、公共设施服务业、社会福利保障业、基础技术服务业等。这类国有企业不以盈利为目的，主要承担公益目标。

第二类是特定功能性企业。主要是指处于涉及国家安全的行业、支柱产业和高新技术产业的企业。这类企业所处领域相对宽泛，具体包括军工、石油及天然气、石化和高新技术产业等，而且这类领域随着国家的经济发展及战略变化可以变化。这类企业既需要充当国家政策手段，又需要追求盈利，以促进自身的发展壮大，从而发挥对国家经济安全和经济发展的支撑作用。

第三类是一般商业性企业。这类企业是除了上述两类企业以外所有的现有企业，处于竞争性行业，与一般商业企业一样，其生存和发展完全取决于市场竞争[①]。

国家对全民所有制财产进行占有、使用、收益和处分的权利称为国家所有权。其权利主体是体现全国人民利益和意志的国家。国家机关、企事业单位、集体和个人，都不能与国家分享所有权。国家通常不占有国有财产，而是将绝大部分交由国家机关、企事业单位经营管理或由集体、个人占有使用。国家所有权机构与企业的关系可归纳为三个方面：一是经济关系，二是管理关系，三是政治关系。

经济关系：国家对国家所有的财产的占有、使用、收益、处分的权能。中共十五届四中全会提出对国有经济进行有进有退的战略调整，鼓励多种经济成分公平竞争，在竞争中形成多种所有制经济共同发展的混合所有制经济。政府职能应转变到制定和执行宏观调控政策，搞好保障监督工作，创造良好的经济发展环境上来，以适应社会主义经济发展的要求。

国家行使财产所用权通过授权他人经营管理、占有使用的行为，制定法律或颁发具体管理文件确定经营人、管理人、使用人权利义务界限的行为和运用政权的力量维护他们合法权益，监督他们认真履行对国家的义务的行为。

---

① 黄群慧："国企发展进入'分类改革与监管'新时期"，《中国经济周刊》，2013年，第42期。

管理关系：基本原则是“统一领导、分级管理”，这是国家财产所有权的行使必须遵循的原则。国家财产的管理必须实行统一领导，这是由社会主义全民所有制的性质决定的。这种统一领导是指由中央在全局性和长远性的问题上的统一领导和指挥，如整个国民经济的发展方向、速度、规模等重大问题须由中央制定统一的方针、计划和规章制度，国家以法律的形式确定机关、企业、事业单位对于国家财产的权限范围等。

分级管理是在我国现实经济条件下，针对不同企业本身的环境，在中央集中统一领导下，授予机关、企业、事业单位必要权限，由这些单位对国家财产经营管理。在现代企业制度中，所有权机构的经济管理职能主要是通过政策法规和经济手段调控市场，例如税收、信贷和价格等，引导企业经营活动，而不是直接干预企业的生产经营活动。政府可以通过一系列经济立法建立完备的企业行为规范。

政治关系：坚持四项基本原则不动摇。即必须坚持社会主义道路，必须坚持人民民主专政，必须坚持共产党的领导，必须坚持马列主义、毛泽东思想。

目前，各级国有企业与政府的关系可以概括为：一是政府只对投入企业的资本享有所有者权益，而不是经营权，对企业债务按投入资本比例负有限责任。二是企业自主经营、自负盈亏、照章纳税，追求市场份额与经济效益，以利润最大化为根本目标。三是企业对国有资产负有保值增值的责任，在资产运营和盈亏状况上接受政府监督。

2.2.3　国家所有权政策实施的措施

为确保国家所有权政策有效实施，首先要明确实施国家所有权政策是一项系统工程，其次要明确总体和具体的国家所有权政策。

明确实施国家所有权政策是一项系统工程，是指明确不同企业的基本功能，结合产业发展前景，对国有企业改革和发展进行分类。在政策、组织和法规三方面形成系统，即与国有企业有关的国家所有权的政策体系、保证国家所有权不断完善的组织体系和保证国家所有权有效实施的法规体系。

要结合前景分析对国有企业的发展和改革进行分类研究。对功能性的国有企业，要根据细分领域的主要矛盾和问题，结合公共政策的系统梳理和该领域的总体发展前景，明确不同类型国有企业的基本功能及相应的条件，而后确定具体目标和行为规则，要尽可能利用市场机制。对竞争性的国有企业要以强化竞争、改进治理为重点推进国企改革发展。此外，要形成以下三大系统。

1. 要形成与国有企业有关的国家所有权政策的政策体系

国家所有权政策与其他服务于国家发展的公共政策的不同点在于，所有权政策直接涉及的对象只是国有企业（及国家出资），效率（包括资本财务效率和社会公共服务效率）始终是政策的主要目标，政策的实施方式和法律手段以商法原则为主。但关于企业发展目标和基本行为规范的政策必须与国家发展和改革的总体目标、基本规则一致和协调。

2. 要形成和建立保证国家所有权政策不断完善和有效实施的组织体系

此体系至少包括三个方面。一是明确国家（立法和行政）的国家所有权政策制定机构、实施机构和国有企业三种组织机构在国家所有权政策方面的目标和职责。二是要形成国家所有权政策制定、执行、监督分离并相互作用、制衡的体系。国有资本出资人机构是按公司法规则行使国家所有权职能的执行机构，其本身和其监督的国有企业还要接受国家审计、有关政策负责部门的监督。三是要在政府（或行政）系统内理顺国家所有权政策制定和执行的体系，保证政策的协调性和有效性，如要明确国家出资人机构按照政资分开原则，是国家所有权政策的执行者，可以参与预订，具体明确有关职责。

3. 要逐步建立保证国家所有权政策实施的法律体系

一是与国有企业有关的经济法及反垄断法要进一步健全，必须明确，除非法律有明确的规定，反垄断法适用于国有企业；二是要针对不同类型的国有企业进行分类立法，我国公司法也适用于国有公司，因此，目前首先要分类出台明确国家股东及其代表责任的法规；三是对不同的国有企业要考虑利用公司章程、国家合同法等法律形式具体明确对国企的规范。

形成政策体系的实质是国家所有权政策和其他公共政策都是相互协调、服从于国家发展和改革目标的公共政策。因此，从总政策层次看，国家所有权首先必须明确以下政策：国家投资建立国有企业的领域、功能目标及相应的条件（经济和政治）；该领域的竞争状况、是否只能有国有企业、是否有企业可以不受限制、地位与作用如何及有关条件；企业的资本结构（国有独资、控股和参股），是否上市；企业的行为（经营范围、投资、价格、劳动及竞争等）规范及规范来源（法律：商法和经济法、股东要求、市场或行规等）；国家的责任和相应的手段。

综上所述，国家所有权总体政策可以明确哪些领域可有国有企业及可能的资本结构、治理规则与框架，还可以明确这些领域国有企业可否垄断及相应的行为规范，明确国家的基本政策责任和手段。具体而言，总体政策内容分为以下五个方面：①有关国有经济及国家投资基本方针的政策；②有关国家投资企业功能、目标和作用的政策；③有关国家投资（或出资）及资本、股权结构的政策；④有关责任和义务的政策，包括国家根据法律的股东责任及有关的政策责任；⑤有关激励、考核及监督的政策。

根据国家总体政策制定针对具体企业的相关政策即为具体政策。总体政策的作用是明确国家对国有企业的基本要求，只有通过制定符合总体政策基本框架的具体政策才能落实国家对企业的功能定位及企业管理、政策制定的具体要求。在根据目标明确国家和企业责任的同时，要明确对国有企业的国家控制方式、股权调整的政策条件和国有企业股权出售的管理，还要建立和明确保证政策目标实现的政策工具。国家所有权政策提供的政策工具主要包括：有相应的公共政策和资本回报的绩效指标，相应明确国家的责任，有相应的激励和评估、审计、报告、信息披露的制度和管理工具。

2.3 我国国有企业布局:现状及现阶段基本构想

国有企业主要集中在基础产业和基础服务领域。工业领域的国有企业的投资和产出主要分布在基础性的电力、石油、煤炭、钢铁产业和装备产业。2014年国内生产总值位居前十的企业如表2–1所示。

表2-1　　2014年国有企业国民经济分行业增加值

排名	行业	国内生产总值（亿元）
1	制造业	195620.3
2	批发和零售业	62423.5
3	农林牧渔业	60165.7
4	金融业	46665.2
5	建筑业	44880.5
6	房地产业	38000.8
7	交通运输、仓储和邮政业	28500.9
8	公共管理、社会保障和社会组织	23508.7
9	采矿业	23417.1
10	教育	21159.9
国内生产总值		643974

国有企业一般被认为存在几个特点：最终产权控制方是政府，有国家不同程度的信用保障；经营具有长期性、比较稳定；逐利性较私营企业较弱。国有企业的主要弱点是商业效率低于私营企业，比一般企业要解决更多的、复杂的目标和治理矛盾。

在发达市场经济下的国有企业过多分布在市场失效领域，主要是自然垄断行业、公共产品领域和外部性强的领域。现实中发达市场经济国家的国有企业并非完全局限在市场失效的领域，由于历史和政治的原因，不少国家的国有企业在能源资源（水力发电、石油、天然气和煤炭）、邮政和电信、运输（铁路和航空）以及金融服务等行业中仍保持着重要的战略地位，但近二三十年这些领域的国企通过“民营化”或者说“私有化”改革，其数量和市场地位亦有较大下降。所以，国有企业一般定位于弥补市场失效功能，多分布在市场失效领域。

除了发达市场经济条件下的市场失效外，现阶段我国还包括两类市场失效：一是发展中国家由于经济不发展和市场不完善导致的市场失效；二是转型国家特有的因制度缺失带来的市场失效。对于前者，当单纯依靠市场机制不能推动这些产业发展的时候，通过国家投资或国有企业推动这些产业的发展，就成了重要的国家发展措施。对于后者，由于正式和非正式的法规不健全，还由于理念和政治的原因，政府需要直接投资或者直接控制一些重要行业的企业，直接提供服务，推动经济和产业的发展。

现阶段，我国国有企业布局可以比发达市场经济更宽。除了自然垄断、公共产品和外部性强的领域外，一些主要依靠市场机制不能较快发展，甚至可能被大型国际竞争对手严重压制的重要产业领域，以及一些现有法规和监管体制下难以保障国家政策目标实现的重要领域，国有企业都有重要的供给、主导或引领作用。

根据我国特殊的市场失效和上述国有企业布局原则，现阶段我国国有企业将主要布局在长期特殊、一定时期特殊、公共产品（含准公共产品）和战略产业等四类领域。这四类领域属于功能性领域。目前，分布在一般性竞争领域的国有企业，将通过竞争调整结构，优胜劣汰（如表2–2所示）。

表2-2　　中国国有企业布局领域及布局方式

<table>
<tr><th colspan="2">分类</th><th>具体行业</th><th>布局方式</th></tr>
<tr><td rowspan="5">功能性领域</td><td rowspan="2">长期特殊领域</td><td>军工（武器弹药制造等）、航空航天设备制造、核电等涉及国家安全的行业</td><td>国家控制限制进入</td></tr>
<tr><td>电网、邮电通信等自然垄断行业</td><td>国家控制限制进入</td></tr>
<tr><td rowspan="3">特殊（特殊阶段货特殊性质）领域</td><td>水电（长江三峡总公司）、铁路、机场、港口等重大基础设施</td><td>国家控制或公私合营</td></tr>
<tr><td>石油和天然气开采、煤炭开采、若干有色金属矿（如稀土）采选等重要矿产资源</td><td>国企占较大比重</td></tr>
<tr><td>烟草、博彩等特殊性质领域</td><td>国家控制限制进入</td></tr>
</table>

续表

分类		具体行业	布局方式
功能性领域	公共产品领域	电网、邮电通信、航空运输、铁路运输、供水、供电、供气等提供重要公共产品和服务的行业	国家控制或公私合营或国企占较大比重
	战略领域	钢铁、汽车、房地产、金融、电力、交通运输设备、石油加工、专用设备、通信设备等支柱性产业	国企可只占一定比重
		节能环保、新一代信息技术、生物、高端装备制造、新能源、新材料和新能源汽车等战略性产业	国企可只占一定比重
一般竞争领域	一般竞争性领域	农林牧副渔、土木工程建筑、纺织、服装、造纸、橡胶、木材加工、家具制造、食品制造、旅游等，化学制品，文体用品、皮革、电气机械、通用设备	国企不宜占据较大比重国有资本应逐步退出

①长期特殊领域，主要包括涉及国家安全和自然垄断行业，如军工、航天设备、机场、核电、电网、基础电信等行业。这些行业有国家安全和自然垄断等特殊属性，除非产业技术出现重大革新改变了行业基本属性，国有企业将长期居行业控制地位。

②一定时期的特殊领域，主要包括重大基础设施、重要矿产资源和具有特殊性质的领域，如铁路、石油天然气开采等行业。这些行业改革需要系统安排，一些行业，如重要的矿产品业，开采和市场变化风险巨大，国家有必要用出资或国有企业方式在一定时期内支持这些产业发展。

③公共服务领域，特别是价格未理顺的提供重要公共产品和服务的行业，如电力、供水等行业。目前这些行业仅依靠市场机制提供公共产品或服务的条件还不成熟，需要配套改革的深化。而国企作为供应主体较为合适。随着条件的不断成熟，公私合营的PPP等方式将会逐渐发挥更大的作用。

④战略产业。首先是比较成熟的钢铁、汽车、金融、电力、交通运输设备、石油加工等产业。这些行业国民经济地位重要，由于历史的原因，国有企业占有相当比重，中国产业的国际竞争力还不够强，支持和允许有竞争力的国企在平等竞争的条件下发展有意义。节能环保、新一代信息技术、生

物、高端装备制造、新能源、新材料和新能源汽车等战略性新兴产业，这些行业由于技术趋势、商业模式不确定性大，存在较大的投资风险，但又对国民经济的长期发展很重要，在起步阶段可以通过国家投资方式支持这些领域企业的发展。

⑤中国已有产业基础的一般竞争领域，国有企业和国有资本可以退出或通过公平的市场竞争调整结构，优胜劣汰。

2.4 国外非铁路运营行业国家所有权政策的实践经验及启示

本节以俄罗斯天然气工业的国家所有权政策实践为例，对所有权结构演变做出阐述并得到相应启示。

2.4.1 俄罗斯天然气工业概况[①]

天然气（燃气）工业是较为典型的自然垄断产业，俄罗斯《自然垄断法》明确规定，从事天然气管道运输的经营主体属于自然垄断，其活动受国家的专门法律调节。俄罗斯的“天然气工业”公司就是这样一个垄断者。“天然气工业”公司不仅是俄罗斯最大的企业，也是世界最大的天然气公司，业务范围涵盖了从天然气和其他碳氢化合物的地质勘探、开采、运输、储藏到加工和销售的整个过程。在俄罗斯，“天然气工业”公司除了关系千家万户的日常生活，还对整个国民经济发展和国家安全发挥着重要影响。简言之，天然气工业在俄罗斯是名副其实的战略产业，“天然气工业”公司则

① 叶晓辉：“老调新谈：好教案的几个关注点”，《辽宁教育》，2016年，第6期。

是实实在在的“具有国家战略意义”的企业。此外，“天然气工业”公司还在国际能源市场上扮演重要角色，向32个国家出口天然气，其中包括22个欧洲国家，而德国、意大利、土耳其和法国进口量最大。

作为典型的自然垄断产业，“天然气工业”公司对于俄罗斯具有重要的战略意义。这种战略意义不仅体现在它事关千百万民众的日常生活并对整个经济发展以及国家安全产生举足轻重的影响，而且还因为它是世界能源市场上的竞争主体以及实现国家政治利益的有效手段。因此，国家应对其保持较高的控制。

2.4.2 俄罗斯天然气工业所有权结构的演变过程

“天然气工业”公司的前身是苏联天然气工业部。1989年苏联天然气工业部为了缓解财力紧缺改组成了国有企业“天然气工业”公司，私有化后103万居民成为公司股东，其股本结构如表2–3所示。

表2-3 “天然气工业”公司私有化初期的股本结构（%）

股东	持有股份
俄罗斯联邦	41
“天然气工业”公司	10
内部员工	15
俄罗斯公民	32.9
“俄罗斯天然气化”股份公司	1.1
总计	100

“天然气工业”公司垄断了俄罗斯天然气市场90%的份额。私有化后，尽管国家在股本结构中占据了第一大股东的地位，但事实上却是公司内部人控制。原因在于，当时俄罗斯社会形势混乱，政府忙于应付政治斗争和民族分裂主义，根本无暇顾及国有资产的管理。此外，当时主政的民主派主张政府应最大限度地从企业经营活动中退出。缺乏国家控制的结果是企业的经济利益占了上风，不断滥用垄断权力提高天然气供应价格，进而导致了通货膨胀的发展，恶化了宏观经济环境。

通过私有化证券实现的私有化也并没有为公司带来发展所亟须的资金。为引进资金，1997年5月28日政府通过法令，同意“天然气工业”公司吸引外资的计划，对外资发行股票（美国存款凭证），总额为注册资本的7.02%。此外，从1998年起公司股票开始上市流通，结果是国家持有的股份进一步减少到了38%，俄罗斯自然人拥有的股份总额也持续下降，而俄罗斯法人和外资掌握的股份则相应上升。到2004年，俄罗斯法人控制的股份总额甚至与国家掌握的股份大体相当，这意味着俄罗斯联邦政府对公司的影响力相对下降了。为了加强国家的控制避免经济的恶性发展，2005年夏天国有公司“俄罗斯石油天然气”购买了“天然气工业”公司10.74%的股份，结果是俄罗斯联邦所持有的股份占到了“天然气工业”公司全部股本的50.002%，达到了绝对控股，从而为强化国家对具有战略意义的公司的控制提供了可能。

表2-4　“天然气工业”公司股本结构的变化（%）

股东	2000年	2001年	2002年	2003年	2004年	2005年
俄罗斯联邦	38.370	38.370	38.370	38.370	38.370	50.002
俄罗斯法人	33.640	34.060	35.070	36.100	36.810	29.482
俄罗斯自然人	17.680	16.070	15.060	14.030	13.320	13.068
外国投资者	10.310	11.500	11.500	11.500	11.500	7.448
总计	100	100	100	100	100	100

在国家取得了公司的绝对控股权后，公司股票交易自由化了。到2006年年底，俄罗斯联邦是“天然气工业”公司最大的股东，控制了50.002%的股票。而后在政府的控制下，俄罗斯天然气工业取得了良好经营业绩。

表2-5　2006年12月29日的股本结构（%）

股东	持有股份（%）
俄罗斯联邦控制的份额，其中	50.002
联邦财产管理局	38.373
“俄罗斯石油天然气”公司	10.740
“俄罗斯天然气化”公司	0.889
美国存款凭证持有者	13.200
其他注册主体	36.798
总计	100

2.4.3 俄罗斯天然气工业所有权政策的启示

可以看出，国家地位重要的战略产业只有在政府的直接控制下才能最大限度地谋求国家利益。尽管“私有化+保持距离型”的依法规制同样是对自然垄断实施国家调节的可替代选择，但比较而言，由于为国家深入到企业内部生产经营过程实施控制提供了产权基础，国有制这一制度安排能够最大限度地体现国家意志。

俄罗斯尽管此前实施了激进的自由化改革，但为了将企业保持在国家的可控范围，对战略产业还是规定了一系列保护条款，这为日后的再国有化奠定了法律基础，比如“天然气工业”公司私有化时，对国有股的交易以及外资和私人资本参与设置了限制，并且只有在国家取得了绝对控股之后才准许公司股票自由买卖，等等。从这个角度看，俄罗斯在20世纪90年代战略产业的私有化很大程度上也是苦于财力紧缺的权宜之计。而后随着经济持续增长，俄罗斯经济实力逐渐增强，政府财力也日益雄厚，从而为收购私有化了的战略财产以及再国有化企业的后续发展提供了有利条件。

20世纪90年代，“天然气工业”公司改革的基调和方向是私有化和政府最大程度退出，而到了2005年，俄罗斯政府要重新集中国家所有权并强化国家的直接控制。再国有化行动也是国家对战略产业的所有权控制思想的进一步体现。普京在第二任期时，俄罗斯政策调整的走向是积极发挥政府的调控作用，强化国家的社会职能和对战略产业的所有权控制。具体到自然垄断产业，尤其是天然气工业，更多的学者依据产业的现实条件（即在国际市场上拥有垄断地位），从谋求国际竞争优势、获取最大限度国家利益的角度出发，主张对其实行国家垄断。

总之，为确保包括国际政治目标在内的国家整体利益的最大化，客观上需要政府对战略产业实施直接控制。另外，随着近几年经济快速增长，政府财政实力增强，为俄罗斯政府通过市场和财产关系实施对战略产业的所有权控制提供了条件。最后，经过近20年的转轨实践探索，俄社会各界开始抛弃理论教条，从俄罗斯现实条件出发，在全球竞争的框架下重新审视本国自然垄断产业的发展道路，最终促成了“天然气工业”公司的再国有化进程。

俄罗斯的实践证明，在具有国际战略意义的自然垄断领域，国有制比“私有化+保持距离型”的依法规制能够更有效地体现国家意志。支持这一判断的重要依据之一是再国有化以来俄罗斯天然气工业取得了良好经营业绩，但这毕竟还只是经历了短暂的两年时间，国有化的长期、综合影响尚有待观察。事实上，为获取最大的国家整体利益，必须要在国有制的低效和国家战略利益之间做出权衡取舍，从这个角度看，未来如何完善国有企业管理将是决定自然垄断主体的经济效益以及俄罗斯战略产业政策演变的关键因素。

传统上，自然垄断改革的基本思路是最大限度地引入竞争——既在市场结构也在所有制结构方面引入竞争，但这一结论赖以成立的前提条件是封闭的国民经济框架。现实情况则是全球化进程的突飞猛进，从一国范围内看的垄断放到世界市场上则面临激烈的竞争。因此从全球开放竞争的角度出发，打破垄断就不是必然的最优选择。如果产业更关系国际政治利益，那么一定时期内国家直接的所有权控制可能就是更好的选择了。

2.5 国外铁路国家所有权政策的实践经验及启示

竞争是强化企业外部约束，促使企业提高效率的有效手段。但目前我国铁路运输产业施行一体化垄断政策，导致铁路运输效率低下。因此，本节着重分析经济发达国家重组铁路市场的经验及铁路国家所有权政策的变化，力求为我国铁路改革提供思路与经验。

2.5.1　美国铁路国家所有权政策的实践

1. 美国铁路所有权政策的演变过程

美国的铁路属于私营企业，最初并没有政府的管制。1828年美国兴建第一条铁路，至19世纪60年代铁路干线基本铺设完成。人们为了通过成立铁路公司进行财务性的投资活动，一时间全美许多地区开始大规模修建铁路线路。铁路企业为了扩大自身的市场份额，大量重复建设铁路线路。铁路竞争过度，铁路公司之间进行价格恶性竞争导致铁路失去在交通运输中的主导地位，铁路行业的发展进入萎靡时期。在此背景下，为了避免恶性竞争，美国政府于19世纪80年代开始对美国铁路进行政府管制。

1887年美国国会颁布了《州际商业法》，联邦政府设立了州际商业委员会（ICC）。ICC的任务是使铁路运输价格公平合理，不具有歧视性。早期实行铁路管制政策的基本着眼点是抑制垄断，保护竞争，维护社会公共利益。但过分的政府规制不仅没有达到增强铁路行业活力和生机的目标，反而使美国铁路运输业丧失了竞争活力，服务质量差效率低下导致其在运输市场上所占份额日趋下降。

1917～1920 年期间，为适应战争的需要和尽快结束铁路混乱的局面，美国在参加第一次世界大战后，联邦政府成立了美国铁路委员会对铁路进行国家控制，把全国铁路分成东部、西部和南部三个区域，实行集中统一管理。一战结束后，联邦政府又把铁路的管理权归还给了私人，允许私人经营铁路取得合理报酬；但1920年国会通过的《运输法》却进一步加强了 ICC 管制铁路的权利，事实上把铁路置于了政府的严格控制之下。后来的一些法律还进一步规定，铁路行业实行统一的收费标准，有严格的市场退出制度，即使是经营亏损，铁路公司也不能放弃“与公共利益有关的”铁路线路和客运服务，使得铁路具有了更多的公益性质。然而由于缺乏有效的竞争，这些政策的直接结果是导致铁路的日益衰退，铁路营业里程从高峰时的近40万公里减少到20多万公里。

客运具有一定的公益性，而货运具有竞争性。1970年10月，美国国会通过了《铁路旅客运输法》，该法旨在通过铁路客货运输的分离，把客运的包袱留给政府，把货运分离出去，以提高运输效益。根据该法规定，1971年5月，美国成立了全国性的铁路旅客运输公司，负责经营城市间的长途客运。国家对铁路客运公司实行补贴。

为了鼓励货运竞争，把铁路货运推向市场，美国国会于1980年制定了《斯塔格斯法》。该法主要内容包括：明确市场竞争是铁路运价和业务最有效的调节手段；放宽政府对铁路的控制，给予铁路行业以相当的自由度，鼓励竞争；铁路可以与货主协商定价，甚至秘密定价都是允许的，最终以合同形式明确下来。

此外，政府在重组路网方面发挥了重要的作用，通过对铁路的监管，批准了一些路网的合并。一方面，政府直接投资稳定局势；另一方面，对铁路公司进行重组，组建了归政府所有的联合铁路公司（Conrail），而最终目标是将其从政府手中转让出去。一是上市出售Conrail股份；二是分拆Conrail公司，并出售给东部两家互相竞争的铁路公司。当前，铁路行业承受着越来越大的资金需求压力[①]。

2. 美国铁路所有权政策的启示

美国铁路国家所有权政策主要演变过程可以总结为：为了避免铁路公司的恶性竞争，美国政府对铁路行业加强了控制；但过分的政府控制导致铁路公司失去了竞争活力，服务质量差、效率低下，铁路占领的市场份额下降；在战争时期，铁路由国家统一控制管理，战争结束后虽然铁路被国家还给私人经营，但却处于严格的政府控制之下，铁路作为公益性工具缺乏竞争以及经营积极性，导致了行业经济的日益衰退；而后为了鼓励铁路货运竞争，放

---

① 莫蒂默L唐尼：“美国铁路发展政策中的政府作用”，《中国铁路》，2006年，第10期。

宽了政府对铁路货运的控制并将其推向市场，客运保持国家管理；最后国家帮助铁路公司进行资产重组。

可以看出，为了避免铁路行业内部的恶性竞争，需要对其采取一定的国家控制，但不宜管控过度，应在保持国家控制的情况下打破垄断，放开市场退出和进入，引入竞争机制，激发铁路公司的市场竞争活力。此外，铁路改革需要在法律指导下进行。

2.5.2 英国铁路国家所有权政策的实践①

1. 英国铁路所有权政策的演变过程

自20世纪90年代开始，英国铁路政府对于铁路运输业的政府管制体制进行改革。英国政府认为，铁路路网系统的经营和管理具有明显的自然垄断性，如果在同一运输线上存在若干家竞争性企业，虽然在短期内可能让消费者受益，但竞争造成的规模经济损失将使企业效率大大降低。因此英国政府针对铁路的网络系统、运输、机车车辆等不同领域作出了不同的规定。具体改革过程如下。

英国铁路修建的高峰时期为19世纪50年代，主要的线路于1880年基本完成，1890年全国性铁路网形成。1948年，英国对铁路进行国有化改造，建立了“英国国营铁路”。进入20世纪50年代以后，由于公路、航空等其他运输方式的激烈竞争，铁路的垄断地位逐渐丧失，亏损日趋严重。

由于铁路基础设施具有公益性，而铁路运营具有商业性，铁路欧盟针对欧洲铁路经营状况，规定铁路下部的基础设施和建设与铁路上部的运营和管理必须实行分离。英国在1982年开始铁路内部改革，从分块管理向分条管理转变。在1992年开始进行“网运分离”和私有化改革。1993年英国议会颁布了《铁路法》，其核心内容是通过将铁路基础设施和铁路运营相分离、开放

---

① 呼志刚：“英国铁路路网公司的运营与管理”，《铁道运输与经济》，2006年，第12期。

通路权和特许权经营来最大限度地实现铁路的可竞争性。

1994年以来，为了将具有公益性的路网和具有商业性的运营领域分开，英国政府成立了一家路网公司，该公司作为基础设施的所有者负责经营和管理基础设施，而铁路运营业务被按业务内容分割成100多家专业公司，面向社会出售。私人部门的货运经营者获得了铁路网的使用权，从而建立了铁路运输与其他运输手段的竞争机制，起到了提高效率的作用。英国政府将铁路客运业务分解为25个独立公司，向社会进行特许经营招标，私人投资可以通过竞标获得客运特许经营权。原英国铁路公司货运公司在1994年《英国铁路法》实施后被分解为6个公司，经营整车货运业务、货物配送业务和铁路快运系统。其他方面，成立了3家车辆公司、6个铁道更新公司和7个基础设施养护公司、6家车辆维修公司。

截至1997 年，英国主要的铁路运输基本上已由私营公司全部接管，其中包括出售给私人部门的大约100个由前英国铁路公司经营的转运站。英国政府认识到，发挥政府有关机构职能的作用至关重要，因此重新设立了两个机构分别监督铁路运营：一个是由负责发放特许经营权的总监领导的“铁路客运特许署”，负责谈判、授权和监督运营特许权的发放。另一个是“铁路控管署”，其任务是与新的铁路经营者谈判和签订经营协议，为企业发放执照，以及保护铁路使用人的利益。

为了进一步加强政府对路网公司的控制，2001年英国政府以当年路网公司负债为由宣布其进入破产程序。2002年10月3日，新成立路网公司即Network Rail，实现对原路网公司的资产收购。新的路网公司的实际控制人是政府。英国政府借款给路网公司作为收购资金。新路网公司是无股东、不分红、不以盈利为目的的特殊法人，其全部利润都用于路网的再投资，宗旨是为列车运营公司服务。新路网公司拥有并运营铁路网，负责提供、维护和管理铁路基础设施，制订列车运行图和行车计划。路网公司的资金来源主要包括政府担保借款、线路使用费和政府补贴。

英国运输部负责英国境内除管道外的所有交通运输方式的行业管理，包括公路、铁路、民航和海运等，主要职责是制定各运输方式的行业政策及发展规划，由下议院的运输委员会进行监管。

2. 英国铁路所有权政策的启示

路网基础设施作为国有资产，在管理体制上，应将所有权、监管权和经营权有效区分。英国铁路网实际上归国家所有，其代表是国会，铁路监管办公室作为监管机构，对作为所有者代表的国会负责。但作为监管机构的铁路监管办公室并不是铁路基础设施的具体经营者，而是以契约形式将铁路基础设施交由国家路网公司、客运公司等公司经营。

在英国铁路的管理体制中，所有者不直接监管，监管者不干预经营，经营者按契约规定而自负盈亏，由此实现了所有权、监管权和经营权的相互制衡。对于具有公益性的路网领域和具有商业性的运营领域，实行“网运分离”模式能够更好地处理国家与铁路领域的关系，加强路网领域的国家控制力度，而运营领域则可开放竞争，充分打开市场活力，实现企业经营的良性发展。

2.5.3 日本铁路国家所有权政策的实践

1. 日本铁路所有权政策的演变过程

日本铁路于1872年开通，1906年基本实现了国有化，1969年出现赤字。为此，政府和“国铁”采取了一系列措施，如提高票价、加强管理、提高劳动生产率等。但到1986年，“国铁”已亏损15.5万亿日元，借债25万亿日元，完全靠借贷和国家财政拨款度日。另一方面，由于“国铁”在预算、投资、票价、工资、高层职员人事任免和业务范围上受到国会和政府的广泛控制，经营自主权难以落实。其长期作用的结果是：企业缺乏成本意识，员工滋长了“大锅饭”意识；企业缺乏提高劳动生产率的积极性，员工缺乏工作的积极性。内外矛盾交织，经营状况恶化，“国铁”的改革已势在必行[①]。

为了引入市场竞争机制，日本政府于1987年开始对铁路进行“分割、民营化”改革。根据自身国情、路情，特别是客运需求，日本国铁（JNR）按地域拆分成为6家客运公司和1家向客运公司租借线路并在全国范围内开展业务的货运公司以及新干线保有机构和国铁清算事业团，实现了“客运与路网合一，货运与路网分离、路网按区域分割”的“分割、民营化”运营模式[②]。拆分后的各个铁路集团民营化的快速转变使铁路公司具备经营自主性，具有明确的经营责任，迅速转变成了市场竞争中合格的微观主体，融入到市场竞争当中[③]。路网等基础设施由各客运公司拥有并负责维修。并建立了运价及铁路竞争的刺激机制。

2. 日本铁路所有权政策的启示

目前，我国经济改革又进入了一个新阶段。借鉴日本国营企业改革的经验，对我们进一步深化铁路改革、转换经营机制是有一定参考价值的。

①做好舆论保障是企业改革的关键之一。日本国铁由国营改为民营，经历了4年多的争论。为振兴国铁，日本先后进行了4次重建计划，但都囿于小改小革而成效不大。由于财政包袱越来越重，提高票价只是把包袱甩给了国民，企业的经营问题并未解决。因此，转变观念，从另外的角度看国营与民营的关系，思想就比较统一了。为此，日本进行了长时间的舆论准备和方案讨论。结果连反对“民营分割”的政治家、学者、传播媒介和工会都没有更多理由反对实行民营，在舆论方面为铁路改革做好了有力的保障。

②在日本，“国营”改为“民营”只是企业经营形态的转变，在引入竞争机制的同时，国家仍然保持铁路资产的终极所有权。对企业来讲，民营

① 张用刚、贾小梁：“日本国铁、电信电话公司的民营化及其启示”，《企业管理》，1992年，10期。

② 孙萍：“日本铁路改革及启示”，《辽宁广播电视大学学报》，2007年，第1期。

③ 孟斯硕：“中国铁路运营管理不宜‘网运分离’”，中国证券报·中证网（2013-03-13）[2017-09-25]，http://www.cs.com.cn/app/ipad/ipad01/04/201303/t20130313_3896577.html。

就是引进竞争机制，降低成本，提高劳动生产率以及对市场的应变能力。对国家来讲，民营就是把权力与责任同时下放给企业，通过相互竞争促使企业改善经营，形成自负盈亏体系，减轻财政负担和提高社会效益。日本企业认为，企业的经营本质比企业的所有制形式更为重要。据了解，日本国铁即使是实行了民营，但资产的终极所有权仍属于国有，国营改民营不影响所有权归属问题，实质上是比较彻底的两权分离，同时划小核算单位，给予充分完全的经营自主权，这一点对我国进行产权制度改革、转换经营机制有一定的参考价值。

③国铁由国营改为民营，人才的管理和培养以及人员的安置是顺利改革的重要保障。一是经营管理人才的培养；二是职工的裁减和录用既考虑效率因素，也考虑社会因素，对少部分裁员妥善安置，对上岗人员则先进行培训；三是注重调动人的积极因素，把人才看作是将来的成本；四是注重中间层的管理，日方认为这是向民营过渡的关键，也是日本企业经营管理的特征。

2.5.4 各国铁路改革模式的比较及启示

在国外铁路改革中，各国根据自身的国情、路情，采用适合本国铁路改革的方式。部分国家采用“网运分离”的模式，将具有公益性需要国家控制的路网领域和具有经营性需要放开竞争的运营领域分离，实行政企分开、政资分开、政事分开，让铁路企业真正做到自主经营、自负盈亏，把外部市场和铁路内部企业的竞争压力直接作用到铁路企业经营者身上，从而彻底改变激励约束机制不足的现状。

美国铁路发展初期是完全自由开放的，随着铁路垄断性的增强，为了避免恶性竞争，政府开始对垄断进行管制。当各种运输方式迅速发展、铁路经营状况不断恶化时，为了鼓励竞争提高生产效率，政府又逐渐放松对铁路的管制。美国铁路是以路权的开放和平行线间竞争为主，较为完善的管制体系保证了美国铁路竞争机制的存在。

英国铁路改革是从20世纪英国私有化高潮开始的。英国铁路改革既有改善铁路经营状况、减少政府补贴的需要，也有建立欧洲统一运输市场的设想。英国铁路曾经有很长一段国有化的历史，通过改革将铁路分拆为许多独立的经营单位，特别是将路网公司的股票上市，以此推进私有化的进程，与当时的政治背景也有一定关系。英国铁路能够实行网运分离，实现线路上的直接竞争与其运力富裕也有直接关系。另外，英国铁路由于对运营及提供辅助服务企业分拆过细，导致这一领域交易费用过高，在很大程度上损害了铁路运输本身具有的规模经济和范围经济。由于分拆后铁路产业内部链条过多，在很大程度上影响了内部协作，也影响了铁路运输的整体性、协调性和安全性①。

日本铁路改革后，分拆为不同的区域性铁路公司，不同公司间没有直接的竞争，但公司间实际上存在服务质量、经营绩效等一些方面的标尺竞争。日本国铁实行了民营引入竞争性的同时，资产的终极所有权仍属于国有，实现了比较彻底的两权分离。

改革前后各国铁路运输情况对比如表2–6所示。

表2-6 改革前后美、日、英国铁路运输业状况

		美国	英国	日本
市场结构	改革前	竞争	政府垄断	政府垄断
	改革后	大企业与中小企业并存	一个线路公司，多家客货运公司	6家客运公司，1家货运公司
铁路所有权	改革前	私营企业	私营企业	国有企业
	改革后	私营企业	私营企业	民营企业
组织结构	改革前	网运完全合一，客货合一	网运合一，客货合一	网运完全合一，客货合一
	改革后	网货合一，客货分离	网运分离，客货分离	网客合一，客货分离

综上所述，我们可将铁路改革的模式归结为以下三种。

---

① 邹检文：“铁路‘网运分离’改革与激励约束机制研究”，贵州大学，2007年。

①一体化模式。一体化模式是指在铁路运输改革中，组建路网基础设施与客货运输合一的、全国性的国家铁路总公司，承担从铁道部剥离出来的企业职能。铁路改革按照政企分开、政资分开、上下合一的原则进行，组建铁道部和国家铁路总公司（或国家铁路控股公司）。铁路运营和基础设施管理合二为一。如美国大约有五家一体化的铁路货运公司，他们在一些地区或一些线路上相互竞争，但同时也在一些地区内垄断经营。

②“网运分离”模式。“网运分离”模式是指把具有自然垄断性的干线路网基础设施与具有竞争性的客货运输分离开，分别组建铁路线路公司，以及适应市场需求的实行专业化、规模化经营的铁路运输公司，实行分类管理。线路和其他固定设施的控制权与运输服务相互分离，在一定条件和费用下各类运输公司被授予设施使用权。如欧盟大部分国家都采用了这种铁路改革方式。

③部分“网运分离”模式。部分“网运分离”模式是指客、货运输中占主导地位的运输方式与路网保持一体，非主导地位的运输方式组建独立的运输公司，租用线路进行运营。在这种模式中，运量占优势的企业控制基础设施，运量占其次的企业通过缴纳使用费进入基础设施。如美国、加拿大、新西兰、阿根廷等国家的铁路系统以货运为主，货运公司拥有铁路线，客运公司开行列车要租用线路，不同货运公司之间也实行车辆的过轨运输；而日本等国家则根据本国国情，其铁路以客运为主，付使用费。铁路线由区域性客运公司拥有，货运公司使用铁路线要向相应的客运公司支付使用费。

通过总结世界各国铁路改革的经验，我们可以得到以下几点启示。

第一，所有权与经营权分离。由于政府的地位特殊，当其作为控股股东时，往往会表现得很强势，容易直接操控董事会和管理层，干预国有企业的经营管理，从而不利于国有企业问责机制的建立。因此，国家（政府）作为所有者，既要知情和“在位”，又不能“越位”，所有者与经营者应做到互不干预。

第二，公益性经营与商业性经营分开。根据国有资本的战略定位和发展目标，结合不同国有企业在经济社会发展中的作用、现状和发展需要，将国有企业分为商业类和公益类。通过界定功能、划分类别，提高改革的针对性、监管的有效性、考核评价的科学性。将铁路企业进行分类管理，公益性企业保持国家控制，竞争性企业开放市场。

第三，国有铁路企业公司化。可适时采取公私合营的模式，积极发展现代化企业治理结构。此外，可将铁路企业经营商业化，提倡参与市场竞争，引入竞争机制，激发铁路企业的市场竞争活力。

第四，国铁改革法律先行。为了依法、有序推进铁路改革，铁路国家所有权政策相关事宜应当以法律形式确定下来，以提供相关的法律保障。

可见，将铁路企业进行分类管理，公益性企业保持国家控制，竞争性企业开放市场，加强现代化企业治理结构建设，立法保障各项改革政策实施是我们可以得到的主要启示。

2.6 中国探索

2.6.1 国有企业改革的指导意见

2015年9月，中共中央、国务院印发的《关于深化国有企业改革的指导意见》中有许多与国家所有权政策相关的指导意见，现总结如下。

1. 分类推进国有企业改革

①划分国有企业不同类别。根据国有资本的战略定位和发展目标，结合不同国有企业在经济社会发展中的作用、现状和发展需要，将国有企业分为商业类和公益类。通过界定功能、划分类别，提高改革的针对性、监管的有效性、考核评价的科学性。

②推进商业类国有企业改革。商业类国有企业按照市场化要求实行商业化运作，以增强国有经济活力、放大国有资本功能、实现国有资产保值增值为主要目标，依法独立自主开展生产经营活动，实现优胜劣汰、有序进退。

主业处于充分竞争行业和领域的商业类国有企业，原则上都要实行公司制股份制改革，积极引入其他国有资本或各类非国有资本实现股权多元化，国有资本可以绝对控股、相对控股，也可以参股，并着力推进整体上市。主业处于关系国家安全、国民经济命脉的重要行业和关键领域、主要承担重大专项任务的商业类国有企业，要保持国有资本控股地位，支持非国有资本参股。对自然垄断行业，实行以政企分开、政资分开、特许经营、政府监管为主要内容的改革，根据不同行业特点实行网运分开、放开竞争性业务，促进公共资源配置市场化；对需要实行国有全资的企业，也要积极引入其他国有资本实行股权多元化；对特殊业务和竞争性业务实行业务板块有效分离，独立运作、独立核算。

③推进公益类国有企业改革。公益类国有企业以保障民生、服务社会、提供公共产品和服务为主要目标，引入市场机制，提高公共服务效率和能力。这类企业可以采取国有独资形式，具备条件的也可以推行投资主体多元化，还可以通过购买服务、特许经营、委托代理等方式，鼓励非国有企业参与经营。

2. 完善现代企业制度

①推进公司制股份制改革。加大集团层面公司制改革力度，积极引入各类投资者实现股权多元化。根据不同企业的功能定位，逐步调整国有股权比例，形成股权结构多元、股东行为规范、内部约束有效、运行灵活的经营机制。允许将部分国有资本转化为优先股，在少数特定领域探索建立国家特殊管理股制度。

②健全公司法人治理结构。重点是推进董事会建设，建立健全权责对等、运转协调、有效制衡的决策执行监督机制，规范董事长、总经理行权行为，充分发挥董事会的决策作用、监事会的监督作用、经理层的经营管理

作用、党组织的政治核心作用，切实解决一些企业董事会形同虚设、“一把手”说了算的问题，实现规范的公司治理。加强董事会内部的制衡约束，国有独资、全资公司的董事会和监事会均应有职工代表，董事会外部董事应占多数，落实一人一票表决制度，董事对董事会决议承担责任。进一步加强外部董事队伍建设，拓宽来源渠道。

③建立国有企业领导人员分类分层管理制度。坚持党管干部原则与董事会依法产生、董事会依法选择经营管理者、经营管理者依法行使用人权相结合，不断创新有效实现形式。根据不同企业类别和层级，实行选任制、委任制、聘任制等不同选人用人方式。推行职业经理人制度，实行内部培养和外部引进相结合，畅通现有经营管理者与职业经理人身份转换通道，董事会按市场化方式选聘和管理职业经理人，合理增加市场化选聘比例，加快建立退出机制。推行企业经理层成员任期制和契约化管理，明确责任、权利、义务，严格任期管理和目标考核。

④实行与社会主义市场经济相适应的企业薪酬分配制度。企业内部的薪酬分配权是企业的法定权利，由企业依法依规自主决定，完善既有激励又有约束、既讲效率又讲公平、既符合企业一般规律又体现国有企业特点的分配机制。建立健全与劳动力市场基本适应、与企业经济效益和劳动生产率挂钩的工资决定和正常增长机制。健全与激励机制相对称的经济责任审计、信息披露、延期支付、追索扣回等约束机制。严格规范履职待遇、业务支出，严禁将公款用于个人支出。

⑤深化企业内部用人制度改革。建立健全企业各类管理人员公开招聘、竞争上岗等制度，对特殊管理人员可以通过委托人才中介机构推荐等方式，拓宽选人用人视野和渠道。建立分级分类的企业员工市场化公开招聘制度，切实做到信息公开、过程公开、结果公开。

3. 完善国有资产管理体制

①以管资本为主推进国有资产监管机构职能转变。国有资产监管机构要

准确把握依法履行出资人职责的定位，科学界定国有资产出资人监管的边界，建立监管权力清单和责任清单，实现以管企业为主向以管资本为主的转变。

②以管资本为主改革国有资本授权经营体制。改组组建国有资本投资、运营公司，探索有效的运营模式，通过开展投资融资、产业培育、资本整合，推动产业集聚和转型升级，优化国有资本布局结构；通过股权运作、价值管理、有序进退，促进国有资本合理流动，实现保值增值。科学界定国有资本所有权和经营权的边界，国有资产监管机构依法对国有资本投资、运营公司和其他直接监管的企业履行出资人职责，并授权国有资本投资、运营公司对授权范围内的国有资本履行出资人职责。国有资本投资、运营公司作为国有资本市场化运作的专业平台，依法自主开展国有资本运作，对所出资企业行使股东职责，按照责权对应原则切实承担起国有资产保值增值责任。

③以管资本为主推动国有资本合理流动优化配置。紧紧围绕服务国家战略，落实国家产业政策和重点产业布局调整总体要求，优化国有资本重点投资方向和领域，推动国有资本向关系国家安全、国民经济命脉和国计民生的重要行业和关键领域、重点基础设施集中，向前瞻性战略性产业集中，向具有核心竞争力的优势企业集中。发挥国有资本投资、运营公司的作用，清理退出一批、重组整合一批、创新发展一批国有企业。支持企业依法合规通过证券交易、产权交易等资本市场，以市场公允价格处置企业资产，实现国有资本形态转换，变现的国有资本用于更需要的领域和行业。

④以管资本为主推进经营性国有资产集中统一监管。稳步将党政机关、事业单位所属企业的国有资本纳入经营性国有资产集中统一监管体系，具备条件的进入国有资本投资、运营公司。

4. 发展混合所有制经济

①推进国有企业混合所有制改革。对通过实行股份制、上市等途径已经实行混合所有制的国有企业，要着力在完善现代企业制度、提高资本运行效

率上下功夫；对于适宜继续推进混合所有制改革的国有企业，要充分发挥市场机制的作用，坚持因地施策、因业施策、因企施策，宜独则独、宜控则控、宜参则参，不搞拉郎配，不搞全覆盖，不设时间表，成熟一个推进一个。

②引入非国有资本参与国有企业改革。鼓励非国有资本投资主体通过出资入股、收购股权、认购可转债、股权置换等多种方式，参与国有企业改制重组或国有控股上市公司增资扩股以及企业经营管理。实行同股同权，切实维护各类股东合法权益。在石油、天然气、电力、铁路、电信、资源开发、公用事业等领域，向非国有资本推出符合产业政策、有利于转型升级的项目。

③鼓励国有资本以多种方式入股非国有企业。充分发挥国有资本投资、运营公司的资本运作平台作用，通过市场化方式，以公共服务、高新技术、生态环保、战略性产业为重点领域，对发展潜力大、成长性强的非国有企业进行股权投资。

④探索实行混合所有制企业员工持股。坚持试点先行，在取得经验基础上稳妥有序推进，通过实行员工持股建立激励约束长效机制。优先支持人才资本和技术要素贡献占比较高的转制科研院所、高新技术企业、科技服务型企业开展员工持股试点，支持对企业经营业绩和持续发展有直接或较大影响的科研人员、经营管理人员和业务骨干等持股。员工持股主要采取增资扩股、出资新设等方式。完善相关政策，健全审核程序，规范操作流程，严格资产评估，建立健全股权流转和退出机制，确保员工持股公开透明，严禁暗箱操作，防止利益输送。

5. 强化监督防止国有资产流失

①强化企业内部监督。完善企业内部监督体系，明确监事会、审计、纪检监察、巡视以及法律、财务等部门的监督职责，完善监督制度，增强制度执行力。

②建立健全高效协同的外部监督机制。强化出资人监督，加快国有企业行为规范法律法规制度建设，加强对企业关键业务、改革重点领域、国有资本运营重要环节以及境外国有资产的监督，规范操作流程，强化专业检查，开展总会计师由履行出资人职责机构委派的试点。加强和改进外派监事会制度，明确职责定位，强化与有关专业监督机构的协作，加强当期和事中监督，强化监督成果运用，建立健全核查、移交和整改机制。健全国有资本审计监督体系和制度，实行企业国有资产审计监督全覆盖，建立对企业国有资本的经常性审计制度。

③实施信息公开，加强社会监督。完善国有资产和国有企业信息公开制度，设立统一的信息公开网络平台，依法依规、及时准确披露国有资本整体运营和监管、国有企业公司治理以及管理架构、经营情况、财务状况、关联交易、企业负责人薪酬等信息，建设阳光国企。充分发挥媒体舆论监督作用，有效保障社会公众对企业国有资产运营的知情权和监督权。

2.6.2 国家所有权政策尚未明确

国家产业政策是政府为了实现一定的经济和社会目标而对产业的形成和发展进行干预的各种政策的总和。产业政策的功能主要是弥补市场缺陷，有效配置资源；保护幼小民族产业的成长；熨平经济震荡；发挥后发优势，增强适应能力。产业政策的作用目标是鼓励和促进需要发展的产业尽快建立和扩张，限制不需要发展的产业并促使其缩小或向其他产业转产，以保证供给和需求总量的平衡。其制定原则中提到要压缩和控制长线产品的生产和建设，增加和扩大短线产品的生产和建设；集中力量，首先把粮食、棉花、煤炭、电力、交通，特别是铁路运输以及市场紧俏的轻纺产品的生产建设搞上去。因此，我国铁路行业要根据国家产业政策，完善路网结构，优化运输组织，强化安全管理，提升服务质量，提高运输效率和效益，不断增强市场竞争力。对于铁路存在市场失效的领域，通过制定国家所有权政策对其进行调整控制。

党的十八届三中全会也进一步明确了我国公有制经济的主体地位，即要求国有经济起主导作用，不断增强国有经济活力、控制力和影响力。新一轮国企改革的大幕逐步拉开。建立一个公开、透明的国家所有权政策，不仅有利于加强国家对国有企业的控制力，明确监管者和被监管者的责任、权利和义务，也有利于社会各界对国有企业进行广泛监督，促进政府权力部门在合理的边界内行使所有者职能[①]。

新一轮国企改革的实质是确立了国有企业市场化的改革方向。国企改革的市场化就是要解决国企管理体制和国企经营方式的市场化这两大核心问题。经过40年的改革，国企经营方式的市场化已经有了明显改观，但国有资产和国有企业管理体制的市场化问题还远未解决。国企管理体制的问题不解决，直接影响国企经营的市场化，从而导致国企经营效率无法得到根本改善。笔者认为，推进国有企业股权多元化的市场化改革方向是正确的，但前提是国企管理体制要改革，并且要形成一定的国家政策指导改革。

国务院发展研究中心企业研究所原所长陈小洪曾提出，中国的国企目前日益阳光，法治化水平日益提升的同时，依然存在问题。这当中，有企业本身的问题，也有国家的政策、有关体制、法律本身不健全等问题。比如我国关于国有企业的目标、行为，政府和国有企业的关系，国有企业与市场，包括民营、国民的关系这方面的规则一直不明确。中共十八届三中全会提出分类是一个重大的进展，但是到真正地明确还有一个过程。在这种情况下，对国企的指导和引导就会存在问题[②]。

陈小洪提到我国企业改革存在国家所有权政策不明确的问题，而国家关于国有企业改革分类管理、分开公益性与商业性等政策，本身就是国家所有权政策的运用，只不过还没有提升到国家所有权政策这个层面上来阐述。

---

① 鲁桐：“深化国企改革亟须制定国家所有权政策”，《中国国情国力》，2015年，第3期。

② 佚名：“陈小洪：国企改革，要明确国家所有权政策”，（2014-12-19）[2017-07-06]. http://www.chinadaily.com.cn/hqcj/zgjj/2014-12-19/content_12919301.html。

可以看出，我国已出台一些本质上属于国家所有权政策范畴的政策，但由于尚未明确“国家所有权政策”的概念，所以这些政策未成体系，没有相应的国家所有权政策来明确基本目标和规则，这也是本书的研究动机。

2.7 本章小结

本章在明确了国家所有权政策的基本概念和主要内容及国有企业布局、股权结构的基础上，对国外典型行业的国家所有权政策的实践经验及启示做了总结，并结合我国国情，简要论述我国在深化国有企业改革过程中对国家所有权政策的探索。

本章主要结论如下：

①国家所有权政策是指是有关国家出资和资本运作的公共政策，说明国家投资兴办企业或出资的目标和领域、国家在国有企业公司治理中的作用方式，以及与国有资本有关的重要关系的处理原则和处理国有企业与社会、与其他企业关系及规则的基本政策。国家所有权政策是国家作为国有资产所有者要实现的总体目标，以及国有企业为实现这些总体目标而制定的实施战略。国家所有权政策说明了国家投资兴办企业或出资的功能作用目标和领域、国家的国有企业治理方针和实施方式。

②俄罗斯天然气工业的实践证明，在具有国际战略意义的自然垄断领域，国有制比“私有化+保持距离型”的依法规制或许能够更有效地体现国家意志。支持这一判断的重要依据之一是再国有化以来俄罗斯天然气工业取得了良好经营业绩。

③日本国铁即使实行了民营，但资产的终极所有权仍属于国有，国营改民营不影响所有权归属问题，实质上是比较彻底的两权分离，同时划小核算单位，给予充分完全的经营自主权，这一点对我国进行产权制度改革、转换

经营机制有一定的参考价值。

④我国国企改革中体现的所有权政策，通过划分国企类别进行改革，并针对不同类别领域的企业采用国有资本绝对控股、相对控股、参股等控制方式；推进公司制股份制改革，健全公司法人治理结构；完善国有资产管理体制，发展混合所有制经济，并强化监督防止国有资产流失。

⑤我国国有企业改革政策中提出将国有企业划分为商业类和公益类进行分类改革，明确企业的功能定位，并据此确定企业的法律形式、控制形式和经营目标等。然而，国家并没有将这些工作定义为“国家所有权政策”，这是下一步应该研究的方向。

第 3 章
国家铁路发展综述：现状与趋势

铁路按照功能可划分为五大领域，即路网领域、工程领域、装备领域、运营领域和资本领域。当前铁路行业各领域的发展趋势有一定的共同点，但是发展现状各有不同。要想确定铁路国家所有权政策的总体框架和具体政策，就需要根据铁路各领域具体的发展现状和趋势来明确相应的功能定位和发展目标，由此采取相应的改革措施。本章首先明确铁路五大领域的发展概况和发展趋势，再对铁路行业发展的问题作出阐述。

3.1　我国铁路各领域发展概况

3.1.1　铁路工程领域发展概况

1. 发展概况

铁路基础设施属于狭义的基础设施范畴，是满足铁路运输需求的铁路运输通道和运输节点的固定设施，包括铁路线路和铁路枢纽、车站、隧道、桥涵、电力系统、调度指挥系统等。

基础设施项目是一项综合、复杂的系统工程，其所提供的产品和服务具有自身独特的诸如建筑施工技术复杂、建设项目周期长、建设风险较大等工程技术特性，更为关键的还在于其投资、生产以及使用等方面所体现出的显著的社会经济属性[1]。

①资产专用性。基础设施的资产专用性的特征有两层含义：一是地域特定，即基础设施仅局限于某一固定的地区使用，其投资与特定的区域相对应；二是用途特定，即基础设施适合于某些特定的产业、组织机构和个体。

②成本积聚性。基础设施项目的成本积聚性主要表现为：一是在建设初期的投资规模较大，呈高度的资金积聚状态。二是在后期的管理上，成本积聚度也不低，尤其是在利益外溢时，相当一部分成本形成积聚沉淀，导致回报率较低。

③范围经济性。在一定区域上，基础设施项目群具有范围经济性，即基础设施在同一地区的复合投资效益高于对一项基础设施的无限制投资效益，亦即一项基础设施项目要与其他基础设施联合才能实现价值增值。

2. 重点企业发展概况

德国SCI Verkehr公司发布的“2017年度全球十大铁路基础设施制造商”中，我国排在前十的铁路基础设施企业分别是中国铁建（CRCC）、中国中铁（CRECG）和中国通号（CRSC）。

①中国铁建股份有限公司（CRCC）。中国铁建是中国最大的铁路设计和建设企业，参与建设了我国所有的大型铁路建设项目，掌握了时速350公里高速铁路的设计和修建技术，独立修建铁路里程累计超过4万公里，占新中国成立以来修建铁路里程的50%以上。中国铁建桥梁和隧道建设水平在国内乃至世界处于领先地位，设计或承建了国内主要的跨江、跨河和跨海大桥，以及国内大型、标志性隧道。从修建中国第一条地铁北京一号线，到建设中国第一条跨座式单轨城市轨道交通重庆轻轨，特别是世界上第一条商用磁悬浮轨道交通上海磁悬浮列车示范线，中国铁建参与了中国所有城市地铁轻轨的建设，独立修建里程超过600公里，引领着中国城市轨道交

① 任雪松：“基础设施投融资法律问题研究”，华东政法大学，2011年。

通建设的未来。

②中国中铁股份有限公司（CRECG）。中国中铁股份有限公司成立于1950年3月，总部位于北京，是一家集基建建设、勘察设计与咨询服务、工程设备和零部件制造、房地产开发、铁路和公路投资及运营、矿产资源开发、物资贸易等业务于一体的多功能、特大型企业集团，也是中国和亚洲最大的多功能综合型建设集团。成立60年来，中国中铁先后修建了77925公里的铁路，占全国铁路总里程的2/3以上；建成电气化铁路接触网52894公里，占全国电气化铁路的95%；参与建设的公路超过13781公里，其中高速公路超过7708 公里，约占全国高速公路总里程的1/10；参与建设了全国3/5的城市轨道工程；修建了武汉长江大桥、南京长江大桥、东海大桥、杭州湾跨海大桥等9000多座大桥，总长达9297公里；建成秦岭隧道、太行山隧道、厦门翔安海底隧道、武汉长江隧道等长大隧道，共计6886公里。公司建设者八次远征南极，承担了我国中山站、长城站、昆仑站建设和维护任务。公司还先后参加了国内外5000余项公路、机场、码头、水电、地铁、高层建筑、市政等大型工程的设计与施工，经营范围覆盖到土木建筑的各个领域，工程项目遍布全国各省市自治区和全球60多个国家和地区。

3.1.2 铁路装备领域发展概况

1. 发展概况

近几年来，我国铁路装备不断突破海外市场，预示着我国铁路即将跨入另一个大时代。我国成熟的高铁技术也代表着我国装备制造业的最高水平，伴随着高铁技术打开海外市场，我国装备制造业也拉开了出海之路。

中国产业调研网发布的2017年中国铁路装备现状调研及市场前景走势分析报告认为，整体来看，我国铁路技术经过技术自主化积淀及战略调整，将会以强者的身份参与到全球化的体系中，良性的竞争将带来“两车”即中国北车和南车未来海外业务盈利能力的回升。随着中国铁路加快走向海外，也会打开进一步成长及估值空间。

铁路跨越式发展将会带来行业的深刻变化。铁路技术装备以客运高速、快速和货运快捷、重载为重点，使我国铁路机车车辆技术达到国际先进水平。

2. 重点企业发展概况

①中国中车股份有限公司。中国中车股份有限公司是经国务院同意，国务院国资委批准，由中国南车股份有限公司、中国北车股份有限公司按照对等原则合并组建的A+H股上市公司，属中央企业。

截至2016年，中车产品出口到全球101个国家和地区，覆盖六大洲的11个市场区域。2011～2014年，中车海外签约金额分别为19.25亿美元、35.88亿美元、39.6亿美元和67.47亿美元，年均增长55.7%。

2016年11月22日，国家重点研发计划“先进轨道交通”重点专项“时速400公里及以上高速客运装备关键技术”项目正式启动，开启了我国时速400公里跨国联运高速客运装备的新一轮研发工作。项目由中国中车股份有限公司牵头，中国中车长客股份有限公司具体组织实施，研制出满足泛欧亚铁路互联互通需求的600毫米到1676毫米可变结构转向架和时速400公里跨国联运高速动车组样车。列车人均能耗将比现有时速350公里高速列车降低10%左右，噪音降低2DB左右，达到国际领先水平。

2017年7月12日，中国中车股份有限公司获国资委2016年度经营业绩考核A级。2018年5月9日，“2018中国品牌价值百强榜”发布，中国中车位列第13。

②中国铁路通信信号集团公司。中国铁路通信信号集团公司，简称中国通号，是国务院国有资产监督管理委员会直接监管的大型中央企业。

中国铁路通信信号集团公司具有铁路、城市轨道交通通信信号系统集成、研发设计、设备制造、施工运维完整产业链；是中国铁路通信信号系统制式、标准规范的编制单位。有科研设计、生产制造和工程服务等全资、控股、参股及合资企业多家，并有海外、城市轨道交通、通信信息、基础设备、工程等事业部，分布在全国各地。在海外多个国家设有办事处或项目部。拥有世界先进的高速铁路列车运行控制系统技术和装备。市场遍及海内外铁路、城市轨道交通、机场、港口和矿山等。

中国铁路通信信号集团公司具有国家甲级勘测、设计、咨询、通信信息网络系统集成资质以及铁路电务和电信工程专业承包一级等多项资质，具有对外进出口经营权和对外工程承包权；集团及所属企业全部通过ISO9000质量体系认证，是北京市认定的高新技术企业，北京市工商局认定的“重合同、守信用”单位，具有“AAA”银行信用等级。

该集团公司建立了技术创新体系，部级产品质量监测中心和道岔设备转换中心，系统技术试验中心和设备维修中心；进一步完善了现代化产品生产能力及调试检测手段；以完整的技术解决方案、优良的工程设计、规范的技术标准和工法、优质的产品、精湛的施工服务，承建了国内近千项铁路、城市轨道、高速公路、港口、机场的通信信号、机电、电力等工程；产品和服务覆盖了全国铁路及城市轨道交通领域，并应用于亚洲、非洲、拉丁美洲等国家和地区。

3.1.3 铁路路网领域发展概况

1. 发展概况

（1）“十二五”期间路网建设成就

①建设发达与完善的铁路网。“十二五”期间，基本建成快速铁路网，发展高速铁路，推进区际干线、煤运通道、西部铁路等建设，完善路网布局，加快形成发达完善的铁路网。

②发展高速铁路，基本建成快速铁路网。建设“四纵四横”高速铁路。

贯通北京至哈尔滨（大连）、北京至上海、上海至深圳、北京至深圳及徐州至兰州、上海至成都等“四纵四横”高速铁路。

③建设大能力通道，完善区际干线网。在繁忙干线实现客货分线的基础上，加快区际干线新线建设和既有线扩能改造，强化煤炭运输等重载货运通道；加强煤炭运输通道建设。

④建设以西部为重点的开发性铁路，优化路网布局。贯彻落实区域发展战略，进一步拓展西部路网，扩大路网覆盖面，形成路网骨架；强化东北路网，完善东中部路网，提升路网质量。

⑤加强国际通道建设，逐步实现与周边国家互联互通。建设东北、西北、西南等进出境铁路和国土开发性边境铁路，配套建设口岸基础设施，完善口岸集疏运系统，促进我国与周边区域的交流合作。

⑥强化枢纽及配套设施建设，提高运输效率。结合新线建设和既有线改造，强化枢纽、客货配套设施及集疏运系统建设，加强与其他运输方式的衔接，发挥综合运输体系组合效率和整体优势。

（2）中长期路网规划[①]

第一，发展现状。①基础网络初步形成。中西部地区铁路加快建设，跨区域快速通道基本形成，高速铁路逐步成网，城际铁路起步发展，路网规模不断扩大，保障能力明显增强。

②服务水平明显提升。东部地区路网优化提升，中西部地区路网覆盖扩大，四大板块实现高速铁路连通，重点物资和快捷货运服务能力增强，综合枢纽有机衔接配套，技术装备水平大幅提高，建立了信息服务平台，整体服务水平不断提升。

③创新能力显著增强。以高速、高原、高寒、重载铁路发展为依托，工程建造、装备制造、系统集成等创新成果显著，自主发展能力与核心竞争力不断增强，我国铁路总体技术水平进入世界先进行列，高铁成为我国走出去

---

① 《中长期铁路网规划》，中华人民共和国国家发展和改革委员会[2017-08-13]，http://ghs.ndrc.gov.cn/ghwb/gjjgh/201705/U020170516620657922852.pdf。

的亮丽名片。

④铁路改革实现突破。铁路实行了政企分开，出台了改革铁路投融资体制、实施土地综合开发、批准设立铁路发展基金、鼓励和扩大社会资本投资铁路建设等一系列政策措施，中央和地方支持铁路建设力度持续加大。

第二，规划目标。到2020年，一批重大标志性项目建成投产，铁路网规模达到15万公里，其中高速铁路3万公里，覆盖80%以上的大城市，为完成“十三五”规划任务、实现全面建成小康社会目标提供有力支撑。到2025年，铁路网规模达到17.5万公里左右，其中高速铁路3.8万公里左右，网络覆盖进一步扩大，路网结构更加优化，骨干作用更加显著，更好地发挥铁路对经济社会发展的保障作用。

2. 重点企业发展概况

我国铁路线路共分为三类：国家铁路、地方铁路、国家与地方合资铁路。国家铁路原由国务院下属机构铁道部负责经营管理，后根据十二届全国人大一次会议批准的《国务院机构改革和职能转变方案》，实行铁路政企分开，组建中国铁路总公司。2013年3月14日，中国铁路总公司正式成立。中国铁路总公司（简称“中铁总”）是依据《中华人民共和国全民所有制工业企业法》设立，由中央管理的国有独资企业，注册资金10360亿元。中国铁路总公司机关设置20个内设机构，下设北京铁路局、沈阳铁路局、上海铁路局、南昌铁路局、成都铁路局、郑州铁路局、武汉铁路局、西安铁路局、太原铁路局、济南铁路局、南宁铁路局、昆明铁路局、兰州铁路局、哈尔滨铁路局、呼和浩特铁路局、乌鲁木齐铁路局、广铁集团、青藏铁路公司等18个铁路局（公司），中铁快运、中铁特货、中铁集装箱3家专业运输公司。

表3–1列出了国家铁路、地方铁路和合资铁路在营业里程、运输设备保有量以及客货运输量等方面的基本状况。

表3-1　　全国铁路基本情况[①]

指标	2009	2010	2011	2012	2013	2014
运输线路里程（公里）						
营业里程	85517.9	91178.5	93249.6	97625.5	103144.6	111821.1
国家铁路	65491.2	66239.0	66049.8	66297.9	66585.1	66989.2
合资铁路	15887.5	20577.2	22766.1	26867.6	32135.7	40416.1
地方铁路	4139.2	4362.3	4433.8	4460.0	4423.9	4415.8
复线里程	33194.7	37487.2	39499.7	43654.6	48192.3	56725.0
国家铁路	28682.0	29683.6	29883.9	30661.5	31854.5	32545.8
合资铁路	4512.7	7799.0	9590.3	12993.1	16337.8	24179.2
地方铁路		4.6	25.4			
电气化铁路里程	35653.0	42464.4	46064.0	50867.2	55649.1	65055.5
国家铁路	30242.7	32717.2	34330.4	35486.5	35977.2	36851.4
合资铁路	5337.7	9674.5	11572.0	15380.7	19671.8	28204.1
地方铁路	72.6	72.6	161.6			
正线延展里程	119661.5	129438.8	133839.0	142338.3	152320.8	169806.7
国家铁路	95997.8	97608.1	97751.0	99052.7	100299.3	101550.6
合资铁路	19523.8	27467.5	31653.1	38793.6	47565.5	63810.7
地方铁路	4139.9	4363.2	4434.9	4492.1	4456.0	4445.4
运输设备						
机车拥有量（台）	18922	19431	20721	20797	20835	21096
国家铁路	17825	18349	19590	19625	19686	19990
合资铁路	826	803	836	875	865	813
地方铁路	271	279	295	297	284	293
客车拥有量（辆）	49354	52275	54731	57721	58965	60629
国家铁路	47436	50391	52838	55764	56841	58898
合资铁路	1803	1753	1743	1807	1974	1581
地方铁路	115	131	150	150	150	150
货车拥有量（辆）	601412	625110	651175	670801	721850	716578
国家铁路	594388	622284	644677	664333	715492	710127
合资铁路	4902	1125	4930	4930	4785	4656
地方铁路	2122	1701	1568	1538	1573	1795
客货运输						
客运量（万人）	152451	167609	186226	189337	210597	235704

① 许剑毅、叶植材：《中国第三产业统计年鉴》，中国统计出版社2015年版。

续表

指标	2009	2010	2011	2012	2013	2014
国家铁路	150798	164761	179199	187863	207541	232381
合资铁路	1234	2371	6498	891	2366	2562
地方铁路	419	477	528	583	690	762
旅客周转量（亿人公里）	7878.89	8762.18	9612.29	9812.33	10595.62	11604.75
国家铁路	7840.09	8725.72	9582.71	9783.99	10550.32	11556.36
合资铁路	33.16	30.15	22.97	21.46	38.02	41.13
地方铁路	5.63	6.31	6.62	6.88	7.28	7.26
货运量（万吨）	333348	364271	393263	390438	396697	381334
国家铁路	277572	309541	329535	323559	322207	306942
合资铁路	31903	35641	41549	43971	49491	50296
地方铁路	23873	19089	22179	22907	24999	24095
货物周转量（亿吨公里）	25239.17	27644.13	29465.79	29187.09	29173.89	27530.19
国家铁路	23649.88	25937.35	27631.67	27220.50	26845.01	25103.42
合资铁路	1462.71	1590.72	1695.40	1830.41	2173.94	2291.77
地方铁路	126.59	116.07	138.72	136.18	154.94	135.00

注：2010年合资铁路客、货车拥有量仅指非控股合资铁路客、货车拥有量。

3. 铁路路网改革趋势

目前我国铁路网运合一、高度融合的网运关系，是导致当前铁路一系列其他深层次问题的根源，网运关系、现代企业制度、混合所有制、投融资体制、中长期债务处置等方面的深层次问题又直接影响铁路甚至全社会综合运输的持续健康发展。所以，网运关系调整是铁路改革的关键和突破口。

网运分离是指将铁路基础设施管理与运输经营分开，路网公司的收入来自于使用国家铁路网的客、货运公司支付的线路使用费，支出主要用于路网基础设施的更新与维修，因公益性线路运量不足造成的亏损，由政府给予政策性补贴。路网公司收取线路使用费的标准由政府铁路主管部门核准。客、货运公司根据本公司开行的客车及承运的货物，直接从市场取得运输收入，并向路网公司和提供生产协作及服务的单位付费。本书提出了“统分结合的网运分离”经营管理体制，其主要特点包括两个方面：一是“路网统一”，即将铁路路网收归为一个大、统、全的国有企业，统一规划建设、调度指挥，以充分发挥路网作为国家基础设施的重要作用；二是“运营分离”，即将铁路运营权下放到若干小、专、精的各类社会资本广泛参与的运营企业，充分放开竞争性业务，使这些企业在充分竞争的条件下提供更加优质高效的运输服务。

3.1.4　铁路运营领域发展概况

1. 发展概况

（1）铁路运营模式

铁路运输是我国的基础产业，一直以来处于国家的严格控制和直接管理之下，在我国的运输市场中占有极其重要的地位。随着运输市场的不断开放，公路、民航等替代性运输方式的市场占有率逐年攀升。而仍然沿袭计划经济体制下传统管理模式的我国铁路运输业面对激烈的市场竞争，市场占有率逐年下降。客、货周转量均呈下降趋势，铁路正面临严峻的挑战，如果不在运营模式方面采取强有力的措施，不仅自身发展将遇到极大困难，而且也不利于形成我国各种交通运输方式的合理格局，影响可持续发展战略的实施[①②]。

（2）铁路的运输经营管理模式

铁路的运输经营管理模式主要有代管、自管两种。代管模式就是产权与运营权相分离的模式，而自管模式就是产权与运营权相统一的模式。对于铁路项目而言，运营权的核心是调度指挥权，在采用自管模式时，线路、设施的大中修等与运营关系不大的作业可考虑外包。

目前，国铁与地方政府合资建设的铁路一般采用国铁代管模式，即国铁与地方政府成立的合资公司负责资产管理，而国铁相关铁路局负责运输生产管理。中国传统干线铁路运营管理模式分类如表3-2所示。

---

① 佚名：“2016年铁道统计公报”，2017年。

② 佚名：“铁路运营现状研究及发展趋势”，2015年。

表3-2　　中国传统干线铁路运营管理模式分类

按产权与运营权关系分类		应用
自管模式	完全自营	国有铁路及部分网络性不强的地方铁路、合资铁路等
	运营自营、维修委托管理	不具备维修条件的部分地方铁路、合资铁路、专用铁路、铁路专用线等
代管模式	全部委托管理	自身运营能力不足的地方铁路、合资铁路、专用铁路、铁路专用线等

国铁代管方案的优点是，合资铁路与国铁路网统一调度指挥，更有利于实现资源共享和运营管理的专业化，可降低运营成本，提高系统整体运作效率；缺点是其余股东的权益得不到保证，股东的意志得不到体现。而自管模式的优点是股东权益可得到最大限度的保证，可按铁路效率与效益最大化的原则来建设与运营；缺点是跨线车流较多时，与国铁路网间有较多的组织协调工作。

完全自主运营模式，即合资铁路全部业务由其自身来完成，包括运输组织、生产管理、设备维护、劳动用工等完全在合资铁路内部解决。这种模式的优点是有利于合资公司建立起经济独立的法人实体，最大限度地行使经营自主权。但缺点非常明显，在实际运营中存在着自身无法克服的问题：①线网规模小，绝大多数是单一线路，空间覆盖范围有限，无法充分利用规模经济和范围经济的好处；②调度指挥不独立，受国铁调度指挥系统制约，单独建立调度指挥系统固定成本投入高昂；③不能提供旅客货主需要的点到点、站到站运输服务，无法提供市场需要的完整运输产品，需要跨越其他铁路运输企业边界，运输组织在很大程度上依靠铁路局的支持等。

委托运营模式，即合资铁路把全部业务或部分业务委托给铁路局运营管理，合资公司实行资产管理，具体形式有完全委托经营、部分委托经营。这种模式的优点是可以发挥铁路产业的规模经济优势，提高运输资源配置效率。从我国铁路整体分析，保持运输高效率的前提是要高度集中。目前，我国铁路运输效率世界第一，在衡量铁路运输效率和效益的主要指标中，创造了旅客周转量、货物发送量、换算周转量、运输密度等多项世界第一。中国铁路能够以占世界铁路约6%的营业里程，完成了世界铁路约 1/4 的工作量，最重要的是实行了保持路网的完整性、维护运输统一指挥、提高运输效率这三点。

2. 重点企业发展概况

目前，国家铁路运营领域企业主要分为两类，一是网运合一的铁总所属18个铁路局集团公司，二是3家专业运输公司，分别为中铁集装箱公司、中铁特货公司、中铁快运公司。此外，本书作者建议由铁总与各铁路局根据当前铁路货运改革形势，共同持股举办一批运营公司。

（1）网运合一的铁路运营企业

①中国铁路总公司。中国铁路总公司机关设置20个内设机构，下设18个铁路局集团公司、3个专业运输公司等企业。以铁路客货运输服务为主业，实行多元化经营。负责铁路运输统一调度指挥，负责国家铁路客货运输经营管理，承担国家规定的公益性运输，保证关系国计民生的重点运输和特运、专运、抢险救灾运输等任务。负责拟订铁路投资建设计划，提出国家铁路网建设和筹资方案建议。负责建设项目前期工作，管理建设项目。负责国家铁路运输安全，承担铁路安全生产主体责任。

②18个铁路局集团公司。铁路运营领域有18个铁路局集团公司（见表3–3）。

表3-3　　截至2017年6月各铁路局营业状况

序号	路局	铁路里程	高铁里程	旅客发送量	货物发送量
1	哈尔滨	8154	366	5408	9171
2	沈阳	13364	1985	11162	15822
3	北京	8850	1625	14866	13124
4	太原	5145	424	3587	29750
5	呼和	8052	0	1670	8628
6	郑州	4746	1069	6367	7503
7	武汉	5192	1321	8585	3549
8	西安	4864	450	4373	7051
9	济南	5552	1088	6415	8993
10	上海	9974	3357	30621	9183

续表

序号	路局	铁路里程	高铁里程	旅客发送量	货物发送量
11	南昌	7628	1812	10798	3844
12	广铁	9330	3457	19975	4160
13	南宁	5804	1859	4909	4879
14	成都	9545	1786	12340	5670
15	昆明	3710	633	2319	2762
16	兰州	5104	721	2120	3684
17	乌鲁木齐	6166	844	1583	4614
18	青藏公司	3092	218	638	1647
合计		124272	23017	147739	144033

在一些企业组织关系中，不仅公司具有法人地位，它们的下属机构也具有准法人的地位，这些下属机构就是二级法人。二级法人其实没有独立的法人资格，但它可以享有某些法人的权利。

我国铁路行业的铁路总公司和18个铁路局就是二级法人关系。铁总是一级法人，铁路局也是一级法人，二者分别是法人，又是上下级关系，这样使得铁路局无法发挥独立法人的作用，经营上缺乏独立性。

（2）铁路三大专业运营企业

①中铁集装箱公司。中铁集装箱运输有限责任公司成立于2003年11月，注册资本39亿元人民币，资产规模129亿元人民币，是经中华人民共和国国家工商行政管理总局注册，隶属中国铁路总公司的国有大型集装箱运输企业，是中国铁路总公司中欧班列统一经营服务平台，是中欧班列运输协调委员会秘书处单位。公司主要负责集装箱购置、租赁、维修；铁路箱管理信息系统的开发、维护；集装箱国际、国内货运代理、接取送达、堆存保管；中欧中亚集装箱国际联运班列经营与客户服务等工作。

公司自成立以来，始终以打造世界一流现代物流企业为目标，秉承“诚信、担当、和合、创新”的企业精神，坚持“以市场需求为导向、以优质服务为追求、以客户满意为标准”的经营理念，依靠人才和信息化两大基础，积极推进中欧班列、多式联运、箱管箱修三大品牌建设，品牌效应和社会影响力不断扩大，公司先后获得荣获“AAAAA”级物流企业、中国服务业企业500强、全国先进物流企业和中国物流百强企业等荣誉称号。

②中铁特货运输有限责任公司。中铁特货运输有限责任公司是铁道部直属的大型专业运输企业，主要从事小汽车、超限货物、鲜活易腐货物的运输。公司下设哈尔滨、呼和浩特、昆明、成都、乌鲁木齐五个营业部，承担区域市场开发、运输组织等经营管理责任。下设北京、郑州、上海、广州、柳州五个办事处（原机械保温段），主要从事冷藏车辆检修和运用工作。所属中铁特货大件运输有限责任公司、北京中铁特货冷藏物流有限公司、中铁特种货物国际物流有限责任公司三个子公司，承担铁路特货大客户运输和物流服务。

公司组建以来，确立了做大小汽车运输、做强大件运输、做精冷藏运输的发展战略，确定了以运输带动物流、以物流拉动运输的经营战略。采取了一系列经营管理措施，取得了明显成效：连续三年资产经营责任目标全面实现；连续三年超额完成运输生产任务；市场份额不断扩大；运输品质明显提升；运输效率显著提高；存量资产进一步盘活；经营成本得到有效控制；生产力布局调整初见成效；安全路风有序可控；发展思路更加明晰。

③中铁快运股份有限公司。中铁快运股份有限公司（简称中铁快运）是铁道部直属大型国有专业运输企业。在国家工商行政管理总局注册，注册资金26.08亿元，公司设有18个分公司，拥有8个控股子公司。在全国670余个大中城市设有2030个营业机构，门到门配送业务达到近900个城市，形成了国内覆盖范围最广、规模最大的专业快运经营网络。

南京中铁快运物流专业的南京货运公司，以市场需求为导向，以物流系统优化为基础，以信息技术和管理技术为手段，整合铁路、公路、航空等优势资源，构筑完整的综合价值链，为客户提供一体化、专业化、全方位、全过程的物流服务。

中铁快运具有网络资源优势和铁路运输安全、准时、快捷、环保、全天候优势，拥有全国铁路行李包裹运输资源，负责全国铁路行李车和行邮、行包快运专列的经营管理。

专栏3-1　陆东福调研三大铁路专业公司

2016年12月24日上午，中国铁路总公司党组书记、总经理陆东福到中铁集装箱公司、中铁特货公司、中铁快运公司调研，向三个公司干部职工致以新年的问候。陆东福强调，要立足服务铁路改革发展大局，把握专业运输公司在铁路总体工作中的优势定位，进一步改革创新，强化经营管理，努力做强做优做大铁路专业运输。

陆东福指出，在即将过去的一年，三个公司尽心尽力，积极开拓市场，加强经营管理，各项工作取得了较好成绩。下一步，要认真贯彻落实党中央关于深化国有企业改革、加强国有企业党建工作的重大决策部署，按照总公司新一届党组的工作要求，进一步加快企业改革发展步伐。

陆东福指出，铁路专业运输公司的优势十分明显，但优势发挥的关键在于建立市场营销机制。要学习同类企业先进经营管理方式，胸怀要更宽，定位要更准确，取长补短，充分发挥运力资源优势和专业技术优势，适应市场需求，大力发展具有比较优势的铁路专业运输产品，增强市场竞争力，把资源优势转化为经济效益。

陆东福强调，要把解放思想、改革创新作为企业加快发展的动力。专业运输公司要率先迈出企业化、市场化的更大步伐，坚持全成本核算，向市场取得收益，更加重视营业收入和业务量的指标导向，创新经营思路、体制机制和方法手段，加大对外合作力度，推进投资主体多元化，探索资产资本化、股权化、证券化，争取更多专业运输资源的溢出效应。要大力发展多式联运，实现与其他交通运输方式的融合发展。

陆东福指出，专业运输公司要提高专业化水平，做强做优做大主营业务。要全面强化硬件和软件建设，优化工作流程和产业链条，形成不可替代的专业优势，努力建设专业特征突出、竞争优势明显的现代物流企业。要统筹谋划、系统开拓，大力发展集装箱运输、国际联运、多式联运、商品汽车运输，探索新型冷链、高铁快运等铁路新兴专业运输，提高铁路在全社会物流市场的份额。

资料来源：人民铁道网，《人民铁道》报，http：//www.peoplerail.com/rail/show-456-304260-1.html。

3.1.5　铁路资本领域发展概况

1. 发展概况

中国铁路总公司是我国唯一的铁路客货运输公司，对铁路线路具有建设、管辖、使用权，铁路的投资建设计划及国家铁路网建设和筹资方案建议也由中国铁路总公司负责[①]。

据悉，2016年末中国铁路总公司资产负债率为65%，近3年来亦稳定在这一水平。总的说来，铁总负债规模仍旧巨大。2013年，国务院发布《关于改革铁路投融资体制 加快推进铁路建设的意见》指出，向地方政府和社会资本放开城际铁路、市域（郊）铁路、资源开发性铁路和支线铁路的所有权、经营权，鼓励社会资本投资建设铁路。

以川南铁路为例，川南城际铁路是被外界称为“中国近年来首条民资为主”的铁路，原本设想以四川铁路投资集团为依托，吸引社会资本和各级政府投资者，组建项目业务，充分实现城际铁路完全向社会开放，引进民间资本。但从2013年8月引资开始，这家定位于向社会资本完全开放的铁路公司，却始终没有民间资本愿意加入。川南城际铁路吸引民资的愿望落空，而沿线所经四个地市的出资又不足以支撑建设线路初期的花费，原则上已不再参与地方铁路投资的铁总最终出资10%，由国资接盘川南城际铁路项目。

此外，2014年总投资468亿元的鲁南城际铁路，山东省和中国铁路总公

---

① 孟光宇：“我国铁路有效竞争研究”，北京交通大学，2016年。

司出资额分别占比80%、20%。2015年全线开工建设的济青高铁，项目投资总额599.83亿元，建设资金由山东省、中国铁路总公司共同筹集，山东省、中国铁路总公司分别出资80%、20%，是中国首条以地方为主投资建设的高速铁路。

近年来，城际铁路、支线铁路等项目的建设主导权由中国铁路总公司逐渐过渡到地方政府和社会资本手中，铁路分层分类建设不断深化。中国铁路总公司总经理陆东福在2017年中国铁路总公司建设工作会议上表示，要全面实行分类分层建设，充分发挥总公司、地方政府、社会投资者各自优势，实现优势互补、合作共赢。这意味着中国铁路总公司主要负责路网干线项目建设，或不再投资城际铁路、支线铁路。

当下地方政府和广大民众对铁路建设发展的需求强烈，尤其是对城际铁路，而这些项目盈利性差，考虑到中国铁路总公司债务负担重，中西部铁路投资建设任务重，将这些项目的投资权交给地方政府和社会资本也顺理成章。这也意味着，日后城际铁路、支线铁路的投资主体将逐渐转变为地方政府和社会投资者。

2. 重点企业发展概况

中国铁路总公司下属两个企业，即中国铁路建设投资公司与中国铁路发展基金股份有限公司，在铁路建设与投资方面的发展值得关注。

中国铁路建设投资公司是中国铁路总公司全额出资设立的以投资业务为主的自主经营、自负盈亏、独立核算的法人实体。公司前身为中铁建设开发中心，是1994年由铁道部投资设立的面向全国部分合资铁路和地方铁路投资的企业，2004年更为现名。公司注册资本金1113.6亿元，主要从事重大项目投资、重点产业引导性投资，承担铁路总公司和铁路局委托的地产投资咨询评估和物资采购招标代理。其控股京沪高速铁路股份有限公司（第一大股东，占股比例为56.267%）、广深港客运专线有限责任公司、成都轨道交通技术研究院和北京轨道交通运行控制系统国家工程研究中心有限公司；参股蒙西华中铁路股份有限公司（第一大股东，占股20%）、三茂铁路股份有限公司和12个地方铁路公司。

中国铁路发展基金股份有限公司（简称“铁路发展基金”）于2014年正式挂牌成立，其中，兴业银行、工商银行、农业银行、建设银行为铁路发展基金的优先股股东，中国铁路总公司作为国务院授权的政府出资人代表、主发起人和普通股股东。铁路发展基金定位为有中央政府背景的政府性投融资平台，设立目的是满足国家政策意图、吸引社会资本参与、盘活铁路用地资源、逐步扩大建设资金规模。自成立至今，铁路发展基金与呼和浩特铁路局、中国中铁股份有限公司等9家股东合资成立临策铁路有限责任公司；与山东铁路建设投资有限公司等5方共同出资组建济青高速铁路有限公司；与哈尔滨铁路局、黑龙江省投资总公司共同出资成立哈牡铁路客运专线有限责任公司；与兰州铁路局和甘肃投资公司铁路有限公司共同出资修建合兰铁路（全长180.093公里，总投资104.57亿元）；对滇西铁路有限责任公司单次投资363亿元。中国铁路发展基金股份有限公司将成为铁路市场化投融资主体，进一步吸引社会资本投资，持续为铁路建设和发展筹措资金，重点保障中西部地区铁路建设资本金来源。

3. 发展趋势

（1）国有资本投资运营公司改革

改组组建国有资本投资运营公司是十八届三中全会确立的完善国有资产监管体制、深化国有企业改革的重大举措，是国资国企改革的关键环节，会议确定了“管资本”、组建“国有资本运营公司”和“国有资本投资公司”的原则和方向，在国资监管机构与经营性国企之间，系统性地组建国有资本运营公司以及通过改组设立国有资本投资公司，专门从事国有资本的运营管理。

从十八届三中全会以来，在国资委的指导、推动下，国有企业一直在积极地开展国有资本投资、运营公司的试点。改组建立国有资本投资运营公司，成为全面深化国有企业改革时期的重要举措，推动国有资本投资运营公司的试点改革，旨在建设市场化的国有资本投资运营机构，实现“以管资本为主”加强国有资本监管，深化国有企业投融资领域深度改革。

从中央企业看，国资委于2014年7月开始先行在中粮集团、国投公司两家国企开展投资公司试点工作，取得了很好的改革效果。2016年，国资委又进一步扩大了投资公司试点范围，投资、运营公司试点增点扩面，新增了神华集团、中国五矿、宝武集团、招商局集团、中交集团和保利集团6家企业作为国有资本投资公司试点单位，国有资本运营公司试点则在诚通集团、中国国新开展，“两类公司”试点企业合计已达10 家。

专栏3-2　我国国有资本投资运营公司试点成效

2016年以来，在中央企业中，国有资本投资运营公司在原有2家试点的基础上，扩展到10家试点企业，省级国资委也改组组建了52家国有资本投资运营公司。

从试点进展看，国投集团先后退出了航运和煤炭板块，其中划转至专业平台公司的煤炭业务涉及资产500多亿元；中粮集团退出了君顶酒庄、木材等多个亏损企业和低效无效资产，立足于服务国家粮食安全和食品安全战略，粮油糖棉等主业资产占比不断提高；招商局集团采取清算或转让方式退出了多家燃气公司，基本退出燃气业务，同时大力推动公路板块资源整合；国新公司和诚通集团设立了4只基金，总规模合计8500亿元，初步形成了运营公司系列化、差异化、协同化的基金系。

国有资本投资运营公司试点充分激发了企业的内在活力，中央企业10家试点单位2016年实现利润总额2450亿元，较上年增加765亿元，同比增加45%，远远超过央企平均水平。

2017年以来，国有企业主要经济指标达到了近年同期最高水平。1月至5月，国资监管系统企业累计实现营业收入18.5万亿元，同比增长

17%；实现利润总额9938亿元，同比增长21%；上交税费总额1.6万亿元，同比增长12%。1月至6月，中央企业累计实现营业收入12.5万亿元，同比增长16.8%；实现利润总额7218亿元，同比增长15.8%，6月份实现利润1597亿元，创单月历史最高水平；上交税费总额1.1万亿元，同比增长5.3%。这是供给侧结构性改革取得明显成效和国企改革不断向纵深推进所释放的红利，说明国企改革是决定国企命运的关键抉择，是国企同市场经济相融合的重要法宝。国企应该乘势而上，将改革进行到底，加快深化国企改革。

资料来源：肖金成、李军："设立国有资本运营公司的几个关键问题"，人民论坛·学术前沿，2016年。

显然，改组或组建国有资本投资运营公司成为新一轮国有企业深化改革的重点内容。铁路在我国经济发展中扮演着至关重要的角色，因此，对铁路国有资本的改革也是必然的。

（2）铁路建设资本需求旺盛

一方面，交通运输是国民经济基础性、先导性、战略性产业，是重要的生产性服务行业，而铁路是国民经济大动脉、关键基础设施和重大民生工程，是综合交通运输体系骨干和主要交通运输方式之一，在我国经济社会发展中的地位和作用至关重要。另一方面，铁路快速发展，铁路建设所需资金规模巨大，未来资本需求旺盛。因此，在关系国计民生的铁路领域成立或组建中国铁路国有资本投资运营公司（即笔者专著《铁路投融资体制研究》中的铁国投）将成为今后铁路国有资本改革的必然趋势，通过中国铁路国有资本投资运营公司来进一步监督管理铁路国有资本，扩大铁路建设资金来源渠道，实现铁路国有资本在铁路各领域企业之间流动，同时也可实现铁路国有资产的保值增值。

3.2 我国铁路各领域发展趋势

3.2.1 国内铁路市场加速发展趋势

铁路作为我国重要的基础设施，属于战略性产业，是综合交通体系的骨干，并在我国经济社会发展中起重要作用。近几年铁路建设也在持续推进，随着《中长期铁路网规划》的修编，地方版的中长期铁路网规划也展开修编，大幅提高了铁路投资，从近几年铁路投资力度可以看出铁路的重要地位。

2016 年铁路建设完成固定资产投资，其中国家铁路完成8015亿元：投产新线3281公里、复线3612公里、电气化铁路5899公里；新开工项目46个，其中15个项目以地方政府或社会资本投资为主。2002年至2016年全国铁路固定资产投资及增速如图3-4所示。

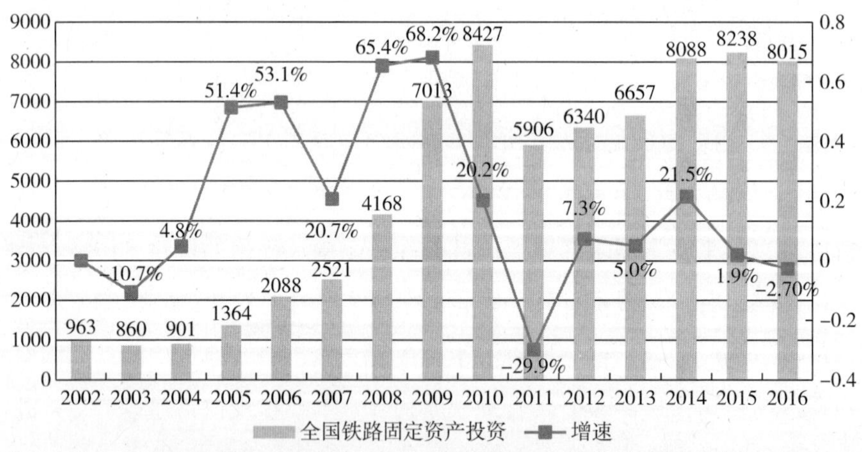

图3-4 2002年至2016年全国铁路固定资产投资及增速

由图3-4可以看出，在2000年初铁路固定资产投资呈高速增长状态，2010年后投资额趋于稳定。2007年至2015年我国铁路固定资产具体投资额见表3-4所示。

表3-4 2007～2015年我国铁路固定资产投资额

	2007	2008	2009	2010	2011	2012	2013	2014	2015
固定资产投资（亿元）	2521	4168	7013	8427	5906	6340	6657	8088	8238
基建投资（亿元）	1772	3376	6006	7075	4611	5185	5328	6623	5500–6500
投产新线里程（公里）	678	1730	5557	4908	2167	5382	5586	8427	9531
新投产高铁（客运专线，公里）		1134	2319	1554	1421	2723	1672	5569	3306
营业里程（万公里）	7.8	8	8.6	9.1	9.3	9.8	10.4	11.2	12.1

在“十三五”期间，我国经济下行的压力加大，而投资高铁和中西部铁路是拉动内需的重要选项。近年来，铁路的固定资产投资均在8000亿元以上。国内铁路各领域均有市场加速发展的趋势。

由国内中长期铁路网规划中国家对铁路发展的大力规划，和近几年国家对铁路固定资产的投资一直处于较高数额可以看出，铁路建设在积极推进，由此带动了国家对铁路装备和基础设施需求的增加。另外，铁路装备制造企业在技术方面也逐步取得突破，使铁路装备质量得到市场的认可，这些现象都表明铁路国内市场需求有进一步扩大的趋势。

基础设施加速发展的同时需要大量的资金。由于铁路行业的生产目的不单是为了盈利，还要满足人民生活的基本需求，如果按照传统方式建设基础设施，投资者特别是私人投资者一般不愿承担。改革开放以来，我国进一步加快了发展交通基础设施建设的脚步，然而政府财政收入有限，为了加快发展和解决政府资金投入严重不足的问题，政府应该积极寻求与各种性质的企业及民间资金的深度合作，形成多渠道投资。对于铁路工程领域，可以重点鼓励社会资本投资建设和运营城际铁路、市域（郊）铁路、资源开发性铁路以及支线铁路。

而国内铁路运营领域的发展趋势主要有以下几点：①推进运输供给侧结构性改革，全面提高铁路服务质量。②推进铁路运营领域的应用技术创新。根据铁路市场的需求，开发面向旅客的智能化服务项目，开展集装箱运输、快捷运输、冷链物流、多式联运等关键装备技术研究。③使更多的社会资本投资铁路运营领域。目前，铁路领域的负债较多，社会资本中的小资本进入铁路的效益不明显，使得大多数社会资本不想甚至不敢进入铁路领域，在未来的铁路运营领域中，有必要引入更多的社会资本，以减少国有经济的比例，打破社会上所谓的“铁路难”格局。④由中铁总和各路局共同出资成立一批运营企业。设立这一批运营企业的作用如下：一是初期这批企业将成为干线运输的竞争主体；二是中期其将成为铁总与铁路局框架内实现网运分离的推动力量；三是中远期它们将成为融资平台甚至成为上市公司，从而为铁路直接利用资本市场创造有利条件。

可以看出，铁路国内市场需求有加速发展的趋势。因此，为了满足国内市场需求，国家应该加大对铁路工程和装备以及路网等基础领域的控制。

3.2.2 铁路海外市场进一步扩展趋势

1. 中国高铁“走出去”发展战略

近年来中国高速铁路技术成果和建设成就在国际社会产生了重大影响，目前中国已经成为世界上高速铁路发展最快、系统技术最全、集成能力最强、在建规模最大、运营里程最长、运营速度最高、产品性价比最优的国家。中国高铁“走出去”，能为世界铁路发展注入新的“血液”和活力，是推进世界铁路发展与进步、让更多国家和地区特别是发展中国家和地区在更短时间内享受到高速铁路优质服务的客观要求。中国高铁的“走出去”，已不是传统低端层面的劳务输出、初级产品输出、半成品输出以及“贴牌”成品的输出，而是真正高端领域的全面合作。

亚洲甚至全球对于基础设施建设的需求都很庞大，发展中国家迫切需要扩大基础设施，而发达国家许多的基础设施需要更新换代，亚洲每年的基础设施资金需求达到7300亿美元左右，拉美国家每年用于满足基础设施需求的投资约在3200亿美元左右，非洲每年基础设施的投资需求约为930 亿美元左右，这些庞大的需求使得我国基础设施建设有了更多在国外的发展机遇。经过40年改革开放的发展，如今中国“走出去”既是制造业、装备等产品和富裕产能的输出，也是技术和资本的输出。

中国铁路机车车辆装备制造企业也在积极拓展海外市场，从亚非到欧美，从铁路机车、客车、货车、动车组到地铁车辆、有轨电车，从单纯产品输出向产品、资本、技术全方位输出，实现了从低端产品向高端产品提升的历史性转变。

同时，铁路运营也是“走出去”战略的一个重要组成部分。中国铁路国际有限公司的成立为拓展海外铁路运营合作项目、实现铁路运营真正意义上的“走出去”提供了广阔平台。中国铁路的海外布局之路已经开启，要求铁路运营要适应“走出去”趋势，承担起时代赋予的历史使命。外部环境的成熟为铁路运营“走出去”提供了契机①。

2.“一带一路”倡议

“一带一路”沿线总人口约44亿，经济总量约21万亿美元，分别约占全球的63%和29%。潜在商机巨大，但机遇与挑战并存。中国“一带一路”的外交蓝图，无疑加快了中国铁路“走出去”的步伐，架起中国走向世界的便捷通道。

随着“一带一路”战略的提出及规划的实施，国家的投资重点逐渐转向基础设施建设，尤其是铁路基础建设。作为“一带一路”战略实施的关键，铁路基础设施建设是国家内部及国家之间互联互通的重要基础之一，我国也高度重视联通中国和邻国的铁路建设项目，并且将在“一带一路”建设中优先部署实施。

“一带一路”倡议有助于中国铁路技术装备再创新。“新丝绸之路战略”将设立丝路基金，强化基础建设，其中把建设铁路作为首要任务。在这千载难逢的历史机遇和战略推动下，中国铁路必然要经历实力的竞争和考验。世界各国的铁路制造商都会拿出顶尖技术与中国的铁路制造商进行竞

---

① 李文杰、刘东、董敬：“中国铁路运营‘走出去’现状分析与政策建议”，《中国铁路》，2017年，第6期。

争，要想取得铁路建设的主动权，我国需要与时俱进，因地制宜，不断改进完善我们的技术和装备。

国家高度重视铁路“走出去”，必然要扩大铁路运营的对外交流合作，大力发展国际物流，建立国际铁路联运合作机制，完善世界各区域列车运营的协调合作机制，构建与“一带一路”建设相适应的铁路国际物流体系。深化对外交流合作，加强双边、多边交流合作，广泛宣传中国铁路发展成就，营造深化国际合作的良好氛围，使中国的铁路运营在世界范围内有更大的影响力。

因此，为了使我国铁路工程、装备、运营等领域更好地进入国际市场，面对激烈的国际竞争，国家应该加大对此类铁路领域的控制以提供一定的支持。

3.2.3 各领域相互融合趋势

1. 铁路工程领域与运营领域的融合

运营是指基础设施投资建成后，在相当长的时间内，对基础设施维修、保养、更新、使用、运行、管理、回收投资等一系列运作过程。基础设施的利用效率与运营管理紧密相连，因此铁路工程领域和运营领域要互相配合才能适应发展的要求。我国铁路工程企业也认识到了这一点，积极引进运营管理人才，并组织员工参加开发投资运营管理培训班，进一步加强了资本运营人才队伍的建设，提升了企业开发投资运营管理的能力。

专栏3-3 中国铁建招聘交通运输专业学生承担运营工作

中铁建中非建设有限公司2015校园招聘北京交通大学专场宣讲会

一、单位简介

中铁建中非建设有限公司是世界500强企业中国铁建股份有限公司旗

下的全资子公司。公司于2010年3月注册成立，注册资本10亿元人民币，公司驻地为北京市海淀区。经营领域涵盖了铁路公路、桥隧房建、市政工程等大型工程承包及设计咨询、房地产开发、商贸物流、酒店管理等，经营范围遍及20多个国家和地区。截至目前，公司年度营业总额达65亿元人民币。

作为中国铁建股份有限公司的一个全新子公司，公司定位高端，立足海外，以“高端运作，规划先行，融资配套，属地经营”为原则，全力打造中国铁建海外又一知名品牌。因公司发展需要，现面向高校招收应届毕业生，落户北京，诚聘优秀人才加盟。

二、岗位需求

主要需求学院及专业：

经济管理学院：会计、经济、财务类等专业。

机械与电子控制工程学院：机械类专业。

土木建筑工程学院：土木工程类专业。

建筑与艺术学院：建筑学、建筑与土木工程等专业。

交通运输学院：交通运输、物流工程、运输与物流等专业。

资料来源：应届生求职网，http：//www.yingjiesheng.com/job-001-914-921.html。

此外，工程领域企业有向运营领域延伸发展的趋势。

专栏3-4　铁路工程局变运输局

2018年1月，国家铁路局正式批准了中铁三局和中铁十六局铁运公司申报的铁路运输许可证。这两家铁路局也因此成了国内第一批获取铁路运输许可证的建筑企业。对于以铁路施工为主业的建筑企业来说，着实是个好消息。

我国铁路运输采取行政许可制度，从事铁路旅客、货物公共运输营业的，必须向国家铁路局申请铁路运输许可证。没有铁路运输许可证不得从事铁路运输业务。因此，铁路运输许可证是进入铁路运输业务领域的法定牌照，是国家铁路局核定的我国铁路运输企业最高资质，被誉为运输行业的“最高通行证”。

这次中铁三局和中铁十六局铁运公司获得了铁路运输许可证。以后，两家单位就不仅可以修建铁路，而且修好铁路后还有资格把铁路的运营权承包下来，相当于把产业链大幅延伸到了运输服务领域。两家单位获得的许可证范围都是铁路货物运输，虽然不包括客运，但也已是很大的突破。

按照许可范围，传统意义上的工程企业也可以承揽国内铁路货物运输相关的业务，包括行车组织、货运组织、机车车辆、线桥隧涵、牵引供电、通信信号、信息系统的运用管理以及维修养护。不仅是自己修建的铁路，不是自己修建的铁路也可以去承担铁路运输经营业务。

资料来源：超级建筑，http：//mp.weixin.qq.com/s/4Uo8Fm_u9dIreuX_GeuQCw。

然而，由工程企业担任运营任务并不是一种特别合适的方式，我们建议工程领域企业和铁总所属的运营企业通过交叉持股以资本联合的形式实现融合发展。

2. 铁路工程领域与装备领域的融合

基础设施和装备都是铁路前期投入的固定资产，共同为铁路发展打下坚实的基础。

专栏3-5　　中国铁建与西南交大合作

2017年8月25日，中国铁建重工集团与西南交通大学磁浮技术合同签字仪式在成都隆重举行。中国铁建重工集团党委书记、董事长刘飞香，西南交通大学副校长张文桂成为双方代表，共同签署了磁浮技术合同。双方表示将紧密联合，深入拓展在磁浮领域的合作。

中国铁建与西南交通大学，两大中国轨道交通行业的巨人，一次性签署磁浮领域三项战略合作协议：磁浮交通技术战略合作协议、联合组建西南交通大学—中铁磁浮交通研究院协议、共建企业院士工作站合作协议。

为全面落实中国铁建与西南交通大学签订的框架合作协议，此次中国铁建重工集团与西南交通大学签订磁浮技术合同，为中国铁建重工集团打造轨道交通装备产业，加速中国铁建磁浮产业化打下坚实基础。

西南交通大学拥有121年建校史，是中国交通工程高等教育的发祥地，构建了世界轨道交通领域最完备的学科体系，围绕高速铁路、磁浮交通、真空管道超高速（1000+）等领域开展大量基础研究与原始创新，在轨道交通领域获得的国家科技奖励总数位居全国高校、科研院所第一。

在磁浮领域，西南交通大学持续研究长达30多年，并在1994年成功研制我国首台4吨载人磁浮车系统，实现我国在磁浮列车悬浮、导向和驱动等系统首次突破；2013年由钱清泉院士牵头的中国工程院“中低速磁浮交通技术与系统发展战略研究”项目立项，为中国铁建投资建设的长沙磁浮快线奠定了理论基础。

与高校侧重理论研究不同，中国铁建重工集团作为全球领先的隧道施工智能装备整体解决方案和高端轨道设备提供商，更擅长将原始创新付诸实际，推动磁浮项目落地。

此次，中国铁建重工集团与西南交通大学强强联合，必将在中国轨道交通史册上书写浓墨重彩的一笔。让我们共同期待，中国铁建重工集团与西南交通大学共同打造一张“中国磁浮”金名片。

资料来源：搜狐新闻，https：//www.sohu.com/a/168465149_99970599。

双方在装备领域的这一合作表明铁路工程领域和装备领域相互渗透，交通运输装备和基础设施建设技术不断升级，共同提升铁路的服务品质和能力。

3. 铁路装备领域与其他各领域的融合

专栏3-6　中国中车与铁总争夺列车高级修

2016年10月24日，中国铁路建设投资公司官网发布招标公告，称受哈尔滨、北京、太原等13家铁路公司委托，就2017年动车组高级修进行第一次公开招标，这次招标数量创纪录，达到398列动车组。

铁总一般负责一级修、二级修，做日常维护，而三级以上由中车负责。此次招标的标的物基本是动车的三级修和一项四级修，属于高级维修。

中国铁路建设投资公司由中铁总全额投资设立，此次招标除了显示出中铁总进入了以往中车主导的检修领域，还在数量上颠覆了之前的比例。

据财新统计，2017年这第一次动车组高级修招标的数量就接近2015年全年的2倍，在2015年和2016年，中国铁投都发布了两次高级修招标。同时中铁总和中车的维修比例逐渐发生变化。2014年中铁总下属的铁路局维修占比31%，中车占69%；2015年中铁总维修占比提高到38%，中车占62%；2016年中铁总占比超过一半达到52%，中车则缩减至48%。

此前，北京交通大学交通运输学院教授胡思继在央广网的采访中提到，中国的机车车辆维修是一个百亿级的大市场。2015年数据显示，中车国内业务总订单2077亿元，其中维修订单280.35亿元，占到13.5%。机车维修市场在2014年达到一个节点，当时中车相关负责人向媒体表示，由于动车组开始进入大批量返厂维修期，中车将获得可观收益。

中铁总也在采取措施留住这块市场，2015年提出机车车辆修程修制改革，建成投产新的动车组高级维修基地，将原有动车段扩能，同时新建成、扩建动车所，用于动车维修。

资料来源：中华铁道网，http：//www.chnrailway.com/html/20161027/1480974.shtml。

中车与中铁总处于一种相互竞争又依赖的关系。根据2015年财报数据，中铁总是中车的最大客户，对其销售额占年度销售总额的比例将近一半。

专栏3-7　中国中车控股股东与铁总签订战略合作协议

中国中车2017年8月21日晚公告，公司控股股东中国中车集团公司于2017年8月21日与中国铁路总公司签署《中国铁路总公司、中国中车集团公司战略合作协议》，在铁路装备战略采购、铁路装备高级修、铁路配件供应管理、装备新技术、新产品研发等方面达成合作。

一是铁路装备战略采购合作。以铁路“十三五规划”为基础，以市场需求为导向，实行装备战略采购、逐年交付的采购方式；综合考虑物价水平、技术条件、配件价格、批量采购、全寿命周期成本等因素，建立采购价格调整长效机制。以中国标准动车组为试点，签订战略采购意向，双方计划采购和供应时速350公里中国标准动车组500组，实际采购数量以采购合同为准。

二是铁路装备高级修合作。以修程修制为基础，结合装备维修布局规划，开展铁路装备高级修合作。以动车组和和谐机车为试点，开展参股、控股、劳务输出、技术支持等多种合作方式。统筹考虑双方既有资源和维修规划，充分释放双方产能，发挥双方资源优势实现自主修、专业修、合作修。

三是铁路配件供应管理合作。以修程修制和运用消耗数据为基础，统筹中国铁路总公司与中车集团的供应商资源、仓储配送资源，形成合力。

四是装备新技术、新产品研发合作。以市场为导向，以装备发展趋势为依托，双方共同开展基础理论、检修技术、前沿技术、关键技术研究和标准制修订工作，提升装备技术水平。

资料来源：中证网讯，http：//stock.hexun.com/2017-08-21/190525557.html？from=rss。

公司控股股东中车集团与中国铁路总公司此次签署战略合作协议，是为适应现代运输市场需求，深入推进铁路改革与发展，积极参与“一带一路”建设的重要举措。中国中车可以和中国铁路总公司共同出资建设动车段所，有利于缓解中国铁总的资金压力。

铁路装备领域企业有向铁路其他领域渗透、融合发展的趋势。中国中车、中国铁路总公司、中国铁路工程总公司、中国铁建股份有限公司以及国有企业结构调整基金可以共同出资中国铁路国有资本投资运营公司，将其作为一个投资和管理平台，代国资委行使管理资本的职责，在资本市场通过资本运作有效组合配置国有资本。国有资本投资运营公司在大量的资本运作（比如合资公司的成立）、技术收购与扩张等方面具有一定的灵活性，更加有利于企业挺进国际市场，完成全球化布局。

3.3 铁路行业发展主要问题分析

中国铁路运输行业已有100多年的历史。与计算机、通讯、生物等高新技术行业相比，它是一个传统的行业。进入21世纪，铁路行业正由传统行业向现代行业转变。世界发达国家铁路在较高的起点上，以全新的方式，用较短的时间，完成了由传统行业向现代行业的升级，使铁路这个传统行业展现了全新的面貌。中国铁路行业建设起步并不算晚，但与世界发达国家相比差距还很大。我国铁路行业涉及各领域，在发展中也出现许多问题，主要有以下几点。

3.3.1 铁路政企权责界限不清

我国铁路网运合一、高度融合的网运关系是导致当前铁路一系列其他深层次问题的根源。目前，中国铁路总公司还承担相当多的政府职能，政企权责界限不清的问题还在一定程度上客观存在，不仅导致铁路社会效益和经济效益难以各得其所，而且使铁路企业缺乏提升自身效益的积极性和主动性，难以适应不断变化的运输市场。

我国的铁路运输企业基本上都有政府参股，政企不分导致企业不能针对当前社会发展模式做出相应灵活的调整，铁路运输企业管理缺乏应对竞争的能力。政府经营企业的成本也非常高，这个问题在近年更加突出地表现出来。归咎其原因，就是由于铁路运输行业的政府垄断，导致铁路运行机制不合理，生产力低下，并且行业发展也遇到了阻碍。

新中国成立后，铁路的基本定位是国家投资、国家所有、国家控制、国家管理的国家机构。十八届三中全会明确提出我国自然垄断行业的政企不分已经严重制约了国有企业效率的提高，应进一步“推动国有企业完善现代企业制度”、“进一步深化国有企业改革”。根据不同行业特点实行网运分开、放开竞争性业务，推进公共资源配置市场化。进一步破除各种形式的行政垄断。

3.3.2 铁路企业的分类和功能定位不够明确

对于不同类型的铁路企业，需要实行分类改革、分类发展、分类监管、分类定责、分类考核，从而提高改革的针对性、监管的有效性、考核评价的科学性，推动国有企业同市场经济深入融合，促进国有企业经济效益和社会效益有机统一。根据铁路各领域不同的功能定位，应分别采取绝对控股、相对控股、参股等控制方式，以契合企业发展。

3.3.3 企业治理结构不够合理

公司制股份制改革不到位，社会资本难以进入，没有实现股权多元化，企业内部缺乏多元利益主体的制衡，无法构成健全的公司法人治理结构和灵活高效的市场化经营机制。我国国有企业建立现代企业制度已取得明显进展，但仍有不少企业的法人治理结构不健全、不完善，领导体制、决策过程、管理制度、管理方法、经营机制仍留有过去国有企业弊端的烙印。产权主体多元化进展缓慢。国有股“一股独大”，使国有企业产权制度改革难以真正到位，企业内部缺乏多元利益主体的制衡。有些企业虽然建立了股东大会、董事会、监事会，但仍由国家绝对控股，由此而建立的法人治理结构往往难以规范。

3.3.4 国有资产监管机制不健全

企业活力得不到释放，国有资产监管中越位、缺位、错位问题依然存在，亟需加快调整优化监管职能和方式，推进国有资产监管机构职能转变，进一步提高国有资本运营和配置效率。

强化出资人监管与落实管党治党责任相结合、精简监管事项与完善国有企业法人治理结构相结合，具体包括五方面措施：一是强化管资本职能，落实保值增值责任。二是加强国有资产监督，防止国有资产流失。三是精简监管事项，增强企业活力。四是整合国有企业改革职能、经济运行监测职能，整合推动科技创新职能，提高监管效能。五是全面加强党的建设，强化管党治党责任。

实行公司制以后，由于国有股仍然占绝对控股或独资地位，企业最大或唯一的股东还是国家。公司股东会、董事会、监事会的组成，国家一般不派人员，而是授权委托企业作为国有股权的代表。这样，真正代表国有出资者的往往还是企业“内部人”。他们既要代表国家，替国家负责，又要代表职工，对职工负责，同时还是企业的一员。因此，就出现了经营者与所有者在某种程度上错位的现象。

综上所述，铁路行业发展存在的问题还有很多。我们认为，最根本的原因在于铁路国家所有权政策不明确。首先，需要将政府与企业的权责界限分清。其次，明确铁路及五大领域的性质分类，进一步确定相应的功能定位；根据功能定位对不同领域企业采取不同的控制方式。最后，明确企业出资人制度、企业的法律形式，加强国有资产监督，建立健全的现代企业治理结构以及运行机制，以促进各企业的良性发展。

3.4　本章小结

铁路按照功能可划分为五大领域，即路网领域、工程领域、装备领域、运营领域和资本领域。本章对我国铁路五大领域的发展概况和发展趋势作出了具体阐述，最后总结出铁路行业发展的问题，主要是铁路国家所有权政策不明确。

我国铁路各领域均有国内市场加速发展、海外市场进一步扩展以及各领域相互渗透融合的趋势。我国铁路技术在不断提高，同时依托国家战略，铁路行业在国内外市场都有扩张的趋势，充分说明了铁路在我国发展中的重要地位。

目前，我国铁路工程领域的中国中铁、中国铁建等公司技术已达到世界顶级水平，建议国家控股以依托国家高铁走出去战略。装备领域的中国中车、中国通号公司技术位于世界前列，但仍有一定的提升空间，面对国际市场的前后夹击，需要国家予以支持，因此国家应保持较高的控制力。路网领域发展最好，考虑到其公益性，建议采用国家独资公司的形式进行绝对控制。运营领域具有竞争性，其营业效率有待提升，建议国有参股，大力发展混合所有制，适时上市成为公众公司。资本领域的营业现状不佳，应由国家绝对控股，国家财政予以相应的支持。

这为后文铁路国家所有权政策的总体框架和具体政策的制定打下基础。另外，我们建议铁路路网实行“统分结合的网运分离”，将铁路基础设施管理与运输经营分开，充分释放运营的竞争性；对于铁路资本领域，我们建议组建中国铁路国有资本投资运营公司，进一步监督管理铁路国有资本。

第 4 章
铁路国家所有权政策：总体框架

铁路国家所有权政策是国家出资人行使铁路国家所有权的基础。铁路国家所有权政策是明确企业的功能、目标、定位、发展前景等的公共政策。十三届三中全会中指出铁路是关系国计民生的产业，国家应对其保持直接的所有权和控制力。铁路按照功能可划分为五大领域，即路网领域、工程领域、装备领域、运营领域和资本领域。笔者认为，根据不同领域国家所有权政策对应的主体、客体等特性的不同，国家所有权政策应不同。

4.1 基本概念

铁路作为公共基础设施，国家通过法律规定铁路属于国家所有。《中华人民共和国物权法》（下称《物权法》）第五十二条第二款规定，铁路、公路等基础设施依照法律规定为国家所有的，属于国家所有。由此可见，《物权法》确立了铁路的国家所有权，规定铁路属于国家所有。国家所有权是国家对全民所有的财产享有占有、使用、收益、处分的权利，国家所有权是民法中所有权的一种形态。铁路是国家所有权客体的一部分，是国家所有权的对象。《物权法》第四十五条第一款规定，国家所有的财产属于全民所有。因此，从法律上看，铁路是国家所有权的客体，铁路的所有权主体是国家，国家代表全体人民的利益行使所有权。

国家作为铁路所有权主体，不符合物权法的基本原理。物权法规定，所有权的主体必须是确定的、统一的、唯一的、客观存在的主体，具有民事权利能力和民事行为能力，能够以自己的名义享有权利和承担义务，能够对客体行使占有、使用、收益、处分的权利。国家是一个宏观、抽象的概念，只是一个具有独立利益的公法法人，并不是一个“统一”的整体。因此，国务院国有资产监督管理委员会作为国务院直属正部级特设机构，代表国家履行出资人职责。

到目前为止，我国已初步明确了国家所有权政策的基本方针，从总体上看是指明方向的政治安排，不是明确的可操作的公共政策，更不是相应的法律规范。为了明确铁路企业国家所有权政策及相关布局调整政策，需要首先对铁路国家所有权的概念进行明确。

铁路国家所有权政策是指对于铁路，有关国家出资和资本运作的公共政策，说明国家投资和兴办或出资铁路企业的功能作用目标和领域，国家的铁路国有企业治理方针和实施方式，处理国有企业与社会、与其他企业关系及规则的基本政策。国家所有权政策，是国家作为国有资产所有者要实现的总体目标，以及国有企业为实现这些总体目标而制定的实施战略。

铁路国家所有权政策说明了铁路国有资本出资人拥有的完整出资人的权利，出资的功能作用和目标。铁路国家所有权政策说明了铁路作为国有企业的治理方针和实施方式，确保铁路作为国有企业执行相应的公共政策和产权政策。

国家所有权政策包括确定目标和促进目标实现的工具两个方面。确定目标指明确国有企业的功能作用，还指明确国有企业的行为规则。实现目标的手段，既指国家对企业的治理手段举措，亦指国家必须承担的相应职责和手段。在目标和国家的责任明确后，国家还必须明确促使企业实现目标的措施，包括根据目标的考核和激励体系的设计，有关的审计、报告和信息披露制度。基本的工具手段体系由总政策决定，具体的考核激励指标则根据具体政策和企业情况确定。

4.2 主要体系

4.2.1 明确铁路国家所有权政策的意义

我国铁路需要明确国家所有权政策。国家所有权政策不仅对我国铁路国有企业的发展和改革有影响，而且对中国铁路经济的发展有重大的长远及现实意义。

明确铁路国家所有权政策，有利于在国民经济中发挥主导作用的铁路国有企业正确界定、理解自己的功能、使命，并且有合理的机制激励国有企业按目标合理规划发展；有利于从根本上明确国家与铁路企业的关系，包括对铁路企业的要求、责任，形成对铁路企业发展最重要的合理的“股东条件”和国家与企业的责任边界；有利于铁路企业与其他企业及国民的相互理解和互动，形成既有利于铁路企业发展和改革，又有利于各类企业充满活力、共同发展的社会政治环境；有利于明确铁路企业的发展和政策方向，而且有利于推进改革、促进发展；有利于在已经明确的基本方针的基础上，通过政策补充、修改等方式系统化地整合已有政策，较快地形成有效的政策体系。

4.4.2 国家所有权政策主要体系

铁路国家所有权政策主要包括两方面。

1. 要认识到明确和实施铁路国家所有权政策是项系统工程

首先，要结合各领域企业的发展前景，对铁路企业的发展和改革进行分类。根据所在领域的经济性质、主要矛盾和问题，评估梳理企业发展前景，明确不同企业基本功能及相应的条件，确定具体目标和行为规则，尽可能利用市场机制。对竞争性的铁路企业，都要以强化竞争、改进治理为重点推进国企改革发展。

其次，要在三方面形成系统。①形成与铁路企业有关的国家所有权政策的政策体系。这个要求的实质是国家所有权政策和其他公共政策都是相互协调地服务于国家发展和改革目标的公共政策，国家所有权政策关于企业目标和行为规范的要求必须与国家有关公共政策一致和协调。与其他公共政策主要不同的是，国家所有权政策直接所及的对象只是国有企业（及国家出资），突出效率（资本效率和社会公共服务效率），根据特别法律（国有资产法）并结合普通法实施。

②建立和形成保证国家所有权政策不断完善和有效实施的组织体系。一是明确国家（立法和行政）的国家所有权政策决定、制订机构、政策实施机构、国有企业的三种组织机构在国家所有权政策方面的目标和职责。二是要形成国家所有权政策制定、执行、监督分离并相互作用、制衡的体系。要在政府（或行政）系统内理顺国家所有权政策制定及执行的体系，保证政策的协调和有效，如要明确国家出资人机构按照政资分开原则，是国家所有权政策的执行者，可以参与政策制订，具体明确有关职责，但不承担国家所有权政策制定者的职责。

③逐步建立保证国家所有权政策实施的法规体系。与国有企业有关的经济法及反垄断法等要进一步健全，如必须明确除非有法律明确规定，反垄断法适用于国有企业。针对不同类型国有企业分类立法，我国公司法适用国有公司，需要结合有关政策和行业法规出台规范政府直接干预较多的特殊领域各类公司（自然垄断公司、平台类投资公司等）的法，分类出台具体明确不同类型企业国家股东及其代表责任的法。中国缺乏对每个特殊领域国有企业单独立法的条件，要重视根据法定规则利用公司章程、国家合同等法律形式具体明确特殊领域国有企业的相应规范。

2. 必须明确总体的和具体的国家所有权政策

总体政策主要是明确国家投资或国有经济布局方向、目标和重点的政策，明确使国家投资企业作用有效的基本方针。总体政策主要包括五方面：①有关国家投资企业功能作用及有关目标的政策，主要作用是落实国有经济及有关投资基本方针；②有关国家投资或出资及资本、股权结构政策，为国家实行政策目标、承担有关职责和进行有关的股权运作、调整及相应管理提供基本的经济和分类的基础；③国有企业或国家出资企业法律制度、治理结构和行为规范政策，直接规范和影响国有经济在国民经济中整体和长远的作用及其机制；④国家有关责任和义务的政策，包括国家根据法律的股东责任及有关的政策责任；⑤国家有关激励、考核及监管的政策，主要作用是激励和促进企业实现预定目标。此外，根据总体政策还必须针对具体企业明确具体政策。

4.3 主要特征

分析铁路国家所有权的特征，需要结合所有权的内涵，从所有权主体、客体、内容三个方面，论证铁路国家所有权与众不同的地方。

4.3.1 主体方面

《物权法》第五十二条规定，铁路国家所有权的主体是唯一的，铁路等公共基础设施属于国家所有，由国家行使所有权。国家是铁路所有权唯一的主体，各级政府机关代表国家行使国家所有权，铁路基础建设投资方和铁路经营企业等可以通过受让铁路经营权成为用益物权人。国家成为铁路所有权的主体，作为特殊的民事主体，可以参与民事活动领域，具有其必要性和特殊性。

首先，铁路作为公共基础设施，国家通过法律规定铁路属于国家所有，不仅确立了国家对铁路享有所有权，而且从法律上明确了国家的责任。人民通过社会契约建立国家，国家有义务维护关系人民生产生活、影响经济社会健康发展的公共基础设施的建设、运营，因此，国家有合理、科学利用铁路等公共基础设施的责任和义务。其次，法律规定国家成为铁路所有权的主体，国家享有民事主体地位，为国家运用司法手段维护国家财产奠定了基础。现代社会不断发展，社会的文明化和法制化不断提高，自然人、法人的权益应得到应有的尊重和保护，而且政府机关行使国家权利强调合法、合情、合理，在最大范围内维护行政相对人的利益。

4.3.2 客体方面

国家所有权的客体是国家财产，依据不同的标准国家财产可以有不同的分类。国家财产根据其在法律中的地位不同，可以分为国家公产和国家私产，大陆法系中的法国即采用这种分类方式。国家公产和私产区分的具体标准，看国有财产设立的目的和用途，国家公产法律资格的变动，也紧紧围绕国有财产设立的目的和用途。国家公产有广义和狭义之分，广义上国家公产包括公务用财产和公共用财产，公务用财产指行政主体为了履行公务实现行政目的而使用的行政机关办公大楼、医院的医疗设施和学校的教育设施等国家财产。公共用财产是指国家提供的直接供全体人民使用的国家财产，例如道路、公园、广场、河流、森林等。狭义的国家公产仅指公共用财产。从以上分析可以看出，铁路是公共用财产，属于狭义的国家公产范围。国家私产是指行政机关为了实现自己的私人需要而拥有的财产，该财产可以抵押，可以转让。在我国法律中，大多采用经营性资产和非经营性资产的分类。顾名思义，经营性资产可以用于生产经营获取利润，非经营性资产不可以用于生产经营、不以获取利润为目的。

4.3.3 内容方面

铁路作为公共基础设施，关系国计民生，具有公益性。铁路国家所有权的权能结构中，占有、使用、收益、处分四项权能的行使受到一定的约束和限制。铁路作为公用物，国家在行使占有、使用权能时，必须保证把合格的铁路提供给公众使用。由于铁路的普遍性和广泛性，国家作为所有权主体，不可能直接占有全部的铁路，因此占有权能需要由各级政府机关或者公路经营企业代为行使。铁路作为公众用财产，因为其作为公共交通道路的特性，依照铁路的性质和用途，不特定的公众可以对铁路自由地使用，不需要经过行政许可。收益权能的行使必须出于公益的目的，对于学生等特殊人群给予交通补贴。《铁路法》规定了铁路的旅客票价、货物、包裹、行李的运价等。铁路国家所有权权能结构中处分权能禁止行使，法律上的处分行为和事实上的处分行为都被禁止，例如出卖、抵押、赠与、毁损、放弃等行为。

4.4 主要内容

铁路具体包括路网、工程、装备、运营和资本五大领域，由于不同领域在铁路中扮演角色不同，为保证铁路的公益性、公平竞争性和国防性，因此针对不同领域的国家所有权政策也不同，其中路网处于核心定位。

铁路国家所有权政策内容分为两个层面：一是总体政策，即国家在总体上明确铁路作为国有企业的功能作用、任务、基本目标及国家对铁路的发展定位。二是为确保总体政策的落实而制定的具体政策，即针对具体国有企业基本目标、功能作用、有关规则及国家要求制定的政策及手段（特许垄断、上交红利、增资、补贴、税收优惠及规制约束等）。总体政策指导具体政策的制定，具体政策保证总体政策的落实。铁路行业主要包括工程、装备、路网、运营和资本五大领域，其国家所有权政策内容如图4-1所示。

铁路的国家所有权具体政策，可按以下五步明确和评估。

①路网领域、工程领域、装备领域、运营领域和资本领域的企业功能目标，包括业务和财务的任务目标。该步应说明路网领域、工程领域、装备领域、运营领域和资本领域的企业功能作用。

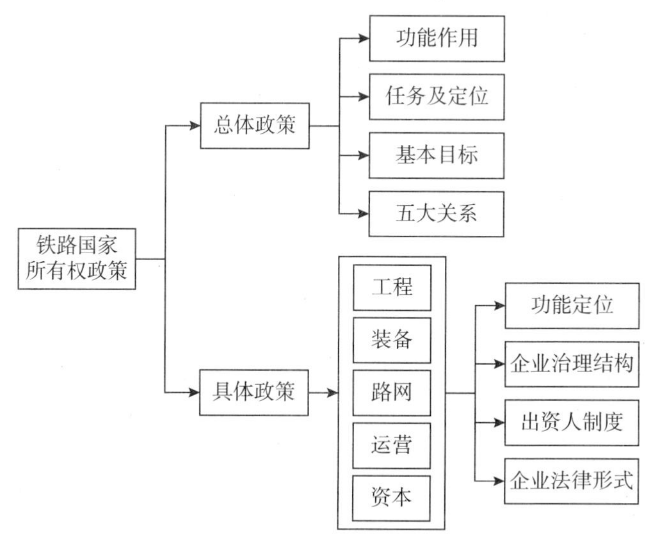

图4-1 铁路国家所有权政策

②路网领域、工程领域、装备领域、运营领域和资本领域的企业从事的经济性质和市场结构及未来的变化前景。该步应说明路网领域、工程领域、装备领域、运营领域和资本领域的企业经济性质和市场行业环境，它将从根本上影响企业功能作用实现的机制。

③路网领域、工程领域、装备领域、运营领域和资本领域的企业产业和市场定位、能力和要解决的主要问题。定位要明确企业在市场和产业链中的角色定位（存在多种定位：产业投资公司或实业公司或混合公司，上中下游的地位、技术和供应等），对国家的经济和战略意义。企业能力现状及未

来，与中国产业发展不同阶段的企业角色定位有关。该步应说明路网领域、工程领域、装备领域、运营领域和资本领域的企业在中国经济及产业发展中的地位作用及经济和战略的意义。

④路网领域、工程领域、装备领域、运营领域和资本领域的企业国家所有权政策和有关公共政策（产业政策、规制政策、市场（竞争）政策等）。主要是说明政策现状，评估政策对企业实现预定功能目标的适配程度，评估政策改进调整方向。该步应说明与路网领域、工程领域、装备领域、运营领域和资本领域企业有关的政策评估、政策调整与改进方向。

⑤铁路国家所有权政策实施的管理和安排，包括明确政策责任主体及相关关系，基于政策和企业情况对企业目标、行为规范、绩效和考核及国家责任的具体明确和措施及落实安排等。该步应明确路网领域、工程领域、装备领域、运营领域和资本领域企业具体的国家所有权政策。

上述五步中前四点是明确具体企业国家所有权政策及有关布局调整政策的基础。

政策确定步骤及各阶段工作的产出如表4-1所示。

表4-1　政策确定目标和产出

步骤	工作任务	工作产出
1	明确各领域企业的功能目标	明确和评估目标，确定国家是否需要及如何投资，可能的功能目标
2	明确各领域企业所在行业经济性质和市场结构	确定基本机制和相应的国家政策基本框架
3	根据目标和现状明确各领域企业能力和国家责任（投资和增资？给特许权？）及有关条件	明确目标，明确国家支持及规范的政策及有关责任
4	各领域企业政策环境评估和调整方案设计	明确国家有关政策整合和完善方案
5	国家所有权政策实施的管理和安排 明确有关政策的责任主体和相互关系 明确具体的政策要求和国家责任 明确企业的基本目标和行为规范 明确企业基本的和年度的绩效目标 明确考核和激励等管理办法	明确国家所有权具体政策及实施安排

4.5 本章小结

本章明确了铁路国家所有权政策的概念及体系，基于此内涵，从所有权主体、客体、内容三个方面，分析其主要特征，并论证铁路国家所有权与众不同的地方。进而从总体政策和具体政策两个层面阐释铁路国家所有权政策的主要内容，即国家在总体上明确铁路作为国有企业的功能作用、任务、基本目标，国家对铁路的发展定位以及为确保总体政策的落实而制定的具体政策。

我们认为，铁路国家所有权政策是指对于铁路，有关国家出资和资本运作的公共政策，是国家作为国有资产所有者要实现的总体目标，以及国有企业为实现这些总体目标而制定的实施战略。

铁路具体包括路网、工程、装备、运营和资本五大领域，由于不同领域在铁路中扮演角色不同，为保证铁路的公益性、公平竞争性和国防性，因此，针对不同领域的国家所有权具体政策也不同，其中路网处于核心定位。

第 5 章 铁路国家所有权政策：总体政策

方便起见，我们将铁路分为工程、装备、路网、运营和资本五个方面。明确铁路国家所有权总体政策，是制定具体企业国家所有权政策及相关布局调整政策的基础。本章在铁路国家所有权总体政策方面，首先简述铁路的任务及功能，然后明确铁路国家所有权政策的目标，最后对我国铁路国家所有权政策涉及的五大关系做出阐述。

5.1 铁路功能及任务

铁路作为国民经济大动脉、国家重要基础设施和大众化交通工具，是综合交通运输体系的骨干，具有节能、环保、安全、大运力等特点，在我国经济社会发展中的地位至关重要。应依靠科技进步与创新，构建完善客运高速、便捷，货运重载、快捷，速度、密度、重量合理匹配，高新技术与适用技术并举，不同等级技术装备协调发展，具有中国铁路特点的技术体系，建设安全、高效、节能、环保、高度信息化的现代化铁路。

5.1.1 国民经济大动脉

铁路在人员和物质的流通中起着重要作用。经过多年发展，全国的铁路网已初具规模。作为中国国民经济大动脉、交通运输系统的骨干，铁路建设对经济发展有着极大的推动力，更是一项民生工程。在加快铁路建设，推动区域经济发展，加快城镇化建设的同时，也是助推民生利益的一种动力。

铁路作为国民经济的大动脉，不仅承载着民生期盼，更是带动经济持续稳定健康发展的重要支持。铁路项目具有投资面广、产业链长、见效快的特点，远期更是经济社会发展的重要支撑和可靠载体。只有四通八达的交通网才能加快地区的物资流通和人才的交流，才能加快地区经济的发展。

铁路建设对地区经济发展的带动是全方位的。在铁路建设的过程中，由于铁路建设的工期长，建设所需要的物资品类多、数量大，比如建设所需要的水泥、石料及钢材等可以就地取材，带动矿业、煤炭、电力等行业的发展；建设所需要的通信、信号等设备器材，又可以带动电子及相关行业的快速发展；建设铁路所需要的物料多，运输这些物料，需要大量的交通工具，这样就可以带动当地运输业的发展；还有建设铁路的过程中，需要大量的人力，使当地的富余劳动力就近可以打工，增加相应的收入，提高当地人民群众的生活水平；另外，建设铁路的过程中，需要征地，给当地农民和政府带来一笔可观的征地拆迁收入，为农村经济的发展和农民致富提供资金支持。铁路建成后，铁路运输安全、高效、快捷、全天候的特点，更是为当地经济的发展增加动力。

可见，铁路作为我国国民经济大动脉，是我国推进经济发展不可或缺的重要部分。

5.1.2 国家重要的基础设施

铁路是国家重要的基础设施和民生工程，是资源节约型、环境友好型运输方式。加快推进铁路建设，对于加快工业化和城镇化进程、带动相关产业发展、拉动投资合理增长、优化交通运输结构、降低社会物流成本、方便人民群众安全出行，都具有不可替代的重要作用。

交通运输对地区经济的发展具有很强的基础性、先导性作用，是经济发展和经济起飞必须投入的社会先行资本。铁路是缩小地区差距促进社会可持续发展的有效途径，加快欠发达地区的铁路发展可以从根本上改善这些地区的对外交通条件，缩短与中心城市和全国市场的距离，增强对外部资金和技术进入的吸引力。同时，降低当地产品的运输成本，提高市场竞争力，为地区经济发展创造更为公平的发展机会，提高欠发达地区人们的福利水平，实现全面建设小康社会的目标。

随着物流、客流运输需求快速攀升，我国公路、水运、民航等都在蓬勃发展。不过，这并不意味着铁路产业已是“夕阳产业”。铁路作为一种节能环保、低价高效安全的运输方式，对区域协调发展和国土开发、加快工业化和城镇化进程、降低社会物流成本，以及方便民众安全出行等仍具有重要作用。

在政治方面，青藏铁路的建成有利于我国各族人民之间的交往与团结，也带动了西藏当地的经济发展，有利于我国边疆的稳定和国防的加强，进一步体现了国家对少数民族地区发展的重视。

可见，铁路是国家的重要基础设施，是交通运输系统的骨干企业，是国民经济的大动脉。它对国家的政治、经济、文化及国防建设与发展都起到重要作用。

5.1.3 大众化交通运输工具

无论是旅游度假还是探亲访友，都离不开交通工具的运力支撑，这其中作为大众化交通运输工具的铁路格外受到瞩目。因为火车票价格便宜、安全、快捷、方便，中途几乎不转车，从而成为广大市民出行的首选，更受到众多外来务工人员的青睐，铁路已成为大众化出行的交通工具之一。

经济适用性好。铁路运营成本小，票价低。铁路的运输成本高于水运，但远低于公路、民航。同时，运输行业的总成本不仅仅是企业运营所发生的支出，还包括环境污染、事故损失、交通堵塞等造成的外部成本。在票价上，同样的旅行距离，铁路比民航和公路价格要低得多。此外，高速铁路开通后，还可大大节约乘客旅行时间，创造额外的社会价值。

安全系数高。由于铁路运行在相对独立的空间内，运行于固定轨道上，并根据信号组织列车运行，因此铁路运输相对安全可靠。铁路的安全性大大高于公路和民航。从事故后幸存者的数量看，民航事故发生后，生还的可能性极小，单次事故经济损失大。

可全天候运营。铁路对气候的适应程度明显优于其他运输方式，受恶劣气候影响最小，除地震、洪水、泥石流等重大自然灾害外，可全天候运营。特别是高速铁路，由于采用全封闭线路，车内信号控车以及先进的通信工具，在大雾、大雪、沙尘等恶劣自然环境中依然能够正常运营。

可见，铁路是百姓优选的出行交通工具，是与人民出行密不可分的重要设施。

5.1.4 综合交通运输体系的骨干

中国幅员辽阔、内陆深广、人口众多，资源分布及工业布局不平衡。尽管从20世纪90年代以来，我国各种交通运输方式有了很大发展，但铁路具有明显的比较优势，在我国综合运输网络中的担纲作用是其他运输方式难以替代的。

一方面，我国资源分布不平衡与产业分布不对称，决定了铁路在能源、原材料运输中的作用是其他运输方式不可代替的。我国的能源与原材料由西向东、由北向南的大宗的、长距离货物流，陆路运距一般都达800公里～1000公里以上，甚至2000公里以上，至沿海港口的运距一般也都在500公里～700公里以上。铁路最显著的特点是载运质量大、运行成本低、能源消耗少，即在大宗、大流量的中长以上距离的货物运输方面具有绝对优势，是最适合我国经济地理特征的区域骨干运输方式。

另一方面，铁路在我国中长途旅客运输中的主力作用也是难以替代的。我国疆域广阔，人口众多，区域间、城市间的人员流动基数大，而且出行距离长，交通费用支出较大。目前，我国人民生活水平虽然总体达到小康，但收入水平还是相对很低，交通费用对人们的出行和交通方式的选择影响很大。特别是在现有的客流群体中，外出打工求职者、学生、中低收入人员探亲和旅游、个体小型商贸经营者所占比例很大，他们对交通费用的承受能力都相对有限，出行一般首选铁路。在时间速度方面，铁路通过六次大提速，在途时间显著缩短，主要城市间基本实现了“夕发朝至”、“一日或几小时到达”，是中长途旅客运输以及大流量、高密度城际旅客运输的骨干力量。特别是随着客运专线的快速发展和技术装备现代化的深入推进，铁路的服务质量和列车运行速度不断提高，这种比较优势更加明显，使铁路成为越来越多的中长途旅客出行选择的交通方式。

可见，铁路运输在各种运输方式中的比较优势突出，在经济社会发展中具有特殊重要的地位和作用，是我国综合交通体系中的骨干。

5.1.5 对国家战略的支撑

铁路对国家战略具有强支撑是铁路功能与任务的重要特点。下面以铁路对生态文明建设的促进作用与中国高端装备走出去战略为例予以说明。

1. 对生态文明建设的促进作用

铁路安全环保，符合发展绿色交通的目标，被誉为“绿色交通工具”，在综合交通运输体系中位于骨干地位，有助于实现综合运输体系的高质量发展。全国政协委员、环保部原副部长周建表示：“对于煤炭等大宗货物长距离运输，最好还是选择铁路运输更环保。”全国政协委员、四川省统计局副局长梁伟华指出：“铁路要进一步推进供给侧结构性改革，优化货运服务，从公路吸引更多客户到铁路来运货，从而促进汽车尾气减排。”

中央经济工作会议要求调整运输结构，减少公路货运量、增加铁路货运量。为了响应国家政策，中国铁路总公司在2018年1月底举行了“调整运输结构增加铁路运量”签约仪式，其所属18家铁路局集团公司与50家大型企业在京签署了年度运量运能互保协议，标志着铁路总公司调整运输结构，增加铁路货运量的战役提前展开。

清华大学互联网产业研究院副院长刘大成对中央提出的运输结构调整发表了以下看法（见专栏5–1）。

专栏5-1 运输结构调整应将交通、环保与消费保障三目标聚合

中央财经委员会第一次会议明确提出打赢蓝天保卫战，调整“四个结构”，做到“四增四减”。其中一个重要内容就是调整运输结构，减少公路运输量，增加铁路运输量。

多数人认为，运输结构调整只有综合运输畅通和防治污染两个目标，却容易忽略第三个目标，即消费升级的保障。十九大明确提出，我国社会主要矛盾已经转化为人民日益增长的美好生活需要和不平衡不充分的发展之间的矛盾。

生态环境部继去年环渤海港口禁止汽运煤进港后，又提出，到2018年9月底前，山东和长三角地区沿海港口煤炭集疏港全部采用铁路运输；2019年9月底前，京津冀及周边、长三角地区沿海港口的矿石、煤炭和焦炭等大宗货物全部改由铁路运输方式。由此可见，大宗运输“公转铁”结构性改变已经势不可挡。

以“公转铁”为主要手段的运输结构调整一定应基于“宜铁则铁，宜公则公”的原则进行，但对“宜”的考量则需要综合考虑政府环保政策和市场运行规律，同时更要有利于推进运输市场竞争环境公平。

资料来源：搜狐网，http：//www.sohu.com/a/235420478_663800。

铁路企业在环境建设方面有着突出优势。作为大众化交通工具，铁路路网遍布全国，在各种运输方式中有着资源节约、低碳环保的比较优势。近年来，铁路企业主动承责，勇于担当，积极作为，为推进国家生态文明建设作出了重要贡献。我们能够切身地感受到，现在的铁路，无论是旅客运送还是物资运输，无论基础建设还是文化旅游，始终把保护、建设生态环境责任扛在肩上、抓在手上，作用突出，成效显著。

生态文化铁路有为。铁路企业本身有着长期的文化积累以及深厚的文化底蕴，它的精神力量随着国家经济社会的发展不断传承创新，与生态文化相融相生，影响着与其关联的一代又一代人。当高铁成为中国制造的“金色名片”，成为中国百姓的出行首选；当绿皮火车穿行在大山深处，“绿色”理念便已经悄然融入。与此同时，伴着铁路改革发展的深入推进，开放、共享、包容的铁路业已呈现在我们眼前。铁路正在用它的力量传递着生态文化的理念。网络购票、刷脸进站、客票电子化等，无不是对绿色、环保、节约的文明消费模式和生活方式的倡导和引领。当人们对此成为习惯时，生态文化建设自然而成。

生态经济铁路有为。“绿水青山就是金山银山”，社会经济的高质量、可持续发展，离不开生态环境的保护与改善。交通运输是国家的基础设施，是经济社会发展的基本需要和先决条件。特别是居于骨干地位的铁路，在能耗低、排放低、成本低、运量大等方面有着不可替代的作用。一段时间来，国家多部委多次发文，要求港口的煤炭、焦炭、矿石等运输用铁路运输代替污染较大的公路运输，铁路企业积极响应，全力以赴，打响了大气污染防治攻坚战，同时也推动了煤炭等资源运输的结构优化调整。铁路货运量大幅提升，沿线环境不断改善，生态经济效应明显。此外，铁路在国家实施全域旅游战略中也主动作为，开行旅游专列，开发旅游资源，成为文化旅游的运力提供者、形象代言人，对推动旅游生态产业、旅游经济发展功不可没。

绿色发展铁路有为。“全面推动绿色发展”是我国“五大发展”的重要一环，也是世界各国推动经济社会发展的趋势，重要性不言而喻。调整经济结构、能源结构以及优化国土空间开发布局等是工作重点。众所周知，铁路占用资源少且低碳环保，是清洁产业、环保产业。特别是近年来，铁路企业始终贯彻落实绿色发展理念，客运上，推出多项举措，积极倡导旅客绿色出行；货运上，全力推进现代物流建设，多拉快跑，多式联运，降本增效；经营上，优化铁路土地资产开发，确保保值增值，有力地推动了社会资源节约和循环利用。绿色发展，铁路大有可为，也大有作为。

铁路在我国生态文明建设发展中占有重要地位，受到国家的高度重视。其作为一种环保的交通运输方式，对促进交通供给侧改革具有重要意义。

2. 对高端装备走出去等的有力支撑

全国政协委员、河南省工商联副主席、民建河南省委委员陈世强指出："铁路服务'一带一路'，开行中欧班列，有力促进了企业发展，使企业走向了更广阔的市场。"在2016年，中欧班列的开行将国内企业的产品运往欧洲，扩大了企业的销售范围，激活了企业发展的动力，带动了相关产业的发展。铁路部门创新的中欧班列的服务方式，使得企业可直接在网上订购铁路运输服务，减少中间环节，节约成本。中欧班列的开行不仅促进了国内企业的发展，更打开了海外市场。

此外，"一带一路"倡议实施为我国高端装备制造产业扩大市场需求、技术输出、海外投资与合作带来重大历史机遇。我国高端装备制造产业具备"走出去"实力，而铁路作为高端装备的代表，在国际上具有明显的竞争优势，已然成为中国一张响亮的名片。

据德国咨询机构SCI统计，全球轨道装备行业产值从2010年的1310亿欧元增长到2012年的1430亿欧元，未来每年将保持3.4%的年均增速。从市场分布上，独联体、中东、南非、亚洲、南美等地区有巨量的需求空间。因此，发展中国家的需求已成为我国装备"走出去"的重要支撑。

这是一个重要的结构变化，我国由主要面向欧美市场出口劳动密集型产品转向面向发展中国家的新兴市场出口高端装备制造产品、服务，转向资本、技术、标准的输出。与此相伴生的是，我国产业结构的升级、加工制造能力的提升，同时也意味着我国参与国际分工中的地位和姿态逐步地发生着变化，新的国际竞争新优势正在逐步形成。

中国高铁已成为国家领导人出访时携带的"中国名片"。通过高铁这个承载着中国技术、中国制造、中国服务、中国标准的综合载体，中国正在培育新时期的新优势，正在全球范围内展现正在形成的新的国际竞争力。

由此可知，铁路的发展是我国实现高端装备走出去的一条重要途径，在国际市场竞争中有着重要的地位和不可忽视的作用。因此，铁路对我国对外经济发展所起的作用是其他一般国企无法比拟的，国家与其他央企应加大对铁路的投资。

5.2 铁路国家所有权政策目标

5.2.1 我国国有企业的基本股权政策及国家控制方式

除了采用一定比例的股权来控制各类企业外，还有一种“黄金股”制度，最早出现在英国政府进行国有企业公司改制的过程中。黄金股制度是指一种特殊的持股方式，不需要政府非要完全独资或股权占50%以上的绝对控股，仅一股就能控制企业，以实现股东的特殊权利。

目前，国有布局领域的国家控制方式如下：

①对涉及国家安全的行业，在确保国有绝对控股和国家经营指导的前提下，仍然可以适当吸收私人资本，以弥补国有资本的不足。

②对于自然垄断以及特殊性质领域（如烟草），在制定了专门法或者已形成完善的行业管理体系条件下，可在公司法、国资法等法律框架下，进行国有控股前提下的公司化运作。

③对于重大基础设施，国家可通过特许制度进行控制。条件成熟时，可采取公私合营或引入较大比重的私人资本；对于重要矿产资源，国有企业应占有较大比重，并允许非公企业进入该领域，在行业管制体制以及安全、环保等监管体系比较完善的前提下，可逐步提高非公企业在该领域的比重。

④对于提供公共产品的领域，除了同时也属于自然垄断的行业需由国家控制外，其他行业可采取公私合营或引入非公企业，但应使国有企业占有较大比重。

⑤对于支柱和战略产业，国家可设立黄金股来对该领域骨干企业的若干重大经营决策进行控制，但可不谋求绝对控股甚至相对控股。

⑥对于一般性的竞争领域，国有资本应逐步退出，同时为了不影响国家控制力，可设置黄金股制度、优先股制度以及多级别投票权制度。

国有企业布局调整，主要指国有企业的合并重组，国有企业进入或退出某些领域，企业国家股份的增加或减少，及影响企业决策的重要合同关系或同时有股份结合关系的调整。这表明，国有企业布局的调整既包括企业的调整也包括企业股权结构的调整。增减股份的方式包括出资或股份的增减、上市增资或减持售股，设立特别股份等。国有企业整体上市，应当成为国有企业股权调整的一种基本方式，应当成为明确的国家政策。

国家所有权政策将分类明确国家增资的条件。对提供公益性的特殊功能服务的国有企业及“设立成本”没有解决的战略性产业的重要企业，国家可以增资；对其他领域的国有企业，除非经过法定程序的批准，一般国家不予增资，需要资金一般从社会募集。

国家有必要分类明确不同类型国有企业国家股权增减的调整范围。实现有系统的考量。要明确国有企业增减资的基本条件，包括行业属性和竞争状况、进入者条件、黄金股、控制性和合同等制度安排、增减资的程序和定价方式。调整国有企业布局，特别是调整优质国有企业的股权结构时、要与国家发展战略和产业政策结合，防止形成外国资本控制和少数私人大量垄断的问题。

我国国有股权出售管理应关注三个重点：有关立法、决策主体和出售的政策法律条件及程序。对国有股权出售，应系统考虑国有经济控制方式、出售条件、出售决策主体、价格制定原则，以及出售的程序等安排。

根据我国国企过去40年的改革经验，多元化的股权结构，特别是引入私人资本对建立政府目标防火墙、加强国有企业股东的目标和专业能力是有效的。必须加快国有企业股权多元化进程，特别是在母公司层面引入私人资本，以加强政企分开和强化股东约束。

5.2.2 铁路国家所有权政策的实现

铁路作为国民经济大动脉、国家重要基础设施和大众化交通工具，是综合交通运输体系的骨干，在我国经济社会发展中的地位至关重要，不仅有利于推进生态文明建设，还能支撑中国高端装备走出去、“一带一路”等，进一步实现海外市场的拓展。

国家利用国有企业方式发展经济，是因为市场经济条件下企业比其他形式的组织更有效率。但是，铁路企业分为路网、工程、装备、运营和资本五个领域，不同领域企业的效率及其经济和社会影响、发展条件，会因一个国家经济的总体发展程度及其不同的发展阶段等的差异而有不同。

从基本面看，国有企业作用的领域可分为两大类。一类是关系国民经济命脉的“重要行业和关键领域”及有特殊功能的领域，根据领域经济性质特征的不同又可再分为不同的领域。这些领域的国有企业控制能力强或较强，对该领域企业主要考核公共服务责任，或同时考核资本财务回报责任，国家可给予必要的特殊支持和特别规制。另一类是竞争性领域，该领域国有企业与其他企业是平等的竞争主体，一些骨干企业是“国民经济的支柱和参与国际竞争的主要力量”，主要考核资本回报责任，按一般市场规范，可有针对各类企业的产业政策支持，但不给特殊支持。第一类国有企业中的一些或在部分环节有竞争性，或在不同阶段竞争性不同。

由于基本功能目标、规则和政策支持的差异，及其分类监管与问责考核目标的不同，可以将分布在两类领域的国有企业分别称之为“功能性国企”和“一般竞争性国企”两类。

铁路国家所有权政策所要实现的最终目标是：国家对铁路行业应采取更加重视、加强控制的总体政策，但是考虑到各个领域的实际情况，应对五个领域采取有区别的具体政策。有的采用国家独资公司的形式，有的绝对控股，有的相对控股，有的参股即可，有的领域可以完全放开。例如，路网具有公益性，而运营有竞争性，因此路网需要国家绝对控制，而运营领域可充分放开；而工程、装备等领域虽然具有竞争性，但由于要体现高端装备走出去等战略任务，为了便于他们走出去，政府应仍保持较高的股权，以体现国家意志。

而中国铁路国有资本投资运营公司则以股权的形式参与铁路路网、运营、工程、装备等领域的实业企业，通过对铁路各个领域企业进行投资和运营，根据不同领域企业的特性而进行绝对控股、相对控股或是参股，不干预企业的生产经营活动，体现国家在铁路资本领域的所有权政策，实现铁路各领域企业的良好运营。

根据铁路路网、工程、装备、运营和资本五大领域的特征和发展现状，得到其企业类型、功能目标、股权政策和问责考核目标如表5-1所示。

表5-1　铁路企业五大领域分类国家所有权政策

领域	企业类型		功能目标	股权政策	问责考核目标
路网	功能性国企	涉及国家安全的行业	支撑、引导和带动整个社会经济的发展，在实现国家宏观调控目标中发挥重要作用	国有独资或国家绝对控股	公共政策目标 财务绩效指标 企业社会责任
工程	功能性国企	部分战略性高新技术产业和支柱产业的骨干企业		国有相对控股	公共政策目标 财务绩效指标 企业社会责任
装备	功能性国企	部分战略性高新技术产业和支柱产业的骨干企业		国家绝对控股或相对控股	公共政策目标 财务绩效指标 企业社会责任
资本	功能性国企	涉及国家安全的行业		国有独资或国家绝对控股	公共政策目标 财务绩效指标 企业社会责任
运营	一般竞争性国企	一般竞争性领域国企	成为国民经济的支柱和参与国际竞争的主要力量	国家绝对控股、相对控股或不参股	财务绩效指标 企业社会责任

未来铁路建设的重点在于成网的快速铁路、大运力通道、区际干线和枢纽配套项目建设。铁路要吸引社会资本进入，应突出经营性，公益性、政策性运输则须由财政进行补贴或承担。运输企业还要学习国外铁路经营经验，采取多元化经营战略，开发运输关联业务与增值服务，综合开发车站及线路用地资源。

5.3 五大关系

铁路国家所有权总体政策不仅要明确铁路各领域的功能目标以及国家控制方式，还要进一步确立国家与铁路的关系、其他国企与铁路的关系以及铁路内部各企业的关系等。具体而言，需要明确以下五大关系。

5.3.1 铁路与国家的关系

1. 国家作为铁路企业出资人的义务

根据《企业国有资产监督管理暂行条例》的规定，国务院代表国家对关系国民经济命脉和国家安全的大型国有及国有控股、国有参股企业，重要基础设施和重要自然资源等领域的国有及国有控股、国有参股企业，履行出资人职责。

国家作为铁路企业的出资人，职责就是股东的职能，中央政府通过设立的国有资产管理委员会，代表国家享有公司法规定的资产收益、重大决策和选择管理者等出资人权益；对国有资产保值、防止国有资产流失负监管责任。需要注意的是，中央政府代表国家履行出资人职责时，要尊重、维护国有及国有控股企业经营自主权。《宪法》第十六条中规定：“国有企业在法律规定的范围内有权自主经营。”根据《宪法》的规定和国有资产管理改革所遵循的“政企分开”的原则，中央政府及其设立的国有资产管理机构不能干预国家出资的企业依法行使自主经营权。

国资委作为国有股东代表应履行股东的各项权利和义务，不能缺位，更不能越位。《中共中央关于全面深化改革若干重大问题的决定》为下一步国有资本管理体制和国企改革明确了方向，即国有出资人机构从“管企业”转向“管资本”，这是一个根本性的转变。为了有效行使国家所有权，国家应制定明确的所有权政策，以表明国家作为所有者所要实现的总体目标，以及国有企业为实现这些总体目标而制定的实施战略。

国资委作为国有出资人代表，必须要做合格股东，做负责任的股东。一方面要放权，另一方面也要问责。目前，国有企业最大的问题是“无人负责”，无人能够对国有企业的经营后果承担直接的经济责任。建立起国有企业经营者的问责机制，使国企高管的责任、权利和义务对等，建立合理的经营者激励机制，仍是现阶段国有企业发展混合所有制的重要内容。应在国有企业分类管理的前提下，确保国有企业董事会授权明确，并承担全部受托责任。

国家作为股东，必须确保国有企业经营有充分的透明度，并建立一个完整的框架，制定从所有权政策、国企内部和外部的审计体系和标准到向国会报告和向公众公布年度国有企业运营报告的整套规则。

2. 铁路是实现国家意志的有效工具

习近平总书记在2018年4月2日下午主持召开的中央财经委员会第一次会议中提出，打好决胜全面建成小康社会三大攻坚战，包括推动重大风险防范化解取得明显进展、加大精准脱贫力度、推进污染防治取得更大成效。铁路作为国民经济基础产业，所提供的运输服务关系国民经济的发展，为工农业生产、人民的基础生活提供保障，具有公共利益特质，决定了其具有一定的公益性，应承担一部分国土资源开发的功能，为国家精准扶贫做出贡献。

3. 铁路促进国家经济社会发展

铁路运输在经济社会发展中具有特殊重要的地位和作用，它不仅是国民经济发展的大动脉，而且兼具安全、经济、便民、实惠、全天候运输，速度快、运能大、安全舒适、节能省地、减排高效等特点。这些特点决定了它是大众化的交通工具，也决定了其在我国综合交通体系中的骨干地位，对经济社会发展产生重大作用和深远影响。

交通运输对地区经济的发展具有很强的基础性、先导性作用，是经济发展和经济起飞必须投入的社会先行资本。铁路是缩小地区差距促进社会可持续发展的有效途径，加快欠发达地区的铁路发展可以从根本上改善这些地区的对外交通条件，缩短与中心城市和全国市场的距离，增强对外部资金和技术进入的吸引力。同时，铁路还能降低当地产品的运输成本，提高市场竞争力，为地区经济发展创造更为公平的发展机会，提高欠发达地区人们的福利水平，实现全面建设小康社会的目标。

4. 铁路具有军事国防意义

东亚是世界上最具经济活力的区域，同时也是世界上最大的贸易与投资市场之一。我国是东亚地区，也是世界经济快速发展的重要力量，我国铁路建设就是世界经济快速发展的“火车头”。

一方面，我国已有和正在规划、建设的国际铁路运输通道对于资源、物资的输入输出具有重要的经济、政治、军事意义。另一方面，国际经验表明：作为交通运输的铁路是强化控制和保护领土的最有效的工具。作为亚洲最大的陆权国家，必须从全球发展定位和国家经济角度、领土完整及国防安全的战略高度认识中国铁路具有的重大现实和战略意义。在国际市场经济一体化进程和国内可持续发展的和谐发展理念的战略层面上，铁路发展的地缘政治战略和安全作用毋庸置疑。

5. 铁路推动国家生态文明建设

我国人口众多，土地、能源、环境问题比较突出，已经成为经济社会发展的制约因素。世界发达国家私人小汽车的极度发展所带来的交通拥堵、交通事故、环境污染等问题值得我们反思。从我国资源有限、客货运输强度大的具体国情出发，更多地发展铁路、引导人们更多选择铁路运输方式是减少资源占用的有效方略。

我国的国情不允许我们完全按照西方发达国家的模式发展我国交通运输。无论是从国家可持续发展还是铁路可持续发展的需要出发，都必须加快铁路发展，推进铁路现代化建设。铁路运输可以更有效地减少交通能源消耗，发展铁路可以更好地减轻交通环境污染。

建设发达完善的铁路网，才能为国民经济持续快速协调健康发展提供可靠的运力支持。铁路是连接各大经济区域之间、城乡之间的大动脉，加快铁路基础设施建设，有利于促进区域、城乡协调发展。在各种交通运输方式中，铁路在节约资源和保护环境方面具有明显的比较优势，加快发展铁路，对于建设资源节约型、环境友好型社会，促进国民经济可持续发展具有重要的意义。铁路运输关系人民群众生命财产安全和生活质量，加快推进铁路现代化，才能在交通运输中充分体现我们党以人为本的价值追求，促进社会和谐。

5.3.2 铁路与其他国有企业的关系

这里的铁路主要指国铁，在明确铁路国家所有权政策的同时，建议铁路各企业与其他国有企业相互融合，不断优化资本结构。

1. 铁路与中央企业的关系

我国中央企业经过多年的发展积累了雄厚的资本，经济实力达到前所未有的良好状态，可以为铁路提供资金支持。

专栏5-2 中央企业迈向高质量发展

“复兴号”完美首发、“蓝鲸一号”成功试采可燃冰、“北斗三号”一箭双星——中央企业在2017年取得的一次次重大突破，让许多人由衷地赞叹：“厉害了，中央企业！”

运行稳、结构优、创新强，中央企业质量和效益不断提升，全面迈向高质量发展。稳中提质，央企实力更强、结构更优。

2017年进入《财富》世界500强的企业，中央企业达到48家，占全部中央企业的近一半，并在前五名里占据3席。中央企业以骄人的业绩成为国际市场上举足轻重的力量。

实力更强——到2017年底，98家中央企业资产总额54.5万亿元，净资产总额18.4万亿元，几乎个个都是行业里举足轻重的“巨无霸”。其中，资产总额超过千亿元的企业达到65家。

增长更稳——2017年，央企营业收入、实现利润双双创出新高。全年营业收入26.4万亿元，同比增长13.3%，各季度均保持两位数增长，增长基础更坚实了。全年实现利润14230.8亿元，首次突破1.4万亿元，同比增长15.2%，经济效益的增量和增速均为5年来最好水平。

质量更佳——细心的人已发现，2017年，央企利润增速“跑赢”了营收增速，领先1.9个百分点。这表明，央企增长正从规模速度型向质量效益型转变。资产负债率也稳步下降：到年末平均资产负债率同比下降0.4个百分点，预计到2020年前平均资产负债率将力争再下降2个百分点。

判断发展态势，看速度更看结构。这是央企运营最大亮点——新的利润增长点加速形成，结构更优、动力更足。

利润来源从单一迈向多元，实业显现出更强的竞争力。98家中央企业，49家企业效益增幅超过10%，26家企业效益增幅超过20%，利润总额过百亿的中央企业达到41家。利润不再集中于石油、煤炭、电力等少数几个传统行业企业，制造业成为主要来源。2017年，中央工业企业表现突出，营业收入同比增长15.7%，实现利润同比增长18.7%，增利额占中央企业利润增量的61.7%。

先进制造业异军突起，实现了从潜在优势到新增长点的质变。央企全力做大战略性新兴产业和高技术产业增量，在天眼、悟空、墨子等重大科技专项中承担重要任务，高端制造、现代服务业等领域发展势头喜人，收入增速超过央企平均水平，对中央企业整体效益贡献超过40%。

“2017年，中央企业交出一份稳中提质、稳中趋优的成绩单。这是中央企业深化改革的结果，也是中央企业迈向高质量发展的关键一步。”国务院国资委总会计师沈莹说。

资料来源：人民日报，http：//www.sasac.gov.cn/n2588025/n2588139/c8779453/content.html。

国务院国资委的数据显示，2017年中央企业实现营业收入26.4万亿元、同比增长13.3%，利润总额首次突破1.4万亿元，15.2%的增速也创下五年来最好水平。截至2017年底，中央企业资产总额达到54.5万亿元，较2012年底增长73.8%。

“国有企业改革全面深化，企业党建有力加强，国资监管效能持续提高，布局结构明显优化，运行质量稳步改善，全年经济效益明显高于预期。”国资委总会计师沈莹表示，2017年央企稳中向好、稳中提质的发展态势更巩固，为全面开启高质量发展新征程奠定了坚实基础。

可以看出，近几年我国中央企业发展取得空前进展，应加快铁路领域与其他领域国有大中型企业交叉持股工作。如宝武集团、神华集团、国家电网等国有企业具有雄厚的资本，可用于投资铁路，既能解决铁路的投融资问题也能促进铁路与产业链上下游的全产业融合。

2. 铁路与地方国企的关系

具有一定经济实力的地方国企可以投资铁路，如江苏省政府组建的江苏省铁路集团有限公司。

专栏5-3 江苏省政府组建江苏省铁路集团有限公司

为贯彻落实省委十三届三次全会提出的“探索高铁自主规划建设运营模式”的部署要求，做实做强公司主体，加快铁路建设步伐，推动江苏省铁路事业高质量发展，经省委、省政府批准，决定组建江苏省铁路集团有限公司。

将现江苏铁路投资发展有限公司通过增资方式改建为江苏省铁路集团有限公司（以下简称省铁路集团），注册资本在原有70亿元的基础上逐步增资到1200亿元，近期按注册资本950亿元到位。

省铁路集团为国有全资有限责任公司，由省委管理领导班子，由省国资委列名监管，接受省交通运输厅行业管理以及铁路建设发展业务管理。

省铁路集团作为以省为主投资铁路项目的投融资、建设、运营管理、沿线综合开发主体和国家干线铁路项目的省方出资主体，主要承担如下职责：负责全省铁路建设项目省级资本金筹措和相关债务融资，牵头做好社会资本参与我省铁路投资的相关工作，做好全省铁路建设资金的协调落实和监管工作；负责相关铁路项目公司的组建，参与铁路建设项目的前期工作，负责组织开展以省投资为主铁路项目的初步设计、施工图设计及相关报审工作；负责自主建设铁路项目建设管理，对委托代建、设计施工总承包等项目履行省方出资人职责，负责相关建设期监管和协调工作；负责铁路项目产权管理和运营管理，充分发挥出资主体职能，积极探索自建铁路项目的自主运营模式；负责铁路沿线土地等相关资源综合开发，探索多元化经营路径；负责铁路建设发展基金的设立和管理运作。

资料来源：新浪新闻，http：//news.sina.com.cn/o/2018-05-14/doc-ihapkuvk3213016.shtml。

专栏5-4 全省铁路发展推进会召开，江苏省铁路集团正式揭牌

2018年5月18日，全省铁路发展推进会在南京召开。省委书记娄勤俭作出批示。省长吴政隆出席会议并讲话，与中国铁路总公司副总经理黄

民共同为江苏省铁路集团有限公司揭牌。

江苏省铁路集团有限公司的揭牌，标志着省委十三届三次全会提出的“探索高铁自主规划建设运营模式”的部署要求正式落地。省铁路集团是以省为主投资铁路项目的投融资、建设、运营管理主体和国家干线铁路项目的省方出资主体，是国有全资独立法人公司，实体化独立运作，通过增资方式，将现有的江苏铁路投资发展有限公司改建为江苏省铁路集团有限公司，注册资本在原有70亿元基础上逐步增资到1200亿元。

会上，省铁路集团与中国铁路上海局集团签署《关于整合设立以省为主一省一公司的合作框架协议》，共同整合设立以省为主的合资公司。这是中国铁路总公司启动“一省一公司”改革以来，签订的首个整合协议，标志着此项重大改革率先在江苏落地。省铁路集团将控股整合苏北铁路公司，包括现有的苏北铁路公司、新长公司、丰沛公司和待组建的苏南沿江铁路项目公司，持有省方参股的京沪高铁公司、沪宁城际公司、宁杭城际公司等企业股权，持有今后建设的铁路项目省级出资股权。江苏省将探索建立投资主体多元化、渠道多样化、结构合理化的资金保障机制，积极推动沿线土地综合开发和综合经营，为铁路建设提供强有力支撑。

资料来源：新华日报，http://www.zgjssw.gov.cn/yaowen/201805/t20180519_5400233.shtml。

可以看到，江苏铁路投资发展有限公司通过增资方式改建为江苏省铁路集团有限公司，注册资本在原有70亿元基础上逐步增资到1200亿元。如果能够把全国各省类似公司的资本汇集起来，大概可以达到数万亿级别，这样规模的资金对于整个铁路行业的意义巨大。因此，建议类似江苏省铁路集团这样的地方铁路投资公司在未来都可以共同出资中国铁路国有资本投资运营公司（简称“中铁国投”），再由中铁国投负责作为铁路工程、装备、路网、运营各领域企业的出资人，由此促进铁路各领域融合发展。

5.3.3 铁路与“大交通”的关系

1. 推进铁路与“大交通”企业交叉持股

应加强央地多级国资部门合作，加快铁路与水运（港口）、道路、民航领域国有物流、客运类公司交叉持股工作，以资本联合形式加强多式联运，促进“大交通”产业融合。

中国铁路国有资本投资运营公司可以由“大交通”领域央企以及各级地方国企分别出资，如大型民航企业（中国国航、东方航空、南方航空等）、大型港口企业（如大连港、青岛港、连云港、盐田港等）、大型航运企业（中国远洋海运集团等）。

我们特别建议，由有实力的快递快运企业出资，如顺丰速递、圆通速递、申通速递、中通速递、韵达速递、德邦快运等。上述企业可与中国铁路国有资本投资运营公司一起，作为铁路运营公司的出资人，从而从资本融合的角度促进多式联运。反过来，中铁快运、中铁集、中铁特货等铁路专业运输企业也可以持有上述公司适当的股权。

2. 运输结构调整

铁路与水运（港口）、道路、民航等共同构成了我国的交通运输系统，其中铁路运输与道路运输的关系较为密切，为了推进更为环保的铁路运输，国家提出对交通运输结构进行一定的调整。

专栏5-5　全国交通运输结构调整：铁路增量，公路减量

中央经济工作会议要求调整运输结构，减少公路货运量、增加铁路货运量。2018年1月底，中国铁路总公司举行“调整运输结构增加铁路运量”签约仪式，其所属18家铁路局集团公司与50家大型企业在京签署了年度运量运能互保协议，标志着铁路总公司调整运输结构，增加铁路货运量战役提前展开。

据铁总相关负责人介绍，2017年底以来，中国铁路总公司所属18家铁路局集团公司与1014家大型企业进行了协商对接，已确定或达成意向的互保协议运量超过20亿吨，较去年协议运量增长30%。

按照安排，2018年国家铁路要完成货物发送量30.2亿吨，铁总运输收入目标是7458亿元。该公司总经理陆东福表示，将进一步完善经营机制，开拓运输产业链延伸服务市场，挖掘铁路资源资产潜力，放大和收获更多资本溢出效应。完善市场化经营机制，积极推进资产资本化经营，突出抓好运输产业链延伸服务经营开发。

改革无疑是其中至关重要的一环。据透露，2018年铁总将落实公司制改革“三步走”目标，加快构建新的运行机制，实现公司治理高效运行。同时，研究各专业优势公司和科技型企业实施混改方案，引入社会优质资源，推进Wi-Fi运营公司股权转让，构建市场化运行机制，促进铁路资本与社会资本融合发展。加强对股权转让、引入外部投资者等事项的分析论证，依法推动合资合作。

资料来源：搜狐新闻，http：//www.sohu.com/a/224373310_693867。

有关铁路与公路的关系，习近平总书记在打好污染防治攻坚战中提出要调整运输结构，减少公路运输量，增加铁路运输量。因此，笔者建议，在正在立法的《综合交通运输促进法》中应确立铁路在干线中起主干作用，建议增加以下条款：对于日均运量小于某重量（如30吨）或年均运量小于某重量（如1万吨）的货物运输，禁止铁路直接办理；而大于此运量的货物或运输距离超过某距离（如300公里）的货物，禁止公路直接办理。

3. 构建“大交通”格局

大交通格局的形成在对外招商引资方面能引起商家浓厚的兴趣，提升城市的竞争力；对内能加速物流流通，方便百姓出行，增加百姓的幸福感。铁路作为大众化的交通工具，应当在构建“大交通”格局中发挥自身应有的作用。

首先，要强化铁路改革发展与地方经济建设密不可分的意识。受长期的计划经济体制影响，铁路系统和地方接触较少。实行市场化运营后，铁路打破了旧体制的藩篱，这就要求铁路必须尽快融入地方经济建设，“身”入“心”更要入。铁路的建设计划、车站的功能设置、选址定位和与公路、民航等交通运输方式的衔接等都需要统筹布局，纳入城市的整体规划之中，成为地方经济建设不可缺少的一部分。

其次，要强化多种运输方式的有序衔接，不断优化大交通联动机制。现在的铁路、民航和公路运输，同归交通运输部管辖，只是各自的侧重点不同。三者间不应该有“同行是冤家”的意识，切忌陷入恶性竞争之中。变竞争为合作，相互补台，实现无缝对接，共同做大做活运输市场，才是上策。

再次，要敞开大门吸纳社会资本进入铁路市场。铁路作为国家重要的基础设施，在拉动内需、促进经济增长方面作用巨大。英国伦敦华埠商会代表团考察保定市，最感兴趣的就是其临近北京第二机场以及高速、高铁纵横的“大交通”优势。在楼市泡沫逐渐消退的新形势下，大力建设城际、普速铁路，通过铁路的辐射带动作用拉动经济增长应成为中小城市转型升级的一个有效选择。铁路总公司已把城际铁路和市域铁路等地方支线铁路的融资和建设权完全下放给地方。

5.3.4 铁路五大领域间的关系

铁路领域可分为工程、装备、路网、运营、资本5个子领域，其中路网是连接各个领域的纽带。由路网领域提出路网建设的规划，向资本领域提出融资需求，将建设项目交予工程领域，向装备领域购买运输装备，向运营领域出售路网使用权。因此，路网领域是铁路行业的核心。

1. 统分结合的网运分离

中国铁路总公司总经理陆东福在2018年3月7号的新华网专访中提到的“研究以路网运营企业、专业运输企业及非运输企业为重点的资源整合、资产重组、股改上市等方案，推出一批对社会资本有吸引力的项目”，涉及路网运营企业的资源整合。

铁路应加快“统分结合的网运分离经营”管理体制改革，铁路路网统一管理，铁路运营放开竞争。我国铁路目前的经营管理体制存在着路网与运营之间的必然矛盾，即以提高运营效率、保证运营安全为目标，路网宜统一；以提高运输服务质量、有效引入竞争为目标，运营宜分离。

统分结合的网运分离体制下，是否允许路网公司参与运营是一个尤其值得关注的问题。如果允许路网公司参与运营，那么路网公司既是路网拥有者，掌控统一的运输调度指挥权；又是运输经营者，参与铁路客货运输。好似运动场上的“裁判员”也是“运动员”，这对于没有路网权的其他运输企业而言非常不利。这种不公平的竞争将阻碍行业发展，极大降低我国铁路运输市场竞争力。

因此，笔者强调，为了提供公平的竞争环境，必须以法律法规的形式严格禁止路网公司以任何形式（全资、控股或参股）获得铁路客货运营资格。否则，庞大的路网公司在利益驱使下会衍生出众多的有直接共同利益的运营公司，这些公司在利用路网资源的时候享有事实上的优先权，从而破坏市场竞争的公平性。笔者认为，能否严格禁止路网公司以任何形式获得客货运营资格是网运分离能否实现并取得成效的关键。

2. 各领域融合发展

经过多年发展，中国中车已具有强大的经济实力，企业资金的合理使用能够促进铁路行业的良性发展。

专栏5-6　中国中车拟使用不超180亿元自有资金购买低风险理财产品

中国中车（01766.HK）宣布，于2018年3月28日召开的第一届董事会第三十三次会议上，审议通过了《关于中国中车股份有限公司及下属上市公司购买理财产品的议案》。

为进一步提高公司资金使用效益，增加公司现金资产收益，实现股东利益最大化，公司拟在确保资金安全、操作合法合规、保证正常生产经营不受影响并有效控制投资风险的前提下，使用总额不超过人民币180亿元的自有资金购买低风险理财产品（不用于投资股票及衍生产品），在该额度内，资金可以滚动使用。

同时，公司董事会授权公司总裁具体实施理财相关事宜，授权期限自该次董事会审议通过日起至2019年3月31日有效。

资料来源：格隆汇，http：//hk.jrj.com.cn/2018/03/28215124316882.shtml。

可以看出，中国中车作为装备领域的代表企业之一，发展良好，具有雄厚的资本，比起购买理财产品，更应将资金用于投资铁路其他领域企业（如果中铁国投成立，这笔资金可以投入中铁国投，由中铁国投按照国家意志在路网、工程、运营等各领域之间统筹使用，甚至可以投资入股铁路上下游企业），不仅解决铁路企业投融资问题，还能促进铁路行业的融合发展。

因此，应加快铁路工程、装备、路网、运营及资本领域间交叉持股工作，从出资人角度以资本联合形式促进铁路产业融合。加强铁路各领域企业之间的合作，共同促进铁路行业的融合发展，充分带动竞争及内部结构优化。

3. 各领域避免直接参与非主营业务

当前铁路企业有跨领域直接参与投资生产项目的行为，笔者认为这并不是一种合适的投资方式，如中国铁建被国家叫停的磁悬浮车辆生产线。

专栏5-7 中国铁建叫停磁悬浮车辆生产线

2018年3月20日，国家发展改革委发布《关于加强城市轨道交通车辆投资项目监管有关事项的通知》，要求各地严控城轨车辆新增产能，城轨车辆产能利用率低于80%的地区和企业，不得新增城轨车辆产能，企业申请建设扩大城轨车辆产能项目，上两个年度产能利用率应高于80%。

国家发展改革委要求各地严控轨道交通车辆产能的政策出台后，各地方政府和轨道交通央企展开全面的产能自查。2018年5月初，中国铁建股份有限公司叫停了旗下中国铁建重工集团有限公司在长沙的磁悬浮车辆生产线。

5月24日，铁建重工上级公司中国铁建股份有限公司表示，磁浮车辆确实存在一定程度的生产过剩现象，故根据发展改革委有关要求，中国铁建停止了长沙磁浮车辆生产线，这也是贯彻落实中央有关供给侧改革的具体举措。

资料来源：财新网，http：//companies.caixin.com/2018-05-23/101254733.html。

笔者认为，对于铁路行业所有央企和国企，聚焦于主营业务比延长产品线更有价值，应限制某一领域企业无限制、不计成本地向其他领域发展。中国铁建作为铁路工程领域的代表企业之一，投资生产本应属于装备领域的磁悬浮车辆，从积极意义来说，这体现了中国铁建作为铁路工程领域的央企有向装备领域融合发展的趋势。然而，术业有专攻，虽然各领域具有融合发展的趋势，但是不宜直接投资做其他领域的生产项目，而应通过出资中国铁路国有资本投资运营公司来实现资本融合。

笔者比较赞同的实践如下：中国中铁借壳旗下的上市公司中铁二局（600528），把中国中铁（工程领域）旗下的所有装备制造业（装备领域）整合在一起，成立的新公司名为中铁工业（600528），并将其定位为一个混合所有制的公众公司，中国中铁作为其最大股东。中国中车作为轨道交通装备领域的特大央企，可逐步购买中铁工业的部分股权，从而提升本身轨道交通工程机械方面的研发制造能力。于是，中国中铁（工程领域）、中国中车（装备领域）借助中铁工业这个平台实现了融合发展。未来，中国中铁、中国中车乃至中铁国投，都可以根据国家对于轨道交通工程机械子领域的功能定位，决定自己在中铁工业（600528）上的持股比例，从而实现本身对该领域是否控制的目的。

5.3.5 铁路路网内部各专业站段间的关系

2018年初，国铁企业内部部分专业站段进行了合并。

专栏5-8　铁路基层各站段合并为工电段

2018年1月5日，涪陵工务段、达州工务段、遂宁工务段、重庆电务段、重庆供电段、达州供电段、成都通信段合并成立了重庆工电段。

新成立的重庆工电段实行工务、电务、通信、供电专业一体化管理。工务管辖营业里程659.002公里，其中高铁营业里程528.4公里；电务信号专业管辖营业里程675.08公里、道岔12782组；通信专业管辖营业里程674.676公里；供电专业管辖营业里程为695.388公里。

管辖线路涉及沪蓉铁路凉雾至重庆北段、郑襄高速万州北至重庆北段、襄渝线、渝怀线、渭井线、万凉线及重庆枢纽等部分区段线路。

资料来源：搜狐新闻，http：//www.sohu.com/a/215964526_176857。

从铁路总公司的工电部到基层的工电段成立看来，铁路正在积极探索建立与铁路发展相适应的劳动组织和生产管理模式。如能进行彻底的公司制改革，真正实现市场化运营，对促进其他国有企业改革也会产生极大示范效应。

专栏5-9　铁路基层站段合并为综合维修段

2018年1月5日，也就是重庆工电段成立的同一天，中国铁路呼和浩特局集团有限公司宣布对全国最大的合资铁路——内蒙古集通铁路集团公司实施运输生产委托管理，对集通公司所属的各运输站段实行专业管理。

据悉，本次铁路改革是由呼和浩特局集团公司代表铁路总公司履行出资人职责，在保证集通公司企业属性、法人治理结构、运输管界、财产所有权等不变的前提下，实行调度集中、站段直管。

此次改革涉及11个生产运输段、1个调度所，对相关单位进行了撤并优化：撤销3个工务段、1个工务机械段、2个电务段、1个水电段，成立3个综合维修段；撤销锡林浩特机务段，业务并入大板机务段；撤销1个通信段，业务并入呼和浩特通信段；撤销1个车辆段，业务根据客货类别并入包头车辆段和集宁车辆段；集通公司2个车务段和1个客运段维持现状不变。

原集通公司调度指挥、施工管理、车辆调监职能也一并纳入呼和浩特局集团公司统一管理；原集通公司地区安监大队业务上受呼和浩特局集团公司安监室领导。

由集通公司官网获悉：集通公司现股东5家，其中铁路总公司委托呼和浩特局集团有限公司持股60%，北方联合电力公司持股30%，内蒙古交通投资公司持股9.14%，中铁六局、中铁建大桥局各持股0.43%。集通公司管辖运营里程2494公里。员工总数1.35万人。资产总额近500亿元，其牵头建设的内蒙古自治区中东部地区路网建成后资产总额将达到近900亿元。

资料来源：搜狐新闻，https：//www.sohu.com/a/216714122_443867。

改革的最终目标是实现运输效率的最大化，取得经营效益新业绩，让广大铁路职工有更多的获得感。长远看来，在保证企业属性、法人治理结构、运输管界、财产所有权等不变的前提下，各局集团公司对合资铁路运输生产实行调度集中、站段直管的模式是大势所趋；未来各局集团公司会继续推进实施工务、电务、供电等多工种管理综合化、维修一体化和大修专业化工作，像广通、重庆一样，会有更多的工电段或综合维修段出现。

然而，笔者认为，虽然按长远来看，铁路路网系统内部各个专业站段合并有利于未来的组织运营与生产管理，但现阶段国铁企业的主要矛盾是公益性和竞争性没有分开。因此，建议现阶段不宜对各铁路局集团的组织机构做出调整，短期内仍可保持各站段分离的形式，尽量保持现有铁路局集团各个专业站段基本框架不变，进一步做实、做大、做强、做优三大专业运输公司。只有安全基础毫不动摇、运输效益快速增加，才能为进一步解决铁路改革深层次问题创造有利条件。

5.4　本章小结

本章在铁路国家所有权总体政策方面，首先简述了铁路的任务及功能，再明确了铁路的国家所有权总体政策目标，最后对我国铁路国家所有权政策涉及的五大关系做出阐述。主要结论如下：

①铁路作为我国国民经济大动脉，是我国推进经济发展不可或缺的重要部分，国家应高度重视铁路建设，为其快速稳定的发展提供有力的资金支持。

②铁路是我国重要的基础设施，不仅有利于国家经济发展，在政治方面也起着促进人民团结的作用。

③铁路作为一种大众化的交通工具，是与人民出行密不可分的重要设施。

④铁路在我国生态文明建设发展中占有重要地位，应得到国家的重视。

⑤铁路的发展是我国实现高端装备走出去、实现对外开放的一条重要途径，在国际市场竞争中有着重要的地位和不可忽视的作用，国家与其他央企应加大对铁路的投资。

⑥根据五大领域企业的功能定位不同应采取不同的国家控制方式和企业法律形式。

⑦铁路与国家、铁路与其他国有企业、铁路与“大交通”、铁路五大领域间、铁路路网内部各专业站段间的关系是需要明确的五大关系。

第 6 章

铁路工程领域的国家所有权政策

铁路工程即铁路基础设施建设，本章通过叙述我国铁路工程领域国有企业的功能定位来说明国家应对铁路工程领域采取的所有权政策，具体包括铁路工程领域国有企业的出资人制度、国家控制方式以及相应的企业法律形式等。

6.1 铁路工程领域的功能定位

6.1.1 国内基础设施建设

我国新时期经济与社会发展的新环境使我国的经济总量有了较大水平提高、综合国力达到世界第二，对基础设施规模与质量有了新的要求。保持经济与社会的可持续发展，需要强大的基础设施作为支撑，而基础设施行业的发展依然充满挑战。

2004年，国务院批准实施《中长期铁路网规划》以来，我国铁路实现了快速发展。为加快构建布局合理、覆盖广泛、高效便捷、安全经济的现代铁路网络，更好发挥铁路骨干优势作用，为了推进综合交通运输体系建设，支撑引领我国经济社会发展，在深入总结原规划实施情况的基础上，结合发展新形势新要求，2016年7月20日国家发展改革委修编了《中长期铁路网规划》（以下简称《规划》）。此《规划》是我国铁路工程的中长期空间布局规划，是推进铁路建设的基本依据，是指导我国铁路发展的纲领性文件，规划期为2016～2025年，远期展望到2030年。《规划》要求遵循铁路发展规律，兼顾经济和社会效益，扩大铁路基础设施网络，构建与公路、水路、航空等有机衔接的综合交通运输体系，增加有效供给，提升运输服务保障能力。

《规划》实施以来，中西部地区铁路加快建设，跨区域快速通道基本形成，高速铁路逐步成网，城际铁路起步发展，路网规模不断扩大，保障能力明显增强。截至2016年底，全国铁路营业里程达12.4万公里，其中高速铁路2.2万公里以上，全国铁路行业固定资产投资完成8015亿元，投产新线3281公里，新开工项目46个，新增投资规模5500亿元。根据《规划》将加大基础设施建设，到2020年我国铁路网规模达到15万公里，其中高铁达到3万公里，覆盖我国80%的城市，到2025年铁路网规模达到17.5公里，高铁达到3.8公里。

"十三五"规划纲要描绘了未来5年我国经济和社会发展的宏伟蓝图，要求改善贫困地区铁路基础设施条件，发挥铁路辐射带动作用。"十三五"期间是交通基础设施重大工程建设的重要阶段，中央将进一步加大预算内资金对交通基础设施的支持力度，重点投向中西部铁路、城际铁路，地方财政性资金也将向城际铁路、城市轨道交通等领域倾斜。"十三五"期间铁路投资将远超2.8万亿元。未来我国铁路发展的格局基本上是"东补西建"的格局，如何规划建设西部地区铁路基础设施和优化东部地区铁路基础设施是铁路面临的一个重要课题。此外，随着高铁出海和"一带一路"倡议的推进，泛亚、欧亚和中亚高铁线将是中国高铁全产业链输出的重点。

2016年、2017年和2018年我国铁路基础设施重大工程建设重点推进项目分别见表6-1、表6-2、表6-3。

表6-1　　2016年我国铁路基础设施重大工程建设重点推进项目

项目	主要建设内容	投资（亿元）
赣州至深圳铁路	新建铁路430公里	600
贵阳至南宁铁路	新建铁路486公里	740
中卫至兰州铁路	新建铁路250公里	285
徐州至连云港高铁	新建铁路210公里	280
太原至焦作铁路	新建铁路362公里	419

续表

项目	主要建设内容	投资（亿元）
安庆至九江铁路	新建铁路175公里	335
福州至厦门高铁	新建铁路280公里	543
北京至唐山铁路	新建铁路164公里	300
北京至天津滨海新区城际铁路	新建铁路98公里	253
盘锦至朝阳高铁连接线	新建铁路132公里	180
牡丹江至佳木斯铁路	新建铁路330公里	430
赤峰至京沈高铁喀左站铁路	新建铁路157公里	170
通辽至京沈高铁新民北站铁路	新建铁路197公里	172
张家界经吉首至怀化铁路	新建铁路公240里	250
湖苏沪城际铁路	新建铁路142公里	210
沪通铁路太仓至四团段	新建铁路112公里	325
盐城至海安铁路	新建铁路106公里	150
敦化至白河铁路	新建铁路110公里	156
崇礼铁路	新建铁路60公里	70
鲁南铁路	新建铁路134公里	193
川南城际铁路	新建铁路214公里	280
兴国至泉州铁路	新建铁路498公里	340
建宁至冠豸山铁路	新建铁路177公里	111
防城至东兴铁路	新建铁路59公里	30
长江三峡水铁联运铁路	新建铁路63公里	40
洪湖至监利铁路	新建铁路112公里	49
新疆博州支线铁路	新建铁路54公里	10
重庆枢纽东环线铁路	新建铁路162公里	210
董家口疏港铁路	新建铁路16公里	22
南昆铁路昆明至百色段扩能工程	新建铁路587公里	240
哈尔滨至佳木斯铁路屯化工程	新建铁路510公里	53
沈阳至吉林铁路屯化工程	新建铁路390公里	30
集宁至通辽铁路扩能	新建铁路916公里	247
湘桂铁路电化工程（沈阳至柳州段）	新建铁路470公里	80

表6-2　　2017年交通基础设施重大工程建设重点推进项目

项目	主要建设内容	投资（亿元）
重庆至昆明高铁	新建铁路785公里	950
西宁至成都（黄胜关）铁路	新建铁路540公里	450
广州至汕尾铁路	新建铁路168公里	182

续表

项目	主要建设内容	投资（亿元）
西安至铜川至楚安铁路	新建铁路315公里	320
合肥至淮安铁路	新建铁路270公里	350
沪乍杭铁路	新建铁路130公里	112
廊涿至厦门城际铁路	新建铁路126公里	205
霸州至衡水铁路	新建铁路199公里	260
鲁南铁路（菏泽至曲阜）	新建铁路200公里	160
鲁南铁路（兰考至菏泽）	新建铁路85公里	93
潍坊至莱西铁路	新建铁路126公里	190
郑州至濮阳城际铁路	新建铁路200公里	240
漳州至厦门城际铁路	新建铁路70公里	160
纳雍至六盘水铁路	新建铁路60公里	33
平凉至庆阳铁路	新建铁路100公里	70
宁波至金华铁路	新建铁路135公里	110
三门峡至禹州铁路	新建铁路257公里	180
天津枢纽杨双、汉周联络线	新建铁路30公里	16
克拉玛依至塔城铁路厂沟至塔城段	新建铁路190公里	50
平凉至中卫铁路增建二线	新建铁路315公里	130
焦柳铁路电化工程（怀化至柳州段）	新建铁路415公里	43
集宁至二连铁路扩能工程	新建铁路330公里	82
大莱龙铁路扩能工程	新建铁路167公里	60
广州站改造工程	改造战场设施	300
长春至吉林铁路电化工程	铁路电化128公里	13
广州至茂名铁路电化工程	铁路电化332公里	40
玉林至梧州铁路提速扩能工程	改扩建铁路160公里	28
沈阳至丹东铁路电化工程（含辽阳至本溪）	铁路电化407公里	57
南京至芜湖至铜陵至九江铁路电化工程	铁路电化403公里	62

表6-3　　2017年交通基础设施重大工程建设重点推进项目

项目	主要建设内容	投资（亿元）
合肥至南京高铁	新建铁路150公里	230
兰州至张掖三四线	新建铁路400公里	430
银川至包头铁路	新建铁路510公里	580
深圳至江门铁路	新建铁路125公里	300
十堰至西安高铁	新建铁路350公里	480
宜昌至襄阳铁路	新建铁路225公里	320

续表

项目	主要建设内容	投资（亿元）
宜昌至郑万高铁联络线	新建铁路96公里	130
井冈山至赣州铁路	新建铁路135公里	150
重庆至黔江城际铁路	新建铁路280公里	360
成都至新机场至自贡铁路	新建铁路192公里	232
新郑机场至登封至洛阳城际铁路	新建铁路134公里	200
广佛江珠城际铁路	新建铁路156公里	497
龙岩至梅州至龙川铁路	新建铁路267公里	320
杭州至温州高铁（温州至义务）	新建铁路173公里	225
攀枝花至大理铁路	新建铁路350公里	300
川藏铁路（雅安至康定至林芝）	新建铁路1350公里	1620
酒泉至额济纳铁路	新建铁路387公里	90
洛湛铁路扩能改造工程（邵阳至永州段）	改扩建铁路110公里	100
洛湛铁路扩能改造工程（益阳至娄底段）	改扩建铁路112公里	110
四平至梅河口电气化改造工程	铁路电化200公里	20
齐齐哈尔至加格达奇改造工程	改扩建铁路435公里	260
佳木斯至鹤岗铁路提速改造工程	改扩建铁路78公里	10
拉法至哈尔滨和吉林至舒兰线扩能改造工程	改扩建铁路261公里	30

6.1.2 积极参与国际竞争

中国提出了“一带一路”、“走出去”构想，既涉及西欧、日韩等发达国家，也涉及中亚、东欧等原苏东国家，同时还涉及南亚、西亚、非洲等第三世界国家。

“一带一路”倡议旨在促进欧亚国家和地区之间的贸易投资和人文交流。此框架的基础是一个庞大的基础设施网络，通过东南亚、南亚、中亚和中东等地区，将中国和欧洲连接起来。

随着“一带一路”倡议的提出及《规划》的实施，国家的投资重点逐渐转向基础设施建设，尤其是铁路基础建设。经初步估算，“一带一路”倡议沿线涉及的国家或地区高达到几十个，总人口约50亿，经济总量约39万亿美元。其中，作为“一带一路”倡议实施的关键，铁路基础设施建设是国家内部及国家之间互联互通的重要基础之一，我国也高度重视联通中国和邻国的铁路建设项目，并且将在“一带一路”建设中优先部署实施。

中国实施“走出去”，构建全方位对外开放的新格局和国际合作新架构，既是应对美国跨太平洋战略经济伙伴协定（TPP）和跨大西洋贸易与投资伙伴协定（TTIP）所带来的挑战，也是形成适应新兴市场国家国情的区域经济一体化框架。对于中国自身而言，有利于中西部省份发展、过剩产能输出、海外资源获取、国际市场开拓。对于相关国家而言，是获取资本积累、获得技术转移和融入全球价值链的良好机会。

这一过程自然而然对基础设施建设，特别是铁路运输行业的发展提出了需求。例如，区域国家之间的客货运互通是区域合作的基础，也是一国外向经济发展不可或缺的核心要素。从目前来看，南亚国家、东南亚国家及中亚国家在制造业和基础设施等领域均面临着缺乏资金、技术与经验，发展能力较弱等问题，而中国作为制造业大国具有强大的生产供给能力。国际区域铁路建设一是可以积极发挥中国的带动作用，二是可以在扩大双边投资和贸易上发挥中国的引领作用，三是可以积极引导周边国家产品进入中国服务业与制造业市场，扩大对华贸易投资，分享中国改革发展的新机遇。

基础设施互联互通是实施“一带一路”倡议的先导。一系列重大基础设施工程的投资建设，将构建一个由铁路、公路、航空、航海、油气管道、输电线路和通信网络等组成的综合性立体互联互通网络，彻底改变目前制约“一带一路”沿线国家深化合作的“薄弱环节”，为当今世界跨度最大、最具发展潜力的经济合作带奠定基础。同时，我国也希望借“一带一路”建设的机会发展铁路设施来整合广阔的领土。

综上所述，结合第3章讲述的铁路工程在海外有进一步扩展趋势可知，我国铁路工程领域在我国占有重要的地位，企业技术在国际上处于领先水平，应该积极参与国际竞争。虽然铁路工程领域企业具有一定的竞争性，但由于要体现“走出去”等倡议，为了便于它们走出去，政府应仍保持较高的股权，以体现国家意志。因此，笔者建议在铁路工程领域，企业应采用国家相对控股的形式。

6.2 铁路工程领域的出资人制度

6.2.1 现状

出资人制度是确立和规范出资人和企业之间财产关系的一种制度，国有资产出资人制度是确立国家与国有企业之间的出资关系。国家作为出资者要为企业提供资本金，享有出资者权利，企业享有法人财产权，依法自主经营。

2003年《企业国有资产监督管理暂行条例》规定国资委代表国家履行出资人职责，这就建立了国家所有权的执行职能。国资委为国务院直属正部级特设机构，代表国务院具体行使国家股东的权利，履行出资人的职责即执行和实施既定的国家所有权政策。2017年5月10日，国务院办公厅转发《国务院国资委以管资本为主推进职能转变方案》（下称《方案》），《方案》规定今后国资委将不再直接规范上市公司国有股东行为，减少对企业内部改制重组的直接管理，专司国有资产监管，不行使社会公共管理职能，不干预企业依法行使自主经营权，企业的经营行为监管权力转移到企业的股东会、董事会、监事会等主体。国资委转向以管资本为主，回归到真正的出资人身份，加强了对国有资产的监管，更加突出了对国有资本的运作。但与此同时，国有资产监督机制尚不健全，国有资产监管中越位、缺位、错位问题依然存在，亟需加快调整优化监管职能和方式。

铁路基础设施属于特殊产业领域，也是国家高铁“走出去”战略的重要支撑，与国家和公众重大利益有关。所以政府有责任也有必要在工程项目投资中占有主导地位，但交通基础设施在部分环节又有竞争性和盈利性质，所以政府要建立市场准入机制，降低吸纳资本的限制，重视民间资本的作用，对于优良的企业或社会资本及外商投资要积极支持，给他们合理的经营与管理权限。积极融合不同的融资渠道，转变融资方式，形成各类主体共同参与投资的良性竞争环境。

有研究认为，在未来10年里，由于国有经济的发展和经济布局的调整，国有经济在国民经济中的作用方式会发生变化，国有经济比重会下降，现在的许多国有企业会变成国家股份的国家出资企业。国家采用控股方式对铁路工程领域出资，以股东的形式发挥作用，由国资委代表国家履行出资人职责，获得间接指导和控制企业的权利，以这种方式国家依然可以对铁路工程领域企业保持资本控制力，并可以帮助企业获得银行、社会资金和民营企业等非国有投资者在现阶段以分包投资或小比例参股方式的投资。在未来发展到一定阶段，铁路基础设施建设形成一定规模，战略布局基本达成时，国家可减少持股，进一步减少政治干预，增加铁路工程企业的市场竞争力。

6.2.2 发展趋势

作为国资委改革的一部分，国资委在2013年底开始进行国有资本投资运营公司试点工作。国有资本投资运营公司与所出资企业更加强调以资本为纽带的投资与被投资的关系，更加突出市场化的改革措施和管理手段。因此，改组组建国有资本投资运营公司成为深化国有企业改革新的重点内容，国资委将把更多的股权划拨到国有资本运营公司。

国有资本投资运营公司的经营模式，是以投资融资和项目建设为主，通过投资实业拥有股权，通过资产经营和管理实现国有资本保值增值，履行出资人监管职责。国有资本投资运营公司的重要任务是推动产业结构调整，调整优化现有产业，培育孵化新兴产业，带动中央企业产业合作、重组与整合，提升资源配置效率和资本回报水平。国有资本投资运营公司替代国资委行使出资人的职责、成为国有资产的直接出资人代表将成为必然趋势。

铁路工程领域和其他领域的相互融合越来越紧密，共同为建设一个良好的铁路系统出资出力也越来越有必要。中国中铁、中国铁建等企业都是大型的上市公司，拥有非常好的融资能力和渠道，如果这些公司能够联合起来给中国铁路国有资本投资运营公司出资，不仅能够对其拥有一定的所有权和监督权，还能够进一步深化合作，早日实现共赢。

6.3 铁路工程领域的企业法律形式

企业是法律和经济上独立的经济实体，任何一个企业都要依法建立。企业的法律形式分为三种：公司制企业、合伙企业、个人独资企业[①②]。

股份有限公司是指公司资本为股份所组成的公司，股东以其认购的股份为限对公司承担责任的企业法人。

有限责任公司是指股东以其出资额为限对公司承担责任，公司以其全部资产对公司的债务承担责任的法人企业。

合伙企业是指依照《中华人民共和国合伙企业法》在中国境内设立的，由各合伙人订立合伙协议，共同出资、合伙经营、共享收益、共担风险，并对合伙企业债务承担无限连带责任的盈利性组织。

个人独资企业是指依照《个人独资企业法》，在中国境内设立，由一个自然人投资，财产为投资人个人所有，投资人以其个人财产对企业债务承担无限责任的经营实体。

表6-4列出了几种不同形式的公司间的对比，供参考。

① 谢淑萍、顾洪梅、刘凌波："我国国有企业治理结构改革研究"，《商业经济》，2011年，第17期。

② 陈云卿："国有企业的组织法律形式"，《管理观察》，1996年，第3期。

表6-4　各企业法律形式对比

内容	公司制企业	合伙企业	个人独资企业
法律依据	公司法	合伙企业法	个人独资企业法
法律基础	公司章程	合伙协议	非法人经营主体
法律地位	企业法人	非法人营利性组织	非法人经营主体
责任形式	有限责任	无限连带责任	无限责任
投资者	无特别要求，自然人皆可	完全民事行为能力的自然人，法律、行政法规禁止从事营利活动的人除外	完全民事行为能力的自然人，法律、行政法规禁止从事营利活动的人除外
注册资本	无限制	协议约定	投资者申报
出资方式	法定：货币、实物、工业产权、非专利性技术、土地使用权	约定：货币、实物、土地使用权、知识产权或其他财产权利、劳务	投资者申报
出资评估	必须委托评估机构	可协商确定或评估	投资者决定
财产权性质	法人财产权	合伙人共同共有	投资者个人所有
出资转让	股东过半数同意	一致同意	可继承
经营主体	股东不一定参加经营	合伙人共同经营	投资者或其委托人
事务决定权	股东会	全体合伙人或从约定	投资者个人
事务执行	公司机关、一般股东无权代表	合伙人权利同等	投资者或其委托人
利亏分担	投资比例	约定，未约定则均分	投资者个人
解散程序	注销并公告	注销	注销
解散后义务	无	五年内承担责任	五年内承担责任

我国铁路工程领域属于特殊产业领域，带有国家战略属性。一方面如果完全依赖市场进行资源配置有很多困难，需要政府运用行政手段来进行干预；另一方面，政府如果过度干预基础设施建设和运营，就会使原本稳定的经济活动变得混乱起来，危害交通基础设施的发展，同时还会影响政府基本职能的履行。因此，政府要采用适当的干预手段来弥补市场机制的缺陷，为市场机制在交通基础设施领域中充分发挥作用提供必要的支持而非完全控制。

铁路工程领域由于其具有投资规模大、建设周期长、施工技术复杂等特点，导致私人投资成本太大而不愿投资，加上基础设施作为社会公共物品，体现出社会公益性，往往更多地是追求社会效益而非经济效益，这就决定了基础设施投资的过程具有投资主体的政府主导性。当铁路工程领域企业定位为完全公益性的企业时，其法律形式可以采用国有独资公司的形式，但如果仅凭政府出资建设庞大的基础设施系统，长久看来会导致严重的财政赤字，不是长久之计，所以需要增强铁路工程领域部分竞争环节的资本吸引力，引进民间资本，降低准入门槛，增强企业融资能力。

十八届三中全会提出要积极发展混合所有制经济，推动国有企业完善现代企业制度，支持非公有制经济健康发展，这被认为是新一轮国资国企改革的主要路径，与资本市场结合的股份制是混合所有制的主要实现形式，是解决公有制为主体的主要办法。因此，为了有利于企业的经营发展而减少不必要的政治干预，对铁路工程这一特殊领域国家可采用控股的方式进行控制。通过发展公私合营的混合所有制，实行政企职责分离和股权多元化，可以把国有企业的规模优势、人才优势与民营企业的体制优势、机制优势相结合，进而逐渐成为比较独立的市场竞争主体，更加有利于铁路工程企业的发展。

我国大型铁路基础设施企业都是采取的股份所有制形式，现在以中国铁建股份有限公司为例讨论企业形式的制定。2017年3月31日中国铁建股份有限公司的十大股东情况如表6-5所示。

表6-5　　　　中国铁建股份有限公司的十大股东

序号	股东名称	持股数（万股）	占总股本比例（%）	变动类型	变动数量（万股）
1	中国铁道建筑总公司	756739.55	55.73	不变	0.00
2	HKSCC NOMINEES LIMITED	206049.56	15.17	增持	45.95
3	中国证券金融股份有限公司	33501.91	2.47	减仓	-4362.23
4	安邦资管-招商银行-安邦资产-共赢3号集合资产管理产品	27525.33	2.03	不变	0.00
5	和谐健康保险股份有限公司-传统-普通保险产品	19142.86	1.41	减仓	-703.98
6	中央汇金资产管理有限责任公司	14151.91	1.04	不变	0.00
7	安邦资产-民生银行-安邦资产-盛世精选2号集合资产管理产品	8640.94	0.64	新增	8640.94

续表

序号	股东名称	持股数（万股）	占总股本比例（%）	变动类型	变动数量（万股）
8	安邦养老保险股份有限公司-团体万能产品	8594.82	0.63	不变	0.00
9	光大保德信-宁波银行-上海城投控股股份有限公司	6250.00	0.46	不变	0.00
10	香港中央结算有限公司	6076.61	0.45	增持	1048.67

注：本表数据截至2017年3月31日。

由表6-5可知，中国铁道建筑总公司持有超过一半的股份，而其是中国铁建的母公司，是国务院国有资产监督管理委员会管理的特大型建筑企业，由此看出国家持股占主体地位，民间资本占次要地位，投资结构多元化。

6.4　铁路工程领域的企业治理结构

2017年5月3日国务院办公厅印发《关于进一步完善国有企业法人治理结构的指导意见》中指出，到2020年，国有控股企业实行外部董事派出制度，完成外派监事会改革，充分发挥公司章程和企业家在企业治理中的作用。我国铁路工程企业构建股东大会、董事会及各专门委员会、监事会、总裁及其他高级管理人员，形成权责明确、独立运作，以公司章程为核心和基础的公司治理制度，是符合股份制和上市公司要求的现代公司治理组织架构，同时也符合我国市场经济规律和国情。

下面以我国铁路工程领域代表企业中国铁建为例说明企业治理的具体结构，企业治理结构如图6-1所示。

目前，中国铁建股份有限公司董事长、总经理和监事会主席为三人分设，形成了良好的权力制衡及监督机制。其中董事会成员有7名，执行董事两人，非执行董事1人，独立非执行董事4人，独立董事的存在对管理层形成

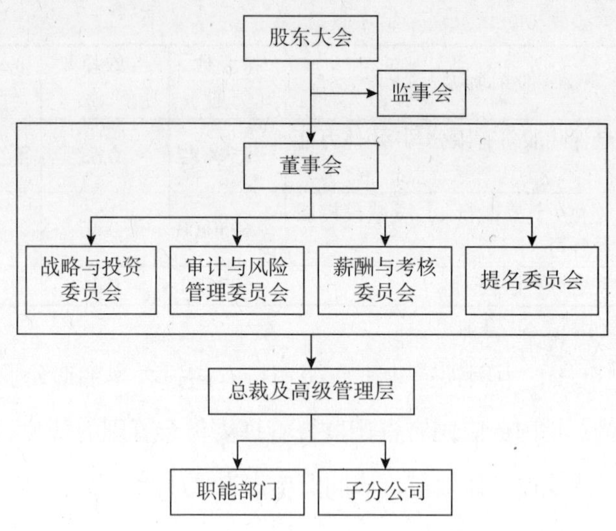

图6-1 中国铁建企业治理结构

了一种监督、制约机制。中国铁建通过制定《中国铁建公司章程》来明确界定公司股东大会、董事会、监事会、总裁的职责、义务、权限和议事程序等，从而使公司的运作结构既协调、高效，又相互制衡。中国铁建陆续成立了战略与投资委员会、审计与风险管理委员会、薪酬与考核委员会、提名委员会，同时还制定了各专门委员会的工作细则，明确规定了委员会的职责、议事程序和会议制度等。这些专门委员会主要由独立董事担任委员，确保了董事会科学而高效地运作。

6.4.1 股东大会

股东大会是公司的权力机构，依法行使职权。股东大会行使下列职权：

决定公司的经营方针和投资计划；选举和更换非由职工代表担任的董事、监事，决定有关董事、监事的报酬事项；审议批准董事会报告；审议批准监事会报告；审议批准公司的年度财务预算方案和决算方案；审议批准公司的利润分配方案和弥补亏损方案；对公司增加或者减少注册资本作出决议；对发行公司债券作出决议；对公司合并、分立、解散、清算或者变更公司形式作出决议；制定和修改本章程，并批准本章程附件《股东大会议事规则》《董事会议事规则》和《监事会议事规则》；对公司聘用、解聘或者不再续聘会计师事务所作出决议；审议单独或者合计持有公司百分之三以上有表决权股份的股东提出的议案；审议批准公司在一年内购买、出售重大资产超过公司最近一期经审计总资产百分之三十的事项；审议批准变更募集资金用途事项；审议批准股权激励计划；审议批准本章程规定的对外担保事项；审议法律和公司股票上市地的证券监督规则规定的应当由股东大会审议批准的关联交易；审议法律、公司股票上市地的证券监督管理机构的相关规定及本章程规定应当由股东大会决定的其他事项。

6.4.2 董事会

董事会作为公司经营决策的常设机构，对股东大会负责，行使下列职权：

召集股东大会，并向股东大会报告工作；执行股东大会的决议；决定公司的经营计划和投资方案；制订公司的年度财务预算方案、决算方案；制订公司的利润分配方案和弥补亏损方案；制订公司增加或者减少注册资本、发行债券的方案；制定公司发行其他证券及上市方案；拟订公司合并、分立、解散的方案；拟订变更公司形式的方案；拟订公司重大收购、回购本公司股票的方案；在股东大会授权范围内，决定公司对外投资、收购出售资产、资产抵押、对外担保事项、委托理财、关联交易等事项；制订本章程的修改方案；聘任或者解聘公司总裁、董事会秘书；根据总裁的提名，聘任或者解聘公司副总裁、总会计师、总工程师和总经济师等高级管理人员，并决定其报酬事项和奖惩事项；决定公司内部管理机构的设置；制订公司的基本管理制度；管理公司信息披露事项；向股东大会提请聘请或更换为公司审计的会计师事务所；听取公司总裁的工作汇报并检查总裁的工作；法律、公司股票上市地交易所上市规则和本章程规定以及股东大会授予的其他职权。

①战略与投资委员会的主要职责为：确立公司战略制定程序的基本框

架；适时评估公司长期发展战略，组织拟订公司发展战略和中长期发展规划；审核公司年度经营计划；对须经董事会批准的重大投资、融资和担保方案进行研究并提出建议；对须经董事会批准的重大资本运作、资产经营项目进行研究并提出建议；研究制订公司重组及转让公司所持股权、改制、并购、组织结构调整的方案；监督、指导公司的安全风险管理工作；对其他影响公司发展的重大事项进行研究并提出建议；对以上事项的实施进行评估检查；董事会授予的其他职权。

②薪酬与考核委员会的主要职责为：就董事及高级管理人员的薪酬政策及架构以及建立正规且有透明度的薪酬政策向董事会提出建议，包括但不限于绩效评价标准、程序及主要评价体系、奖励和惩罚的主要方案和制度等；负责拟定公司董事、监事会主席及高级管理人员的薪酬管理办法与薪酬待遇方案并就其特定薪酬待遇向董事会提出建议，此薪酬待遇包括非金钱利益、退休金权利及赔偿金额（包括丧失获终止职务或委任的赔偿）；负责拟定公司高级管理人员绩效考核管理办法，制定考核方案，确定考核目标；按照董事会通过的公司方针、目标和年度绩效考核情况，拟定高级管理人员的薪酬方案；审查及批准向执行董事及高级管理人员就其丧失或终止职务或委任而须支付的赔偿，以确保该等赔偿与相关合约条款一致：若未能与相关合约条款一致，赔偿亦须公平合理，不致过多；审查及批准因董事行为不当而解雇或罢免有关董事所涉及的赔偿安排，以确保该等安排与相关合约条款一致：若未能与相关合约条款一致，有关赔偿亦须合理适当；确保任何董事或其任何联系人不得自行确定薪酬；审查有关董事及高级管理人员履行职责的情况并对其进行年度绩效进行考评；负责监督公司薪酬制度的有效实施；对公司的股权激励方案进行研究并提出建议；向董事会汇报其决定或建议，但受法律或监管限制所限而不能作此汇报的除外；董事会授权的其他事宜；公司股票上市地上市规则不时修订的对委员会职责权限的其他相关要求。

③提名委员会的主要职责为：每年至少一次检讨董事会的架构、人数及组成（包括技能、知识及经验方面），并就任何为公司策略而拟对董事会

做出的变动提出建议；研究董事、总裁和其他高级管理人员的选择标准和程序，并向董事会提出建议；广泛搜寻具备合适资格可担任董事、总裁和其他高级管理人员的人选；对董事候选人、总裁候选人和其他高级管理人员人选进行审查并提出建议；评核独立非执行董事的独立性；就董事、总裁和其他高级管理人员的委任或重新委任以及董事、总裁和其他高级管理人员（尤其是董事长及总裁）继任计划的有关事宜向董事会提出建议；向董事会汇报其决定或建议，但受到法律或监管限制所限而不能作此汇报的除外；董事会授权的其他事宜；公司股票上市地上市规则不时修订的对提名委员会职责权限的其他相关要求。

6.4.3　监事委员会

监事会向股东大会负责，并依法行使下列职权：

对董事会编制的公司定期报告进行审核并提出书面审核意见；检查公司财务，必要时可以公司名义另行委托会计师事务所独立审查公司财务；对董事、总裁及其他高级管理人员执行公司职务的行为进行监督，对违反法律、本章程或者股东大会决议的董事、高级管理人员提出罢免的建议；当董事、总裁及高级管理人员的行为损害公司的利益时，要求董事、总裁及高级管理人员予以纠正；提议召开临时股东大会，在董事会不履行法律规定的召集和主持股东大会职责时依法召集和主持股东大会；向股东大会提出提案；依照相关法律规定，对董事、高级管理人员提起诉讼；发现公司经营情况异常，可以进行调查；必要时，可以聘请会计师事务所、律师事务所等专业机构协助其工作。

6.4.4　总裁及其他高级管理人员

公司设总裁一名，副总裁若干名，并设总会计师、总工程师和总经济师各一名，均由董事会聘任或解聘；总裁、副总裁每届任期三年，连聘可以连任；董事可兼任总裁和副总裁。在公司控股股东、实际控制人单位担任除董事以外其他职务的人员，不得担任公司的高级管理人员。总裁对董事会负责，行使下列职权：

主持公司的生产经营管理工作，组织实施董事会决议，并向董事会报告工作；组织实施公司年度经营计划和投资方案；拟订公司内部管理机构设置方案；拟定公司的基本管理制度；制定公司的基本规章；提请董事会聘任或者解聘公司副总裁、总会计师、总工程师、总经济师；聘任或者解聘除应由董事会决定聘任或者解聘以外的管理人员；提议召开董事会临时会议；公司章程或董事会授予的其他职权。

总裁拟定有关职工工资、福利、安全生产以及劳动保护、社会保险、解聘（或开除）公司职工等涉及职工切身利益的问题时，应当事先听取工会和职工代表大会的意见；总裁应当按照董事会和监事会的要求，及时报告公司重大合同的签订、执行情况、资金运用情况和盈亏情况等，并保证报告的真实性、客观性和完整性；总裁列席董事会会议；非董事总裁在董事会会议上没有表决权；总裁应制订《总裁工作细则》，报董事会批准后实施。

《总裁工作细则》应包括下列内容：①总裁会议召开的条件、程序和参加的人员；②总裁、副总裁及其他高级管理人员各自具体的职责及其分工；③公司资金、资产运用，签订重大合同的权限，以及向董事会、监事会的报告制度；④董事会认为必要的其他事项。

总裁可以在任期届满以前提出辞职，有关总裁辞职的具体程序和办法由总裁与公司之间的聘任合同规定；总裁在行使职权时，应当根据法律和本章程的规定，履行忠实和勤勉义务；总裁执行公司职务时违反法律或本章程的规定，给公司造成损失的，应当承担赔偿责任。

公司建立健全以总法律顾问制度为核心的法律风险防范机制，依法经营、依法决策，合规管理。

6.5 本章小结

本章主要讨论了我国铁路工程领域的国家所有权具体政策，主要包括铁路工程领域的功能定位和企业形式等内容。进而对铁路工程领域企业出资人制度、企业法律形式和企业治理结构的改革方向进行了探讨。

我们认为，铁路工程领域属于特殊产业领域，是国家高铁“走出去”战略的重要支撑，在积极参与国际竞争的过程中需要得到国家的支持。其建设又具有投资规模大、建设周期长、施工技术复杂等特点，导致私人投资成本太大而不愿投资，这就决定了基础设施投资的过程具有投资主体的政府主导性。但如果仅凭政府出资建设庞大的基础设施系统，长久看来会导致严重的财政赤字，不是长久之计，应积极引进社会资本。

我们建议：①在铁路工程领域投资中国家必须占有主导地位，企业采用国家相对控股的形式；②国有资本投资运营公司替代国资委行使对铁路工程企业的出资人职责；③对于铁路工程企业采用国家控股方式建立股份有限公司并形成有效的现代企业治理结构。

第 7 章
铁路装备领域的国家所有权政策

本章讲述铁路装备领域的国家所有权具体政策，装备领域虽然具有竞争性，但由于要体现高端装备走出去等战略任务，政府应仍保持较高的股权，以体现国家意志。笔者从国家对铁路装备的功能定位与布局以及国家发展战略来确定国家股权控制政策，并给出企业法律形式、出资人制度和企业治理结构的改革方向。

7.1 铁路装备领域的功能定位

7.1.1 重要地位

毫无疑问，铁路行业作为一个重要的交通行业部门，占据的关键性地位是毋庸置疑的，它给人们的出行生活带来了很大的便利条件。要让铁路行业得到更快的发展就要大力发展铁路装备制造业的技术水平，而我国铁路装备制造业已经取得了很好的成效，促进了铁路建设的进步。创新技术的成功也带动了我国铁路车辆设备产量的提升，特别是铁路机车和客车（包括动车组）。金融危机爆发后，国家出台了《装备制造业调整和振兴规划》，并提出“要使我国轨道交通装备制造业在较短时间内达到世界先进水平”的目标。

几年来国家一直大力发展工业铁路装备制造业，使其规模变得越来越大，工业转型升级也得到很好的实现，给铁路建设打下了坚实的基础。只有铁路装备制造业的发展水平提高到新层次，才能够给铁路行业的基础设施建设创造有利条件，从而使铁路服务更加优质化，让旅客们的需求能够得到最好的满足。如果铁路装备制造业的水平是比较差的，那它们给铁路行业提供的设施装备质量就没有保障，会大大降低铁路建设的水平，从而不利于铁路行业的快速发展，也使旅客们的出行生活得不到最安全的保障。可见大力发展铁路装备制造业是相当重要的，也是非常有意义的，值得人们广泛关注。

然而我国铁路装备制造业的技术还没有达到最高水平，由于制造企业的产业集群发展意识不强，在运营模式方面又比较封闭，使得铁路装备制造业集群发展受到了限制。可见铁路装备制造业还有一定的改进空间，需要继续努力进行大力改进和调整，这样才能够让铁路行业进入到又好又快的发展当中。因此，骨干制造企业之间需要进行合作创新，从而激发出产业的发展活力，让铁路装备制造业集群发展能够得到最大程度上的提升，使铁路行业的硬件设施设备质量保障更具优质化。

7.1.2 布局结构

国有企业的布局结构，指国有企业及其资产的行业分布，反映国家以企业形态投资的领域、方向和重点，部分反映了中国国有企业在国民经济中的功能作用。改革以来国有经济布局和地位变化，与国家发展战略、体制改革引起的制度改革变化及产业技术经济情况（包括进入门槛）及产业的国有企业基础，是影响国有经济布局及地位变化的主要因素。

1949年以来中国经济发展战略的情况及其演变，对中国国有企业的布局有重大影响。第一，虽然中国已实行市场经济体制，但国有企业数量之多和比重之高，仍与一般市场经济国家不可比，这与长期的以国有企业为主的发展经济战略和基础有关。第二，中国现在较有实力的大型国有企业多是1978年前国家投资建立的。第三，1992年以后中国开始推进大型国有企业产权制度改革，但对重要行业领域的大型国有企业，一般仍重视保持国家控股。

对于重要领域的大型国有骨干企业，在推进改革时仍重视保持国有股权控制和给予重点支持，因此主要分布在能源、原材料、重要装备产业的国有企业尽管在20世纪90年代曾经很困难，但许多企业一直得到政策支持，有较好的成长，行业地位一直较高。在认为国家必须控制的领域、行业，比如金融、通信、铁路、航空、电力、基础设施等，我国仍以法规、审批等方式限制非国有企业进入。这些行业国有企业比重大，与这些制度性的法规因素有一定关系。限制进入，甚至包括限制国有企业的进入，有利于已有国有企业较高行业地位的保持。

根据我国特殊的市场失效和国有企业布局原则，现阶段我国国有企业将主要布局在长期特殊、一定时期特殊、公共产品（含准公共产品）和战略产业等四类领域。这四类领域属于功能性领域。铁路装备属于功能领域中的战略产业领域。

7.1.3 国家控制方式

铁路装备作为部分战略性高新技术产业和支柱产业的骨干企业，是功能性国企，其功能目标为支撑、引导和带动整个社会经济的发展，在实现国家宏观调控目标中发挥重要作用。中国铁路装备首先为我国铁路的运营提供重要设备设施，其次也是中国高铁“走出去”发展战略的重要支撑对象，除了具有公益性，还具有一定的商业竞争性。

由前面讲述的铁路装备国内发展趋势和铁路装备“走出去”等发展战略可知，我国铁路装备的发展目标不仅是占领国内市场，同时还要拓展海外市场，由此体现出铁路装备企业的商业性和竞争性，国家可放开一定的市场竞争。然而，目前装备领域国际市场竞争激烈，各国均想方设法留住自己的市场，客观上阻挡了中国装备进一步拓展的步伐（见专栏7–1和专栏7–2）。

专栏7-1　西门子阿尔斯通签署合并协议 中车入欧难度再加大

西门子和阿尔斯通3月23日正式签署企业合并协议，西门子董事会成员Roland Busch将被提名为合并后新公司“西门子阿尔斯通”董事长，董事会主席；阿尔斯通董事Yann Delabriere被提名为副主席，提名须经阿尔斯通股东批准，并在各主管部门批准后完成。阿尔斯通3月24日通过官网宣布了上述消息。

2017年9月26日，西门子和阿尔斯通签署谅解备忘录，西门子轨道交通业务与阿尔斯通对等合并，西门子与阿尔斯通各占合并后的公司50%股份。合并后的新公司总部位于法国巴黎，新公司将在法国上市。新公司交通解决方案业务部门总部设在德国柏林。合并后的新公司在60多个国家拥有62300名员工。

就西门子和阿尔斯通签署合并协议，中国中车股份有限公司人士对《中国经营报》记者表示，合并将影响中车国际化经营环境，在一定程度上抑制中国中车国际化步伐，进一步提高中国中车进入欧洲市场门槛。

Joe Kaeser在2017年9月26日西门子和阿尔斯通谅解备忘录签署时曾表示，西门子和阿尔斯通将在铁路行业创造新的历史，将为客户提供更具竞争力的投资组合。他说，“全球铁路市场在过去几年发生了翻天覆地的变化。亚洲出现了一个占主导性的企业，这改变了全球市场格局。数字化也正在改变着运输行业的未来。”显然，Joe Kaeser所称的“亚洲主导性企业”是指中国中车。

西门子阿尔斯通还在上述谅解备忘录签署时表示，合并后的公司将进一步拓展中东、非洲、印度以及中南美市场，同时覆盖中国、美国和俄罗斯市场。

资料来源：中国经营网，http：//www.cb.com.cn/zjkx/2018_0324/1229512.html。

专栏7-2　德法高铁装备巨头合并取得重大进展

“西门子和阿尔斯通希望超越中国”，德新社在2018年5月16日以此为题报道称，德国西门子公司和法国阿尔斯通公司就“新铁路业务联营体”——未来“西门子阿尔斯通”公司的董事会构成达成一致。曾推动立法限制中国企业投资欧洲的德国前经济部长加布里尔被列入董事会名单。

为应对来自中国中车的竞争，西门子和阿尔斯通在2017年9月签署协议，合并铁路业务，成立“西门子阿尔斯通”公司，主要业务是德法高铁及城轨装备。两家公司在2018年5月15日晚联合发表声明，公布新公司董事会的成员构成。其中最引人注目的是，德国前副总理兼经济部长，不久前卸任外长的加布里尔作为独立成员加入董事会。

德国《每日镜报》说，在担任德国经济部长期间，加布里尔曾推动修改德国《外贸法》，以限制中国企业收购德国高技术企业。作为德国外长，他又于2017年8月访问法国时提出，应该要求中国“坚持一个欧盟的原则”，不要“分裂欧洲”。

除加布里尔外，西门子推荐的董事会成员还包括西门子首席技术官博乐仁、欧亚咨询公司伙伴人斯泰肯等5人。阿尔斯通推荐的董事会成员则包括阿尔斯通现任老板拉法基、雷诺首席财务官德尔博斯、空客经理芭布瑞等5人。

“他们的首要任务是对抗来自中国的新竞争。”德新社称，近年来，中国的新火车巨头一直积极参与世界范围内的列车订单竞赛。现在，德法精英将担负起捍卫欧洲铁路业务荣誉的重任。

资料来源：铁道网，http：//www.railcn.net/hyzx/635.jhtml。

可见，我国铁路装备领域面临激烈的国际竞争，需要由国家提供一定的支持。因此，铁路装备领域虽然具有竞争性，但由于要体现铁路高端装备走出去等战略任务，为了便于走出去，政府应仍保持较高的股权，以体现国家意志。笔者建议现阶段铁路装备领域采用国家绝对控股的形式，在铁路装备企业发展成熟、竞争力足够强大后可放松至相对控股形式。

7.2　铁路装备领域的出资人制度

7.2.1　现状

国有资产出资人制度是实现政企职责分开和企业中国有资产保值增值的重要制度基础。企业中的国有资产，其出资者为代表全体人民的国家，国有资产出资人以其向企业的全部投资额享有所有者的权益，包括资产收益权、重大决策权、经营管理者选择权。除此之外，国有资产出资人不能干预企业经常性的生产经营活动，确保企业的经营自主权。同时，国有资产出资者只以其向企业的全部投资承担企业的各种债务和损失。政府主管部门与企业之间，由过去的行政管理关系转变为出资人与投资企业之间的关系。

国家作为出资者，对企业中国有资产进行管理和监督，国有资产管理机构依法行使出资者权利，实施国有资产的产权管理、对国有资产保值增值和国有出资人的权益，防止国有资产流失。相应地加强国有资产管理监督的立法和执法体系建设，发挥国有资产管理部门的职能作用。

目前，铁路装备领域是由国资委代表国家履行出资人职责。国资委为国务院直属正部级特设机构，代表国家履行出资人职责。根据国务院授权，依照《中华人民共和国公司法》等法律和行政法规履行出资人职责，指导推进国有企业改革和重组；对所监管企业国有资产的保值增值进行监督，加强国有资产的管理工作；推进国有企业的现代企业制度建设，完善企业治理结构；推动国有经济结构和布局的战略性调整。

7.2.2　存在问题

党的十八大以来，国务院国资委认真贯彻落实党中央、国务院关于深化国有企业改革的决策部署，准确把握国有资产监管机构的出资人代表职责定位，坚定不移深化国有企业改革，探索完善国有资产监管体制机制，积极推进国有企业结构调整、创新发展，为实现国有资产保值增值、防止国有资产流失、发展壮大国有经济作出了积极贡献。

但与此同时，国有资产监督机制尚不健全，企业活力得不到释放，国有资产监管中越位、缺位、错位问题依然存在，亟需加快调整优化监管职能和方式，推进国有资产监管机构职能转变，进一步提高国有资本运营和配置效率。

国务院办公厅发布的《国务院国资委以管资本为主推进职能转变方案》提出，要按照深化简政放权、放管结合、优化服务改革的要求，依法履行职责，以管资本为主加强国有资产监管，以提高国有资本效率、增强国有企业活力为中心，明确监管重点，精简监管事项，优化部门职能，改进监管方式，全面加强党的建设，加快实现以管企业为主向以管资本为主的转变。推进职能转变要坚持准确定位、坚持依法监管、坚持搞活企业、坚持提高效能和坚持党的领导。

国资委牵头改组组建国有资本投资、运营公司，采取市场化方式推动设立国有企业结构调整基金、国有资本风险投资基金、中央企业创新发展投资引导基金等相关投资基金，实施资本运作。从定位上看，国有资本运营公司将成为政府和市场之间的隔离带，成为国有资本市场化运作、优化布局结构、提高配置效率的专业平台，成为推进经营性国有资产集中统一监管、帮扶困难企业、处置不良和低效无效资产、解决历史遗留问题等的操作平台。

7.2.3 新形势下铁路装备领域企业出资人制度建议

国有资本投资运营公司是国家授权经营国有资本的公司制企业。公司的经营模式是以投资融资和项目建设为主，通过投资实业拥有股权，通过资产经营和管理实现国有资本保值增值，履行出资人职责。党的十八届三中全会提出，以管资本为主，加强国有资产监管，完善国有资产管理体制。

作为国资委改革重头戏之一，国资运营公司的筹建工作正趋向明朗。未来铁路装备建议由中国铁路国有资本投资运营公司履行出资人职责。

组建或者改组国有资本投资运营公司是以产业资本投资为主，着力培育产业竞争力，其中国有资本投资公司主要开展股权投资，改善国有资本的分布结构和质量效益，实现国有资本的保值增值。国有资本投资公司与所出资企业更加强调以资本为纽带的投资与被投资的关系，更加突出市场化的改革措施和管理手段。在投资管理、公司治理、职业经理人管理、管控模式、考核分配等方面，都会将更加市场化，更加充分体现国有经济的活力、控制力和影响力。

未来，铁路装备企业由中国铁路国有资本投资运营公司投资，中国铁路国有资本投资运营公司通过出资拥有股权，有效实现政企职责分开和企业中国有资产保值增值，确保企业的自主经营。另外，由以产业资本投资为主的中国铁路国有资本投资运营公司作为出资人，可以有效提高铁路装备企业竞争力。同时，这种出资人与投资企业的关系使企业管理更加市场化，为铁路装备企业增添了国有经济的活力和控制力。

铁路装备属于功能领域中的战略产业领域，现阶段建议采用国家相对控股，持续推进铁路装备产业的技术发展，当铁路装备技术达到一定的成熟度以后，可以逐步减少国家股权控制，改为国家参股形式，让更多社会资本进入，由市场配置资源。此时，中国铁路国有资本投资运营公司可以将投资重心转移到铁路路网运营等领域，之后同理视情况进行各领域出资分配，充分发挥铁路国有资本运用的灵活性，促进整个铁路产业的融合发展。

7.3 铁路装备领域的企业法律形式

7.3.1 现状

国有企业是指资本全部或主要由国家投入并为国有企业所有，依法设立从事生产经营活动的组织。广义的国有企业主要包括：全民所有制企业，国有独资企业，国有股份制企业。

国有独资企业是指企业全部资产归国家所有，国家依照所有权和经营权分离的原则授予企业经营管理，国有独资企业依法取得法人资格，实行自主经营、自负盈亏、独立核算，以国家授予其经营管理的财产承担民事责任。

国有股份制企业是通过发行股票合资经营或通过集资入股而联合经营的企业，是现代企业的一种组织形式，不具有独立的所有制性质。根据国家政府参与的份额大小，包括国有控股企业和国有参股企业，只有国家控股的国有股份制企业才属于国有企业。

国有独资企业的资本全部为国家投入，而国有控股企业的资本则是部分国家投入，股并不是指拥有的股权在50%以上，而是在所有参股投资商中所占股份最高。

铁路装备行业属于功能领域中的战略产业领域，是部分战略性高新技术产业和支柱产业，这个领域的企业一般是大型国有骨干企业。根据我国大型国有企业产权制度，对于重要行业领域的大型国有企业，一般重视保持国家控股。铁路装备领域依附国家战略，走出国门进入海外市场，为了体现国家意志，政府应保持一定的控制力。在保持国家控股的前提下，采用股份有限公司的形式更有利于激发铁路装备企业发展活力，更好地参与国际竞争。

目前铁路装备领域企业大多是股份有限公司的形式，部分企业为全民所有制形式，而全民所有制企业并不利于建立现代企业制度。

7.3.2 存在问题

目前中央企业集团和各级子企业层面仍存在部分全民所有制企业，这些全民所有制企业在法律形式、履行责任、规范行为等方面还不完全适应社会主义市场经济和建立现代企业制度的要求，不利于建立有效制衡的法人治理结构。

从全民所有制改为公司制，不仅仅是一个牌子的变化，更应该是深层次机制的改变，根本目的在于激发企业发展的活力。“经过多年的改革，一大批国有企业建立了市场化的经营机制，但一些国有企业的市场主体地位尚未真正确立，改革还不到位，企业内部存在不同程度的人浮于事、大锅饭现象。”国资委有关负责人说，公司制是建立中国特色现代国有企业制度的必要条件，是深化国有企业改革的迫切需要。

专栏7-3 中国中车股份有限公司的十大股东

2017年3月31日中国中车股份有限公司的十大股东情况如表7-1所示。

表7-1 中国中车股份有限公司十大股东

十大股东（2017-03-31）	持股数（万股）	占总股本（%）	性质	增减情况（万股）
中国中车集团公司	1549137.59	53.98	流通A股/受限股份	未变
HKSCC NOMINEES LIMITED	436040.74	15.19	流通H股	9.04
中国证券金融股份有限公司	80858.14	2.82	流通A股	-12298.6
中车金证投资有限公司	38017.2	1.32	流通A股	未变
中央汇金资产管理有限责任公司	30450.21	1.06	流通A股	未变
上海兴瀚资产-兴业银行-兴业国际信托有限公司	23501.76	0.82	受限股份	新进
国开金融有限责任公司	17626.32	0.61	受限股份	未变
易方达基金-农业银行-易方达中证金融资产管理计划	12536.6	0.44	流通A股	未变

续表

十大股东（2017-03-31）	持股数（万股）	占总股本（%）	性质	增减情况（万股）
博时基金-农业银行-博时中证金融资产管理计划	12536.6	0.44	流通A股	未变
大成基金-农业银行-大成中证金融资产管理计划	12536.6	0.44	流通A股	未变
嘉实基金-农业银行-嘉实中证金融资产管理计划	12536.6	0.44	流通A股	未变
广发基金-农业银行-广发中证金融资产管理计划	12536.6	0.44	流通A股	未变
中欧基金-农业银行-中欧中证金融资产管理计划	12536.6	0.44	流通A股	未变
华夏基金-农业银行-华夏中证金融资产管理计划	12536.6	0.44	流通A股	未变
银华基金-农业银行-银华中证金融资产管理计划	12536.6	0.44	流通A股	未变
工银瑞信基金-农业银行-工银瑞信中证金融资产管理计划	12536.6	0.44	流通A股	未变
南方基金-农业银行-南方中证金融资产管理计划	12536.6	0.44	流通A股	未变
合计	2300997.96	80.2		

变动原因：季度报告

资料来源：证券之星，http：//stock.quote.stockstar.com/share/holdertop10_601766.shtml。

由专栏7-1可知，中国中车集团公司持有中国中车股份有限公司的股份约53.98%，超过了该公司股权的一半，而中国中车集团是全民所有制企业，这种企业形式与未来国企发展方向并不相符，而这种情况在铁路装备领域十分普遍，不利于完善企业制度的现代化建设。

7.3.3 新形势下铁路装备领域企业法律形式建议

公司制是现代企业制度的有效组织形式，是建立中国特色现代国有企业制度的必要条件。经过多年改革，全国国有企业公司制改制面已达到90%以上，有力地推动了国有企业政企分开，公司法人治理结构日趋完善，企业经营管理水平逐渐提高。但仍有部分国有企业特别是部分中央企业集团层面尚未完成公司制改制，因此铁路装备领域的非公司制企业应当向股份有限公司形式改革，加快形成有效制衡的公司法人治理结构和灵活高效的市场化经营机制。

国务院办公厅印发《中央企业公司制改制工作实施方案》明确2017年年底前，国务院国资委监管的中央企业要全部完成公司制改制，这意味着央企将全面步入公司制时代。

未来铁路装备领域企业应改革为股份有限公司的形式，以推进现代国有企业制度改革。从企业制到公司制，其中最大的改变体现为公司化治理与市场化经营，目的是让社会主义市场经济体制真正确立起来，以激发企业发展活力。这并不是翻一下牌子就可以解决的问题，还有很多变化蕴含其中。首先，承担的责任变了。企业制下的国有企业，国有资本承担无限责任；公司制下的国有企业，国有资本按照所占股权比例承担有限责任。其次，经营主体变了。在企业制下，国有企业是不完全的市场主体；在公司制下，企业是完整的市场主体，有完善的法人治理结构，这也是最大的变化所在。

对于下一步深化国企改革、深入推进混合所有制改革、实现股权多元化来说，上述改变可谓铺平了道路。总之，中央企业中的国有独资企业公司制改革既是大势所趋，也是参与国际竞争的必要手段。

7.4　铁路装备领域的企业治理结构

7.4.1　现状

企业治理结构主要由股东大会、董事会、监事会和经营管理层组成。公司通过切实履行股东大会、董事会、监事会和经理层的职权、职责，形成各司其职、协调运转和有效制衡的公司法人治理结构；通过建立、完善公司制度，约束和规范员工的行为。

铁路装备领域代表企业中国中车的治理结构为两级治理结构，包括中国中车集团治理结构和中国中车股份有限企业治理结构。

专栏7-4　中国中车治理结构

1. 中国中车集团企业治理结构

截至2015年9月30日，依据《中华人民共和国企业国有资产法》《企业国有资产监督管理暂行条例》，参照《中华人民共和国公司法》等国家有关法律、行政法规，根据《公司章程》的规定，公司设立了董事会和经理层。具体情况如下：

（一）董事会

公司设董事会，对国资委负责。董事会由3～11名董事组成，除职工董事外的董事由国资委委派或更换，职工董事由集团公司职工代表大会或其他形式民主选举产生。董事会设董事长1名，可以设副董事长1至2名。

董事长是集团公司的法定代表人，行使集团公司法定代表人职权，对外代表集团公司，签署集团公司文件。

（二）经理层

集团公司设经理层，在董事会的领导下，执行董事会决议并负责集团公司的日常经营管理。

（三）监事会

公司监事会由国资委代表国务院向公司派出。监事会依照《企业国有资产法》《国有企业监事会暂行条例》《关于建设规范董事会的中央企业董事会和监事会工作关系的意见》（国资发监督2010J82号）等法律、行政法规、规范性文件的有关规定，履行职责。

2. 中国中车股份有限企业治理结构

截至2016年8月23日，公司严格按照《中华人民共和国公司法》《中华人民共和国证券法》《上市公司治理准则》等法律法规，以及上交所、联交所的有关规定开展公司治理工作，构建了以“三会一层”为代表的现代公司治理架构，建立有效公司治理机制。不断提高企业管治和运营管理水平，公司治理更趋于完善。

股东大会包括中国中车集团公司、中车金证投资有限公司、中国南车集团投资管理公司、A股公共股股东和H股公共股股东。

监事会包括监事会主席、监事和职工监事。

董事会包括董事长、执行董事、非执行董事和独立非执行董事。董事会下设专门委员会，如图7-1所示。

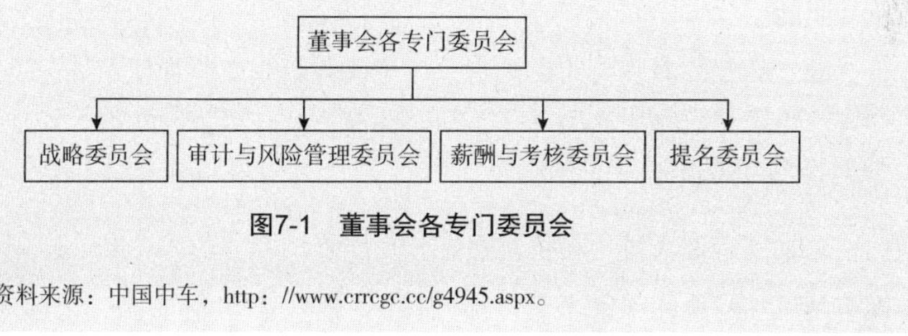

图7-1　董事会各专门委员会

资料来源：中国中车，http：//www.crrcgc.cc/g4945.aspx。

这种两级治理结构存在如管理者集权过多、制度的平衡性不足等问题，两级管理可能流于形式，组织权责边界混淆。可以看出这种治理结构存在一定的弊端，目前国内正在改革。

7.4.2　存在问题

铁路装备领域各企业在公司化改制进程中，由于股东的特殊性，使公司制发生了异化，并未取得预期效果，其存在的问题主要有以下几点。

①企业内部缺乏多元利益主体的制衡。铁路装备企业的公司制改建是在计划经济基础上进行的，多数企业没有吸收路内外更多的投资者参与。企业产权制度改革难以真正到位，企业内部缺乏多元利益主体的制衡，由此建立

的法人治理结构自然难以规范。

②权力制衡机制难以充分发挥作用。一是董事会决策职能受到影响。部分铁路企业的控股股东将企业看作下属的未改制企业，使用计划经济管理模式管理企业，在讨论企业重大问题时与上级股东保持一致，股东会变成了大股东会。行政级别的差异导致董事会集体决策功能严重变形，使法人治理的权力制衡难以形成。如有些企业在现任董事离职后，不召集临时股东会议，由控股股东直接提名，直接选举新的董事，导致股东大会权力的弱化。二是监事会监督职能被弱化。监事会成员多为董事长或总经理的下属，不仅不能有效发挥监督功能，而且为董事会和经理层所控制和制约，难以高质量地行使监督职能。

③缺乏高效的激励与约束机制。一是铁路企业高层管理人员选拔机制缺失，多采用行政任命的形式。二是高层管理人员激励机制缺失，高管人员的获得收益与付出劳动、承担风险等挂钩较少，人力资源价值未能得到正确体现。三是高层管理人员约束机制缺失，高层管理者在收入分配、运用权力等方面有越位和越轨的现象。

7.4.3 新形势下铁路装备领域企业治理结构建议

为了建立有效制衡的现代企业法人治理结构，对铁路装备领域企业提出几点建议。

①优化股权结构，实现投资主体多元化。股权结构是法人治理结构的基础，优化股权结构是实现企业法人治理结构有效运作的源头。由于铁路企业的特殊性质，实现铁路企业产权结构关系的全面突破和深层次改革仍有很大的难度，但仍可以探索铁路企业产权制度改革实现局部突破。如在铁路装备国有资产分级监督和管理的前提下，充分吸收路外、局外的国有或非国有企业、自然人投资入股；与建立高层管理者的激励约束机制相结合，实行高管持股；在设计改制方案时应避免股权过度集中，明确要求最大股东所持股份

不超过50%，这种股权结构有利于建立权力制衡机制。

②强化股东会功能，维护铁路资产权益。在公司章程中严格界定股东会和董事会权责，按照公司法规定进行运作。股东会明确议事规则，设立常设机构，保证股东会正常运作和行使权利，董事会不能越俎代庖，代替股东会行使权利。国有法人股东应有强烈的维权意识，认真行使重大决策、资产受益、选择高管人员的权利，切实维护国有资产的权益。

③完善铁路集团公司多层治理结构。一是明确铁路企业集团公司和子公司平等的主体地位，合法界定集团公司与子公司的管理权限。二是采取“双向进入”原则，构建铁路集团公司的全资子公司和控股子公司党委会、董事会、监事会，妥善处理党委会与法人治理结构的关系。三是依法界定股东会、董事会、监事会、经理层各方职责，建立各负其责、有效制衡的机制，尝试建立规范的独立董事制度。四是认真履行国有资产所有者代表的职责，向子公司派出的董事和监事，要合法行使职权，规范对子公司的管理。

铁路装备领域的代表公司中国中车股份有限公司属于两层治理结构，中国中车集团公司为母公司，中国中车股份有限公司为子公司，这种结构存在一定的弊端。一是中国中车集团公司控制权过多，中国中车股份有限公司各项自主管理权不足。两级管理流于形式，权责边界混淆，造成有权不放权的现象。在两级管理中，企业暴露出管理重心过高，权力仍集中于上级决策层和职能部门的弊端。下级主体性地位被弱化，两级之间在管理上不能顺利对接，造成管理效率降低。二是管理者集权过多，制度的平衡性不足。在两级管理体制中中国中车股份有限公司受中国中车集团公司管制和约束，自身机制不够健全，有些作用难以发挥。

多层治理结构是目前改革的一个重点，该结构逐级建立了出资人和经营者之间的治理关系，出资人既对经营者给予充分信任和适当授权，同时又对经营者保持有效的控制。有利于坚持效益最大化原则，注重调动各方面的积极性，不断集聚协同效应、创造整合效益；践行共同治理理论，达到“协调平衡股东和利益相关者的利益关系，让各方都享受到公平待遇、积极性得到保护和激发”的治理目标。

④建立健全有效机制，提高董事和监事素质。治理结构的设置直接影响治理效率，而董事、监事的素质又是影响治理效率的关键。从铁路企业的改制实践中看，一是要完善任用机制，让责任感强、熟悉公司运作的人成为委派的董事和监事。二是完善委派制度，严格按规范流程委派董事和监事。三是要完善培训机制，强化董事、监事责权意识，充分行使自己的职能。四是完善评估机制，健全董事、监事定期汇报制度，主管部门定期对其工作进行考核和奖惩。

⑤建立健全经营业绩真实性的制度。确保经营业绩的合法和真实性，是完善铁路企业法人治理的重中之重。铁路企业建立经营业绩考核制度，应强化利润目标，把盈亏真实性制度作为考核制度的基础。对铁路企业负责人的奖惩也要建立在企业盈亏的真实性上。一是突出工作重点，对领导班子年度经营业绩的真实性进行审核确认；二是严格被监督机制，把聘请独立审计人的权力交给监事会或董事会中的审计委员会。

7.5 本章小节

本章主要研究了我国铁路装备领域的国家所有权具体政策，从铁路装备的重要地位确定铁路装备领域的功能定位与布局方式，明确了国家投资铁路装备的投资政策以及相应的控制方式。进而对铁路装备领域企业出资人制度、企业法律形式和企业治理结构的改革方向进行探讨。

我们认为，我国铁路装备行业属于功能领域中的战略领域，是部分战略性高新技术产业和支柱产业的骨干企业，并具有一定的竞争性。由于要与铁路高端装备走出去等国家战略接驳，因此政府应对铁路装备企业保持较高的股权。

我们建议：①铁路装备领域企业采用国家相对控股或参股的形式，以保持国有资本的控制力。②在出资人制度方面，由原来的国资委出资改革为中国铁路国有资本投资运营公司出资，使企业管理手段更加市场化。③企业法律形式方面，将全民所有制企业全部改为股份有限公司形式。④企业治理结构方面，主要通过优化股权结构实现投资主体多元化、完善企业多层治理结构以及强化股东会功能来维护铁路资产权益。

第8章 铁路路网领域的国家所有权政策

由于铁路路网具有公益性，铁路运营具有竞争性，因此路网应继续作为整体保持垄断，而运营则应开放市场竞争。本章主要描述铁路路网领域的国家所有权具体政策，即明确路网领域国有企业的功能定位、企业职能、企业形式、国家出资人代表制度以及企业监管机制。简而言之，是从国家层面对路网领域的整体运行构架进行重新界定与规划，以此作为“统分结合的网运分离”模式改革的依据。

8.1 “统分结合的网运分离”改革现状分析

8.1.1 “统分结合的网运分离”必然性分析

1. 铁路深层次政企分离的需要

目前的中国铁路总公司虽然名义上是大型国有企业，但是仍然承担着相当多的政府职能，政企权责界限不清的问题还在一定程度上客观存在，不仅导致铁路社会效益和经济效益难以各得其所，而且使得铁路企业缺乏提升自身效益的积极性和主动性，难以适应不断变化的运输市场。

若实施“统分结合的网运分离”，则可进一步促进铁路领域的政企分离：①国家铁路局将做好整个行业规范管理，进一步加强行业内部监管、检查监督运输安全。②由中国铁路总公司剥离运营业务而形成的路网公司将在国家控股的前提下引入各类社会资本，其主要业务包括两部分：一是负责铁路基础设施的建设与维护；二是向各类运营公司出售列车运行线并实现其安全正点运行，以充分发挥铁路网络的自然垄断优势。③按照现代企业制度组建的各类客货运公司主要负责具体的客货运业务，按照市场经济的要求进行公平竞争，并且加强企业管理，努力提升服务，创新运输产品，实现自主经营。

真正实现铁路政企分开后，由国家政府直接运营管理的路网公司将主要负责铁路的建设维护和宏观调控，使客货运公司能够按照市场经济的要求进行公平竞争，并且实现自主经营。随着改革的推进，政府部门的职能将逐步转移到宏观经济管理、行业管理、检查监督运输安全和服务质量，不再干预运输生产，这将有利于各个小、精、专的客货运公司按照市场经济的要求进行公平竞争，并且加强企业管理、努力提升服务，实现自主经营、创造效益，而非单纯的自负盈亏。

2. 根本解决铁路深层次问题的需要

一是“统分结合的网运分离”将吸引社会资本分类进入铁路领域。深入推进铁路投融资体制改革，进一步鼓励和扩大社会资本投资建设铁路，一直是近几届政府的重点工作之一，特别是2013年8月国务院印发《关于改革铁路投融资体制加快推进铁路建设的意见》，更是体现了吸引社会资本投资铁路的紧迫性。但是，纵观近年来社会资本投资铁路的案例，不缺可以枚举的项目，却难以寻觅较为成功的典范。究其原因有二：一方面，“网运合一”体制下的铁路总公司及其下属路局（公司）在竞争中既扮演裁判员又扮演运动员的角色，往往出现社会资本投资铁路相当于打水漂的现象，不仅难以盈利，甚至无法收回投入资金，这对社会资本有明显的不公平竞争。另一方面，目前铁路“网运合一”体制下铁路建设融资规模（一般都在百亿以上）与社会资本规模（上百亿的社会资本极少）不匹配，造成社会资本难以进入铁路。实施“统分结合的网运分离”之后，可吸引不同类别的社会资本分类投资铁路领域：①主体较为集中、实力雄厚、风险厌恶型的国有资本可投资铁路路网来获取比较稳健的投资收益；②主体较为分散、个体规模较小、风险偏好型的社会资本可进入运营领域，主要从事运输经营，资金回报周期短、预期收益较高。

二是"统分结合的网运分离"将充分发挥混合所有制的优势。十八届三中全会以来，混合所有制改革被提到了前所未有的政治高度[①]。对于铁路企业而言，在逐步进行统分结合的网运分离过程中，也将逐步建立起混合所有制下的现代企业制度，进而有利于发挥混合所有制经济的优势。①路网业务具有国家基础设施的特点，可在国有资本控股确保国家对路网拥有控制权的前提下，以包括国有资本在内的各类社会资本参股形式实现混合所有制；②运营业务是具有充分竞争性的业务，可以包括国有资本在内的各类社会资本独资、参股或控股的形式实现混合所有制。

三是"统分结合的网运分离"为有效处置铁路中长期债务问题创造条件。2014年铁总的还本付息支出达到3302亿元。目前，铁总整体债务情况面临债务规模大、负债率高、债务规模加速扩大的巨大挑战。铁路负债的急剧增加伴随着大量铁路优质资产的形成，通过"债转股"的形式可盘活大量优质的国有铁路资产，并有效解决铁路中长期债务问题。基于统分结合的网运分离为社会资本进入铁路解决中长期债务问题创造了有利条件。对于路网类资产，可在确保国家控股的前提下，将其部分社会化；对于运营类的铁路资产，可将其绝大部分（或全部）社会化。上述国有资产产权流转而获得的收益可全部或部分用来偿还铁路中长期债务。笔者经过初步测算，仅铁路运营类资产通过国有资产产权流转即可偿还铁路中长期债务的绝大部分。

四是"统分结合的网运分离"将促进解决铁路公益性与商业性不分的问题。习近平总书记在中央深化改革领导小组第十七次会议中强调"要立足国有资本的战略定位和发展目标，结合不同国有企业在经济社会发展中的作

① 新华网："习近平主持召开中央全面深化改革领导小组第十七次会议"，新华网[2017-04-26]. http://news.xinhuanet.com/fortune/2015-10/13/c_1116812201.htm。

用、现状和发展需要，根据主营业务和核心业务范围，将国有企业界定为商业类和公益类。”[①]铁路系统现存的公商不分问题十分突出，有必要通过统分结合的网运分离形式解决这一问题。①由国有资本控股的路网公司，专心从事路网规划建设、运输调度，从而充分发挥国家基础设施的作用，为各运营公司的客货运业务提供无歧视的路网承载服务，即路网应“以公益性为主，兼顾商业性”，其公益性应通过国家低息或无息贷款、财政转移支付等方式予以补贴，即以交叉补贴为主。②运营类公司将在充分的市场竞争条件下自主经营、自负盈亏，主要体现出商业性，可通过财政补贴的形式吸引运营公司提供部分公益性运输产品，即以“直补”、“明补”为主，避免目前公益性补贴主体不明确、额度不合理等现象。

8.1.2 “路网统一”必要性分析

1. 路网统一是保证运输安全的基础条件

统一的铁路路网对于保证运输安全方面具有基础性作用。我国铁路运营范围辽阔，跨区域开行列车十分普遍，因此需要统一的技术标准以保证运输安全。我国已形成由既有铁路、重载铁路、高原铁路以及高速铁路技术标准体系组成的铁路技术标准体系。但如果路网分割为多个区域性公司，虽然技术设备标准可由国家铁路局统一制定，但是行车组织标准却由各区域公司分别制定，极有可能导致行车技术条件相同而各区域性公司的行车组织办法各不相同，这种情况对于跨区域开行列车具有极大风险。而在路网统一的条件下，机车车辆、工务工程、通信信号、行车组织等方面均由路网公司按照有关技术标准统一协调，提高技术标准体系的整体性，从而为运输安全提供基础条件。同时，这也提升了整个铁路系统遇到突发事件的应急处置能力。

---

① 左大杰：“铁路网运分离的必要性与实施路径”，《综合运输》，2013年，第7期。

2. 路网统一是提高运输效率的前提条件

目前，我国铁路采用的是中国铁路总公司（2013年3月以前为铁道部）、铁路局、站段的三层管理体制，各个区域性铁路局在中国铁路总公司的统一管理下负责本路局管辖范围内铁路线路、机车车辆、客货运车站、列车运行等的日常经营管理与调度指挥工作。在这种经营管理体制下，全国存在约90个铁路局局间分界口。

数量众多的分界口破坏了铁路网的整体性，极大地损害了整个路网的运输效率。中国铁路总公司根据每日18：00现在车数量对所辖各铁路局进行严格考核，并征收货运车辆使用费（如2013年该费用标准为105元/现在车辆日）。以上清算机制对于提高货车周转效率具有积极意义，但同时也造成各铁路局在每日18点之前消极接入相邻铁路局的列车，客观上造成了每日18点之前大量货运车辆拥堵在众多的分界口附近，其结果必定造成资源的巨大浪费，影响干线畅通，降低运输效率。笔者通过调研发现，2013年前后各铁路局在每日18点之前拥堵在各个分界口的货运车辆仍然达到3万～5万辆，几乎占到当时全国铁路每日运用车保有量的8%。可见“分界口”已经成为限制铁路畅通的重要因素之一。

从上一阶段铁路改革中撤销铁路分局的做法中也可以看出，减少分界口对于提高路网运输效率的重要意义。2005年5月我国撤销所有铁路分局，在货物平均运距基本保持不变的情况下，货车周转时间明显缩短。可见，减少分界口数量使每日18点现在车统计的考核对铁路畅通的影响大大减小，从而提升了路网的整体性，对于提高铁路运输效率具有明显的推进作用。因此，进一步减少局间分界口数量而获得更多的路网统一性，对于提高整个路网运输效率具有重要意义。

我国疆域辽阔，跨区域、长距离的客货运输需求较多。只有保持铁路路网的统一和完整，这些运输才能更高效进行。根据我国国情与路情，我国铁路路网虽然规模庞大、线网复杂，但却具有密度小、承载能力低、布局不平衡的特点。这些特点决定了不宜对其进行分拆，否则容易破坏其整体性，降低整体效能。同时，路网具有明显的网络经济性，即路网规模的扩大将提升铁路运作的空间，这将有利于铁路更好地调节各线路的负荷，提高整个网络的能力利用程度和利用效率，也提高了消费者实现运输服务消费的稳定性和灵活性。

3. 路网统一是确保公平竞争的首要条件

路网和众多配套设施作为铁路行业的基础设施，应由一个规模庞大、实力雄厚的国有企业集中统一规划、建设与管理。路网统一能够更好地发挥出铁路行业各类基础设施服务于全社会的功能，因而是确保公平竞争的首要条件。

铁路作为国家重要的基础设施，只有通过成立一个全国统一的路网公司才能为各类社会资本（包含国资、民资）举办的各类运营企业营造公平的竞争环境。路网公司将负责铁路路网等基础设施的建设、维护、运营，为所有参与市场竞争的运营主体提供基于路网的无差别服务，是维护市场公平竞争的首要条件，有利于充分发挥路网运输能力，减少行业内的利益冲突，吸引社会投资，充分发挥其基础设施的服务职能，进而才能在整个行业形成良好的竞争生态，促进行业内部资源优化。

4. 路网统一是维护国家安全的重要保障

我国铁路作为运输大动脉，不仅发挥着不可替代的稳边富边、抢险救灾等作用，也是军事运输的重要手段，对保障部队建设、作战、演习和训练具有重大作用。近年来，我国大批高速铁路相继开通运营，新疆、西藏及西南边陲也修建了大量的铁路线，对于保障国防建设、捍卫国家安全起到了不可替代的作用，为人民解放军在战时履行保卫国家安全提供了更加有效的战略支撑。

如果我国铁路经营管理体制改革采纳区域分割方案，那么各区域铁路公司将出于自身利益可能会针对路网基础设施或运营活动制造出新的运输壁垒，轻则加剧铁路内部的矛盾，重则造成路网基础设施的破坏和运输活动的混乱，威胁到国家安全。

因此，充分结合我国国情与路情，建立我国铁路路网及基础设施的统一管理机制，实现路网统一，不仅能够保证运输的安全与高效，有效避免其自然垄断性对运输业务的制约作用，实现在自然垄断产业服务市场上产生激烈的竞争，而且有利于保持国家对铁路的控制权，符合铁路在我国国民经济生活与国防安全中发挥战略性地位的特征。

8.2 铁路路网领域的功能定位

8.2.1 铁路各领域间关系

铁路领域可分为工程、装备、路网、运营、资本5个子领域，其中路网是连接各个领域的纽带。由路网领域提出路网建设的规划，向资本领域提出融资需求，将建设项目交予工程领域，向装备领域购买运输装备，向运营领域出售路网使用权。我们用市场的需求与供给关系来描述路网领域与其他领域的相互联系，其供求关系如图8-1所示。

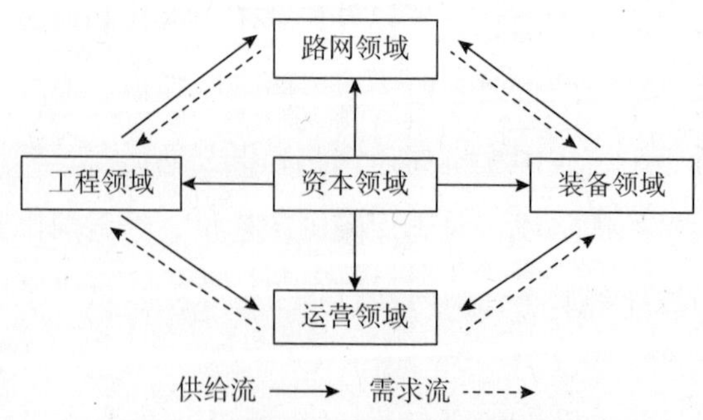

图8-1 路网领域与其他领域关系图

从图8-1中可以看出，路网领域主要作为需求方，这意味着路网的发展肩负着带动工程、装备、资本领域发展的重任，而运营领域作为路网领域的唯一需求方，其发展又影响着路网领域的发展水平。处理好路网领域与运营领域的关系，为运营领域营造公平公开的路网竞争环境，充分发挥运营领域市场调节机制的作用，促进运营领域健康良好发展是维护路网领域自身发展、带动其余三大领域发展的关键。另外，资本领域可视其他各领域发展状况对其进行不同比例的投资，待某些领域发展较完善后将投资重点放在其他领域，使其与各领域相互渗透、融合发展。

8.2.2 铁路路网领域国家控制方式

我们在讨论国有垄断企业的弊端时，往往会使用到“政企不分”这个词汇，而“政企不分”实际上体现的是国有垄断企业内在固有的矛盾，即社会公益性与企业效益性的矛盾。社会公益性是为了服务国家与人民少盈利、不盈利甚至亏损，而企业效益性则是追求利益最大化。铁路行业的“网运分离”在本质上也分离了铁路的“公益性”与“效益性”，将承担国家发展规划、完善基础设施建设等公益性任务分离至路网领域国有企业，将追求运输效益最大化的任务分离至运营市场。

由于路网具有绝对的公益性，该领域的企业需要国家严格管控，因此路网领域企业可以定位为完全公益性或者以公益性为主、商业性为辅这两种形式。

1. 定位为公益性企业

《“十三五”现代综合交通运输体系发展规划》中指出：交通运输是国民经济中基础性、先导性、战略性产业，是重要的服务性行业[①]。《中长期

---

① 国家发展和改革委员会：“国家重点专项规划之——‘十三五’现代综合交通运输体系发展规划”，中华人民共和国国家发展和改革委员会[2017-08-13]. http://ghs.ndrc.gov.cn/ghwb/gjjgh/201705/t20170509_846922.html。

铁路网规划中》进一步指出：铁路是国民经济大动脉、关键基础设施和重大民生工程，是综合交通运输体系的骨干和主要交通方式之一，在我国经济社会发展中的地位和作用至关重要。路网领域的国有企业在发挥铁路的重要经济社会作用方面具有关键的引领作用，应要求路网领域的国有企业从国家和人民的利益出发对铁路行业进行掌控。其主要功能表现在控制国家铁路运输线路网络，从根本上掌控铁路运输；保证军事运输、抢险救灾物资运输等非盈利性运输的开展，维护铁路运输的公益性；配合国家经济、政治布局建设铁路网络，而非全然以市场导向来开展路网建设；维护整个铁路网络的运输秩序，保证铁路网络的运输安全。因此，可以将路网领域企业定位为公益性的企业，建议铁路路网领域国有企业采用国家独资形式。

2. 定位为以公益性为主、商业性为辅的企业

虽然路网领域企业是以公益性为主的，但为了促进现代企业制度的建立，可以积极发展国有控股的混合所有制，在保持国家控制力的同时，具有重大的改革优势，不仅有助于增强企业活力，而且能够解决铁路中长期债务问题，放大国有资本，增强企业抗风险能力。

在路网垄断领域推行混合所有制，引入一定的商业性质，有利于促进体制机制创新，形成股权结构多元、股东行为规范、内部约束有效、运行高效灵活的市场化经营机制。避免重蹈国有企业体大臃肿、企业制度构建不全、效率低下的覆辙。因此，将路网领域的企业定义为以公益性为主、商业性为辅，建议采用国家绝对控股的形式。

8.3 路网企业职能

路网公司掌握着铁路网络的控制权，在整个铁路行业扮演着国家铁路基

础设施的建设维护者和国家铁路基础设施服务的提供者的角色。在中国铁路“走出去”的发展大背景下，其同时还担任着协调各铁路领域向国外整体推出“中国铁路”品牌的系统供应商的职责。在明确路网公司职能的同时，也要考虑到路网公司具有的路网垄断供应的性质，为了促进运营市场公平，对路网公司应当做出相应的职能限制。

8.3.1　国家铁路基础设施建设的维护者

路网公司作为一家国家控股的铁路基础设施综合服务企业，主要从事铁路线网等配套设施建设、维护和全网列车统一调度指挥、车站正常运转，拥有对线路、桥梁、隧道、信号、供电设备和车站等资产的依法管理权。利用收取路网接入费、国家投资、银行贷款、资本市场融资、外商投资等多种资金，负责建设与维护路网，同时根据国家铁路发展规划，建设和完善铁路路网，根据客货运企业要求，加强对既有铁路的养护及技术改造，保证对线路使用的安全，提高运输服务质量。同时，希望通过股东的法人治理结构和内部协调机制，从体制上避免重复建设，实现网运分离，把我国铁路基础设施建设和维护变成一项社会公共服务。

铁路作为国家命脉，在我国有着不可替代的稳边富边、抢险救灾等作用。世界各国也把铁路作为军事运输的重要手段，对保障部队建设、作战、演习和训练具有重大作用。军事专家黄星曾表示：“现代化战争条件下调兵遣将速度第一。”近年来，我国大批高速铁路相继开通运营，新疆、西藏及西南边陲也修建了大量的铁路线，这不仅意味着我国高铁的迅猛发展将带动沿线经济社会发展，也对保障国防建设、捍卫国家安全起到了不可替代的作用，为人民解放军在战时履行保卫国家安全提供了更加有效的战略支撑。完整的路网设施能够更好地完成国家宏观调控任务，能够更高效地保障国家重点物资运输、军事运输、抢险救灾运输等需要，确保广大人民群众正常的生活质量，维护整个社会的稳定和谐。

8.3.2 国家铁路基础设施服务的提供者

路网公司将负责列车运行图的编制与销售。路网公司根据各个运输公司的要求编制“列车运行图”，各个运输公司向路网公司购买“列车运行线”，即路网使用权。路网公司在制定各条“列车运行线”价格时，要充分考虑各个运输公司的实际情况，视各条“列车运行线”的线路条件和各地区的经济水平制定不同的价格。在提供路网使用服务时，路网公司还肩负着维护路网竞争环境公平公正的职责，在网运分离模式下，路网使用权竞争的公平公正是整个铁路行业健康发展的前提，只有健康有序的市场竞争环境才能充分发挥市场的资源配置功能，促进铁路运输行业长久良好的发展。

全路网日常行车调度指挥也是路网公司职能之一。统一调度指挥是保障运输安全、提高运输效率的有效途径。路网公司在列车运行线销售完成后，要保证列车实际运行的高效与安全，组织路网列车有序运行。

除此之外，路网公司还将负责收集、储存、传递、管理相关运输信息，实现信息的共享，有利于增强铁路运输业的整体竞争能力。各类客货运输企业完全融入到运输市场中后，对运输市场相关信息的需求将会大增。信息资源的准确、有效、快速传递是运输经营企业提高竞争力的必要保证，也是提升全行业运输质量和效率的重要前提。

8.3.3 中国铁路走出去的系统集成供应商

目前，我国铁路在铁路建设、装备制造、运营管理等方面均处于世界领先水平，随着国家“一带一路”倡议的开展，中国铁路“走出去”战略的实施也迈上了新台阶。当前世界许多国家大力推进铁路等基础设施建设，将其作为促进经济社会发展、减少贫困、改善民生的重要战略举措，这为我国铁路“走出去”提供了良好的发展机遇，“中国铁路”成为我国对外产能合作的靓丽名片。中国铁路“走出去”对带动国内相关产业发展，维护国家贸易、资源和能源通道安全，促进友好和平外交，扩大我国政治影响都具有深远影响。

2014年以来，在政府合作机制的推动下，由中国铁路总公司牵头的中国企业联合体“抱团出海”。印尼雅万高速铁路、俄罗斯莫喀高铁、中老铁路、中泰铁路、匈塞铁路、马新高铁等项目实现了项目落地，取得重大进展。短短两三年内，中国铁路国际合作遍布世界各地，引起强烈国际反响。

过去我国企业对外承包工程的方式，主要是一些跨国企业总承包，我国企业主要承担土建工程、劳务输出和装备出口，由跨国公司负责资金、技术、设计、建造等资源的整合。跨国企业只提供少数的管理人员，却赚取大部分利润。而我国企业在分包工程的过程中，企业间往往存在竞相压价、恶性竞争的现象，这导致国外业主和总承包商坐收渔翁之利，过低的报价也会影响工程和产品的质量，损害我国企业和产品的品牌形象[①]。

中国铁路“走出去”不再是这种简单的劳动力和产品输出，而是资金、技术、标准、人才的全方位输出。对外承包的模式也转变为由我国企业总承包，负责整合资金、技术、设计、建造、运营管理等各方面的资源，全方位地参与到国外铁路的设计、融资、建造、运营管理，打造高质量的“中国铁路”品牌。而这个协调各方的总承包企业，现阶段由中国铁路总公司担任。路网公司是连接我国铁路各个领域的枢纽，拥有良好的资源和平台优势，可以很好地整合我国铁路行业的各种力量，打造优质的“中国品牌”。路网公司在今后的发展中，应当继续承担起带领中国铁路走出去的“领头羊”作用，充分整合铁路行业力量，积极拓宽海外市场。

8.3.4　职能约束

统分结合的网运分离体制下，是否允许路网公司参与运营是一个尤其

① 李宝仁：“中国铁路‘走出去’若干问题的思考”，《中国铁路》，2010年，第1期。

值得关注的问题。如果允许路网公司参与运营，那么路网公司既是路网拥有者，掌控统一的运输调度指挥权，又是运输经营者，参与铁路客货运输，好似运动场上的“裁判员”也是“运动员”，这对于没有路网权的其他运输企业而言非常不利。这种不公平的竞争将阻碍行业发展，极大地降低我国铁路运输市场的竞争力，且容易滋生贿赂、腐败等不良风气。

因此，在网运关系调整的最终状态下，为了提供公平的竞争环境，必须以法律法规的形式严格禁止路网公司以任何形式（全资、控股或参股）获得铁路客货运营资格。只有在这种条件下，路网公司才能注重提升运输组织效率，更加专心地为所有运营公司创造公平合理的竞争环境。否则，庞大的路网公司在利益驱使下会衍生出众多的有直接共同利益的运营公司，这些公司在利用路网资源的时候享有事实上的优先权，从而破坏市场竞争的公平性。

集中资源做好路网管理与路权运营，为铁路运输运营公司提供优质的市场环境，促进铁路运输行业良好发展，从而促进自身发展才是路网公司今后的主要任务。

8.4 铁路路网领域的企业法律形式

路网企业是选择国有独资还是发展混合所有制，是一个值得思量的问题。我国提出宜独则独（特殊行业）、宜控则控、宜参则参的指导意见，采用国有独资或者混合所有制都各有优势，接下来我们对其进行简单的分析。

1. 采用国有独资

出于经济与政治两方面的考量，国家必须拥有对铁路路网的绝对控制权。如果强调路网领域提供公共产品、承担社会责任、维护国家安全等属性，且路网领域长期以国有独资的形式建设发展，形成了庞大的国有资产，在进行混合所有制改革时把控不当可能出现国有资产流失，那么路网企业可以继续保持国有独资的企业形式。

2. 采用混合所有制

党的十八届三中全会通过的《中共中央关于全面深化改革若干重大问题的决定》提出：国有资本、集体资本、非公有资本等交叉持股、相互融合的混合所有制经济，是基本经济制度的重要实现形式，要积极发展混合所有制经济。

如果路网领域发展国有控股的混合所有制，在保持国家控制力的同时，具有重大的改革优势，可归结为以下三点。

①促进现代企业制度的建立，增强企业活力。在路网垄断领域推行混合所有制，有利于促进体制机制创新，形成股权结构多元、股东行为规范、内部约束有效、运行高效灵活的市场化经营机制。避免重蹈国有企业体大臃肿、企业制度构建不全、效率低下的覆辙。

②解决铁路中长期债务问题，放大国有资本，增强企业抗风险能力。路网领域投资体量大、回报周期长，长期依赖国家财政的支持。2013年铁路改革并成立中国铁路总公司，铁路行业正式开始作为企业自负盈亏。2017铁总负债约49878亿元，还本付息支出达到5405亿元。目前，随着国家路网改扩建的发展，铁路总公司面临债务规模大、负债率高、债务规模加速扩大的巨大挑战。但也应注意到，铁路负债急剧增加的同时形成了大量铁路优质资产。

在路网领域推行股份制，通过“债转股”的形式可盘活大量优质的国有铁路资产，可以有效解决铁路中长期债务问题，减轻企业经营的财务负担。对路网公司实行股份制经营，也从制度上打破了民间资本进入路网领域的“玻璃门”。

③放大国有资本，增强企业抗风险能力。发展混合所有制经济还能够放大国有资本、提高企业的竞争力。在完全国资背景下需要100%的国资来控制，而在混合所有制下低至50.01%即可绝对控股。发展混合所有制不仅不会

影响国有资本的控制作用，而且能放大国有资本的控制力、影响力。

基于路网领域在国民经济与国家政治中的重要地位，路网公司作为国有控股企业，始终拥有国家财政的隐形支持，但将路网公司作为普通企业来看，企业资本结构的多元化，会增强企业的抗风险能力，这在无形中减轻了国家财政的压力。

无论是发展混合所有制还是国有独资，在企业内部建立现代企业经营制度才是企业长期良好发展的关键。混合所有制对于建立现代企业制度具有明显、迅速的推动作用。路网领域的政企关系具有复杂性，且路网又具有自然垄断属性，在国家铁路财政补偿机制不完善的背景下，继续在路网领域保持国有独资会导致企业体制机制改革缺乏外在推动力，放慢现代企业制度建立的进程，难以打破现有的体制僵局。

8.5 铁路路网领域的企业治理结构

铁路企业的现代企业制度建立，最重要的环节是建立和完善公司法人治理结构。要明确股东会、董事会、监事会和经理层的职责，形成各负其责、协调运转、有效制衡的公司法人治理结构。无论路网企业发展何种所有制形式，公司法人治理结构都是公司制的核心。

铁路企业的传统领导体制的特点是企业人事制度行政化，企业组织非法人化。建立现代企业制度，就是要改革传统企业领导体制，使所有者、经营者和生产者之间，权力机构、决策机构、监督机构之间形成各自独立、权责分明、相互制约的关系，并通过法律和企业章程得以实现。

1. 股东大会制度

股东大会是公司的最高权利机关，它由全体股东组成，对公司重大事项进行决策，有权选任和解除董事，并对公司的经营管理有广泛的决定权。股东大会既是一种定期或临时举行的由全体股东出席的会议，又是一种非常设的由全体股东所组成的公司制企业的最高权力机关。它是股东作为企业财产的所有者，对企业行使财产管理权的组织。企业一切重大的人事任免和重大的经营决策一般都得股东会认可和批准方才有效。如果路网企业采取混合所有制的企业形式，尽管设有股东大会，但国家作为路网公司的最大股份持有者，并不会失去对路网领域的控制权，股东大会的存在反而会促进企业经营管理公开透明化。如果路网企业采取国有独资的形式，国有独资公司不设股东会，由国有资产监督管理机构行使股东会职权。国有资产监督管理机构可以授权公司董事会行使股东会的部分职权，决定公司的重大事项，但公司的合并、分立、解散、申请破产的，应当由国有资产监督管理机构决定。

2. 董事会制度

董事会作为公司的决策机构，接受股东大会的委托，做出公司的重大决策；同时将执行权委托给经理层。董事会在公司治理中具有核心的地位。由股东大会选举董事会成员管理公司运作，董事会向股东大会负责并报告工作。

3. 监事会制度

路网公司监事会制度是铁路国有资产监管工作的重要组成部分，监事会监督是出资人监督的重要形式，对构建国有资产监管大格局，实现铁路国有资产保值增值，推动铁路企业持续健康发展具有不可替代的重要意义。随着国有资产国企改革的不断深化，监事会顺应社会主义市场经济规律和国有态度改革发展规律，进一步与现代企业制度相结合，与国资监管工作相结合，建立与“大国资”理念相匹配的“大监督”工作格局，层层落实出资人监督责任。

监事会制度是国家在落实企业自主经营权的同时加强政府对国有资产监

管的必要措施，是减少代理成本、控制代理风险的重要制度安排，具有独立性、权威性和有效性三方面集中优势。

①独立性。监事会由国资委向路网公司派出，检查结果直接向国资委汇报，监事会与企业是监督与被监督的关系，不参与企业经营决策，监事会与企业没有任何经济联系，保证了检查不受利益纠纷影响。

②权威性。监事会的成员与董事会成员一样，都是出资人及国资委派出的产权代表，监事会代表出资人履行监督职责，监事会主席一般为副部长级国家工作人员，专职监事也均为局处级公务人员。

③有效性。监事会深入企业一线开展全过程的实时、动态监督，与董事会决策、经理层执行同时同步。通过日常监督、集中检查和专项检查等多种形式，综合运用听取汇报、列席会议、访谈座谈、调查研究等多种手段，联合纪检、检查、审计、巡视等多种力量，对企业的财务、负责人履职行为，以及执行国家法律法规制度办法等情况全方位监督。这种客观、公正、深入的监督检查既维护了国有资产所有者权益，又保护了企业依法享有的自主经营权。

4. 职业经理人制度

职业经理人是在现代公司所有权与经营权相分离的背景下产生的，其具备优秀管理者的各项素质与技能并且专门担任经理这一职位并以此为职业。

职业经理人受公司所有者委托，以公司绩效最大化为目标经营管理企业，维护企业的正常运作，并承担公司资产保值增值的责任。经理人市场中的经理人都是企业经营管理的专家，工资以及通过股票期权分享的公司经营成果是他们的主要报酬，他们之间存在竞争，具有当业绩不佳而失业的风险。通过实行“职业经理人”制，使铁路企业国有资产所有权与经营权的分离成为可能。在“职业经理人”制条件下，担任经理职务的人不是国有资产所有权的代表人，有利于国有资产管理部门代表国家对企业的经营行为依法实行监督。职业经理人也不是企业上级管理部门的代言人，因此在授权范围内有更多的经营自主权，能更好地代表企业或股东的利益依法经营，从而为完善法人治理结构打下基础。

解决公司治理中的委托代理问题，使路网公司经理的经营目标符合股东利益，除了要加强经理人市场的形成，还可以采取股权激励的措施。在我国的现有企业中，大部分的国有股份制企业经理人是由主管部门任命的，真正通过市场聘任经理人的企业总量极少。在缺乏完善的职业经理人市场的情况下，股东面临的风险和经营者面临的风险是不对称的，对他们实行股权激励也很难达到良好的效果。除此之外，对股权激励的考核标准和考核人员的选拔是目前面临的最大问题。

8.6 铁路路网领域的出资人制度

企业国家出资所有权来源上的全民性决定了其行使目标的公共性，而国家所有权人的虚拟性决定了在企业中设立其代表人的必要性。在全民所有制的国有独资企业，企业及其财产为国家所有，国家出资人可直接无障碍地行使其所有权，故该类企业中不必设国家出资人代表。但在公司制企业，国家所有权已转化为国有股权，由于国有股权的私权局限，为保障国家所有权的公共性本质得以延续，国家出资人当借由其国有股权支持使其代表人当选为公司董监事，在企业中代表国家履行国资经营与监督职责，该自然人代表即企业中的国家出资人代表①。

如果路网领域发展混合所有制，路网公司由原来的国有独资企业转变为国有出资企业，为实现国家的出资目的，防止国有资产流失，应由国有股权支持当选董事和监事的形式，设立国家出资人代表，代表国家履行企业经

① 蒋科：“国家出资人代表制度研究”，湖南大学，2014年。

营与监督职责。国家出资人代表主要承担着企业国资经营之监督性的公法职责，在某种程度上当与所在公司保持一定的距离，而现有的国家出资人代表除了董事与监事的职责往往兼任经理层职务，将公司决策权和执行权绑为一体，同时弱化了监事会的监督权，不利于发挥现代企业制度的优势。路网领域作为后起的国企改革者，应当尤其注意以往国企现代企业制度建立的弊端，建立更为完善的现代企业制度。在国家出资人制度方面，为了充分发挥董事会决策、经理层执行、监事会监督的制度优势，厘清政企职责，应当在国家出资人代表与企业经理层之间建立隔离机制，让国家出资人代表充分执行对企业的国家外部性监督职责，从而优化法人治理机制。

8.6.1 出资人代表考评制度

从我国《企业国有资产法》的相关制度设计来看，履行出资人职责机构对国家出资人代表的控制，除了重大事项的决定权外，更多的是一种事后的评价与监督。国家出资人代表作为在企业中履行国资经营与监督职责的公务代表，其考评标准应结合其履行公务的程度来认定和衡量。履行国家公务的程度，与实现国家出资目的紧密相关，在路网领域，其表现形式为国家出资人代表是否监督企业保障公益性运输、是否促进国有资产的保值增值等；履行国家公务的程度，也与国家出资人代表是否切实履行国有资产经营管理和监督职责息息相关，如是否遵守国有资产经营范围、投资方向、国有资本经营预算收支规定等。同时，对于具有公务员身份的国家出资人代表，对其的考评还应遵循《公务员法》和《公务员考核规定》中关于公务员考核的规定。

基于路网领域公益性的考虑，对于国家出资人代表的考评标准不能太过市场化，在注重效益考核的同时，也要强调其在公共性目标上的实现程度，如军事运输、抢险救灾运输、公益性线路建设等。应当建立综合考量经济性与公益性的国家出资人代表考核制度，同时促进企业效益进步和国家公共服务。

8.6.2 出资人代表激励制度

我国现有的激励制度明确规定国家出资人代表的薪酬与业绩考核结果挂钩，并且对国有上市公司业绩评价指标采用经济增加值（EVA）评价指标体系，这考虑到了国企负责人报酬多因素影响性，取得了实质性突破。同考评制度类似，在路网领域采取此种激励制度，过于偏重经济指标作为激励标准，忽视社会贡献与长远发展，有可能导致国家出资人代表过分追求国有资产保值增值而弱化国家出资公共目标的实现。

铁路领域的国家出资人代表往往由来自党政部门的公职人员担任，对此类人员的激励体制，建议按照公务员法所设计的激励体系进行。为了更好地实现政企分离，建立完善的现代企业制度，对于路网领域国家出资人代表的激励制度建议以公职晋升、记功等手段为主，适当辅以经济激励。同时为了保证激励的公允性，要严格执行经济责任审计制度，完善信息公开制度，对管理层的薪酬进行公开披露与监督。

8.6.3 出资人代表监督制度

国家出资企业的国有资本出资性质，决定了国家出资企业及国家出资人代表必须接受来自多方的监督——政府多部门的监督、人民代表大会监督和社会公众的外部监督以及公司的内部监督等。在我国当下的监督体系中，国资委的监督、公司内部监督、政府相关部门及人大的监督和社会公众的外部监督共同形成对国家出资人代表的综合监督体系。

从国家出资人代表的监督主体来看，首先，作为国家出资人代表的委派机构、国资行政监管主体及国资产权代表机构，国资委享有对国家出资人代表的监督权。国资委对国家出资人代表的监督，主要表现在以下几个方面：一是通过其选派的股东代表参与公司股东（大）会，形成股东的外部监督；

二是通过对国家出资人代表的业绩考核，建立严密的考核体系和实施公平有效的奖惩措施，完善激励约束机制，从而实现对国家出资人代表的直接监督；三是通过对国家出资企业的财务监督，督促国家出资人代表依法维护国有出资人的权益；四是通过实行国有资本经营预算监督，来监督管理国家出资人代表的经营管理活动。

其次，国家出资人代表本质上仍为国家公务员，所以，行政机关对其享有行政监督权。这种监督权主要体现为行政监察机关的监督、审计监督以及人大监督等。其中，人大监督主要是通过审批国有资本经营预算、听取专项报告和组织执法检查等多种方式来实现。再次，国家出资人代表的权力实际上来源于全民的授权，基于国家出资企业的全民属性，社会公众对国家出资人代表享有监督权。这种社会公众监督权，主要体现为媒体、舆论、公民的监督等。最后，国家出资人代表身处国家出资企业中，作为公司董监事，其还应接受公司股东、监事会及职工的监督。

8.7 路网企业监管机制

路网领域作为自然垄断行业，其各种行为对于整个铁路运输市场有着巨大的影响。国家如何对路网公司行为进行有效的监管和引导，将直接影响铁路改革成效。本节主要论述网运分离后国家在路网领域的价格监管和质量监管建议。

8.7.1 我国铁路运输行业监管现状

目前，我国铁路运输行业存在三大监管机构：

①交通运输部，属于政策性监管机构，负责铁路发展规划，对铁路行业进行行政管理。

②国家铁路局，属于铁路行业的专业监管机构，下设于交通运输部，主要负责铁路行业的安全监管、质量监管等，设有沈阳、上海等7个地区铁路监管局，负责辖区内的监管工作。

③其他综合监管机构，发改委：主要负责铁路行业的价格监管、投融资监管；财政部：负责铁路行业的财税监管；国资委：负责铁路行业的国有资产管理；环保局：负责铁路行业的环境污染监管①。

铁路行业监管主体的监管依据来源于国务院办公厅下发的通知，属于国务院内部文件，在封闭程序中产生，并不属于行政法规，导致监管主体的监管权力在法律上找不到依据，缺乏严谨、规范的立法流程。而以《铁路法》为核心的铁路行业监管制度，基本上形成于计划经济时代，监管手段落后，大多监管内容与现实脱节，存在诸多问题。

①在市场准入方面，实行严格的准入监管。《铁路法》将铁路行业的市场准入主体严格限定在国家铁路、地方铁路和专用铁路三者内，对于以行政特许方式进入铁路行业的合资铁路和民营铁路，《铁路法》中并未提及，这些运输企业在法律上并不具有合法地位，政治风险很高。

②在价格监管方面，监管内容滞后。作为铁路行业价格监管依据的《价格法》，并没有针对铁路行业价格监管的专门规定，只是将其笼统归入垄断行业的相关规范之中。而作为铁路行业专门法规的《铁路法》，其内容中仅包含一些原则性规定，缺乏对铁路运价监管的可操作性的配套实施细则。更为荒唐的是，作为铁路行业专业监管机构的国家铁路局并没有价格监管权，而是由国家发展改革委对全国所有行业实施价格监管，违背了法律上“特别法优于普通法”的原则。

8.7.2 接入价格监管

铁路客货运输与路网运营具有截然不同的经济属性，各项客货运输业务

① 林雪梅：“铁路行业的政府监管体制研究”，西南交通大学，2013年。

内部具有竞争性，与其他运输工具之间也存在着结构性竞争，而路网公司则具有一定的自然垄断性。网运分离后，原来运营与路网一体的运价形成机制与管理体制再也无法维持，按本文的设计，路网由国家控制，路运则采取民营的方式。由于铁路运输企业对于路轨的依赖程度高，线路使用费的标准以及列车时刻表的确定在很大程度上决定着运输公司的命运。在这种情况下，路网使用费如何确定，将直接关系到这一改革能否最后取得成功。接入价格太高会减弱路运企业的竞争能力，降低私人资本进入路运市场的积极性；接入价格太低则会导致国家财政亏损严重，路网建设及改造资金短缺。

从社会效率最大化的角度考虑，最优的定价方式为边际成本接入定价。在这种定价方式下，路运企业支付给路网企业的接入费用等于路网企业提供接入服务的边际成本。但接入费用等于边际成本的结果，一方面容易使新进入的路运企业对网络“搭便车”，造成竞争性市场的无效率进入；另一方面，由于路网企业承担全部固定成本，因而如国家不给予财政援助，路网公司将严重亏损，直接后果是路网建设和改造落后，最终损害铁路运输业的运营效率。如其亏损由国家财政弥补，则又容易使路网企业丧失改进经营、降低成本的动力。

路网公司的接入费收取标准应由国家发展改革委统一确定，国家发展改革委再授予路网公司部分调整权利，允许路网公司根据不同地区、不同线路的实际情况在此价格以下浮动。在收费标准的确定上，可考虑在核定前几个年度全国铁路系统用于路网基础设施（包括车站、信号、供电设备等）的建设、更新、维修、改造支出与折旧、员工支出、管理费用等固定支出的平均水平基础上，确定各自的权重，再确定线路使用费收取基准水平。同时根据不同地区和不同项目类别（公益性与经济性）确定变动使用费率的浮动幅度，具体幅度由路网公司自主确定。

8.7.3　路网公司服务质量监管

网运分离后，路网公司实行国家控制的垄断式经营，各客货运输公司向路网公司购买线路运营权。在这样的构架下，路运公司将处于明显的讨价还价劣势地位。为避免路网公司由于竞争不足而致使企业提供的物品和服务质量出现下降，以保障运输企业的权益，需对路网公司提供的路网服务质量进行管制。具体措施如下。

①制定路网服务的质量标准并由政府主管部门管制执行。政府制定和颁布具有法律意义的质量标准，规定路网公司提供的路网服务必须达到的底限服务在路网服务的质量标准中体现列车可行驶的最高时速、列车行驶的安全性、铁路路网的规模、繁忙线路的双线率、各线路间的互联互通等项。质量监管部门根据各运输企业的反馈意见，对路网企业的服务质量和经营状况定期进行评估、监督，向社会公布有关结果。若评估结果符合或超出质量标准，对之进行相应的奖励；若达不到规定的质量标准，对其施以不同程度的惩罚。

但由于以下因素的存在，在实践中确定合适的服务质量水平是一件很困难的事情：其一，服务质量标准的决策带有很强的政治色彩。由于服务质量提高所产生的成本会转嫁给运输企业，路运企业很可能既对低服务质量不满又对整体质量成本增加产生抵触情绪。其二，随着时间的推移，客货运输企业对服务质量的要求和预期不断发生变化，同时技术进步也会改变路网企业提供不同水平服务质量的成本。

因此，管制者必须全面协调服务质量标准及相应奖惩制度中的利害关系以及时序上的要求，设计出既能促进路网企业对服务质量进行长期投资，又能保证质量标准具有可测性、可监控性和可调节性的方案。在实际运作中可采用渐进方式，先依据某一时期的具体情况建立起初始的最低服务质量标准，再根据条件的变动对这个标准进行适时的、适度的调整。在此基础上，为达成政府某些特殊的目标，还要赋予质量标准一定程度的弹性，即在特定条件下管制者将放宽路网企业服务质量标准的处罚规定，但在管制合同中必须能够客观地识别这些质量的底线。

②质量管制与激励性管制相联系。对服务质量的管制可以与激励性管制措施结合起来，如此既可以降低政府对服务质量进行管制的难度，也可以促使路网公司真正有动力提高其服务质量。对路网公司采用价格上限管制的激励性管制办法，综合考虑网络可靠性、服务准时性、路运企业满意度等影响因素对价格进行实时调整。一方面，可以给予路网公司一定的经营激励，因为如果路网公司能够将生产率提高到合同规定的水平以上，企业就可以获得额外的报酬。另一方面，在价格上限管制下，政府管制机构只需注意路网接入价格是否控制在上限以内，而并不需要审定其成本，因而大大节约了管制成本，还可以避免由于管制者和企业间的信息不对称造成的管制失效。同时，价格上限法还可以有效降低网络接入价水平，使利润在路网企业和路运企业间平衡。因为路网效率提高引起实际成本下降时，路网企业将会由此获得大量利润；在企业效率提高时，降低路网价格。在实际操作中，可以由国家发展改革委在综合考虑路网公司的各种成本（包括：运营支出、资本成本、资本的收益率、现存资产和资本支出）、路网的建设维护状况以及整个运输市场的竞争状况等基础上，确定价格上限。路网公司为路运公司提供的路网服务价格严格保持在此价格之下，路网公司通过提高自身经营效率所获得的收益，全部归公司所有。

8.8 本章小结

本章的主要内容包括：①描述路网领域在国民经济中的地位以及主要功能，明确路网领域同工程、资本、运营、装备等4大领域的关系。②探讨路网公司的法律形式及企业治理结构。③如果路网领域发展混合所有制，对路网公司关于国家出资人代表的相关制度提出建议。④立足于铁路运输行业现有的监管现状，提出对路网公司价格、服务质量相关监管制度的建议。

本章的主要观点有：①铁路在我国经济社会的发展当中具有至关重要的地位与作用，其中路网又在铁路行业中占据掌控性地位，是连接其他四大领域的纽带，为确保运输安全与国家安全、提高运输效率、保证公平竞争，路网必须作为一个整体，同时保持国家控制力。②路网公司是国家铁路基础设施的建设维护者、服务提供者、中国铁路“走出去”的系统集成供应商。③路网公司采取国有独资的形式或国有控股的形式各有利弊。

我们建议：①为完善路网公司的现代企业制度，若在路网领域发展混合所有制，应完善国家出资人代表的相关考评、激励、监督等制度，明确划分出资人代表的职责，进一步理清政企关系。②在路网公司接入价格方面，国家予以一定限制，同时赋予路网公司根据实际情况调整的权利。③为避免路网公司由于竞争不足而致使企业提供的物品和服务质量出现下降，国家应制定相关质量服务标准，并予以有力的监管。

第 9 章 铁路运营领域的国家所有权政策

铁路国家所有权政策应规定铁路国有资本的出资人拥有完整出资人的权利、出资的功能作用和目标。本章将对铁路运营领域的国家所有权具体政策进行详细研究，明确国家与铁路运营领域的关系，主要对运营领域的功能定位、出资人制度、企业法律形式以及治理结构等内容做出阐述。

9.1 铁路运营领域的功能定位

9.1.1 铁路运营领域中国有经济的定位及布局

国有经济布局、作用，主要指国有企业（含国有控股企业）及国有资本在国民经济领域的分布结构，在所在领域的地位作用。通过对国有企业分类的了解，可以明确铁路运营企业是属于一般竞争性国企，国有资本在其中的目标是效率，企业的目标是盈利，国有资本应逐步退出。铁路运营企业与其他企业之间存在竞争，这种竞争性有利于提高其自身效率，并推动整个国有经济的发展。

国有企业定位中的基本问题，一是国企的功能作用到底是什么，二是国企与非国企（特别是民营企业）及社会的关系是什么。党的一系列文件在政治上已经解决了上述两个问题：①对于国企定位的基本问题，表述为“国有经济在国民经济中的主导作用”；②对于国企与民企之间的关系，表述为“公有经济与非公有经济共同发展”。而且，这些文件提出了处理上述两原则关系作用的办法，即划分领域，明确国有经济要保持控制力的领域，明确其他领域国有经济和非国有经济平等竞争。

我们有必要更全面地理解国有经济的主导作用，进而更深刻地认识到铁路运营企业在整个国有经济中的功能和作用。

第一，国有经济的基本作用推动国民经济的整体发展。这就不仅要求国有企业自身有良好业绩，同时要求国有企业不能仅着眼于自身的发展和效益，还必须看其对国民经济整体发展的影响。企业之间的公平竞争有利于企业提高效率，本身也是推动国民经济的整体发展①。

第二，全面理解国有经济在重要行业和关键领域的作用地位。这些行业领域主要包括："涉及国家安全行业、自然垄断行业、重要公共产品和服务行业，以及支柱产业和高新技术产业中重要骨干企业。"中央重视国有经济在这些领域的作用地位。因为这些领域往往存在市场失效，往往需要政府介入或政府协调；而且这些领域国有企业已有较好的基础，要充分利用其宝贵的企业组织资源作用；这个判断也与中国的政治历史传统有关。

说有重要作用，未必是支配性的作用，更不是说这些行业的所有企业都是国有企业。在十五届四中全会时，就已经明确国有经济控制力包括参股方式保持控制力。十八大文件已没有"国有经济在关系国民经济命脉的重要行业和关键领域占支配地位"的说法。这些行业领域的国有经济作用，不仅指国有控股企业发挥作用，也包括以国家参股企业，甚至是财务投资者的方式发挥作用。更重要的是重要行业和关键领域的范围，会由于企业进步、产业发展发生变化，国有企业和国有资本发挥作用的意义及方式亦会发生相应变化，国有经济更多的作用是支持和拉动其他企业发展的作用②。

第三，发挥国有经济主导作用要求理顺国有企业和非国有企业及社会的关系。首先，即使在重要行业和关键领域，除非法律规定，国有企业与非国

① 谢淑萍、顾洪梅、刘凌波："我国国有企业治理结构改革研究"，《商业经济》，2011年，第17期。

② 陈小洪、赵昌文：《新时期大型国有企业深化改革研究》，中国发展出版社2014年版。

有企业都应是平等的合作关系或竞争关系，国家不应该通过法律规定以外的政策给这些国有企业特别支持。其次，不能允许国有企业滥用在重要行业和关键领域支配地位带来的市场优势。最后，国有企业要更多地上交红利和各种税费，回报社会。

垄断、公共物品、外部性和信息不完全或不对称的存在使得市场难以解决资源配置的效率问题，市场作为配置资源的一种手段，不能实现资源配置效率的最大化，这时市场就失灵了。当市场失灵时，为了实现资源配置效率的最大化，就必须借助于政府的干预，这实际上已经明确了政府干预经济的调控边界。政府干预经济领域的扩张一方面说明政府在市场经济中的作用越来越重要，但另一方面政府的企业性质又要求必须对政府的行为加以规范，以提高政府的管理效率。

产权保护制度是市场交易的基础，党的十八届三中全会提出，国家保护各种所有制经济产权和合法利益，保证各种所有制经济依法平等使用生产要素、公开公平公正参与市场竞争、同等受到法律保护，依法监管各种所有制经济，为现代市场体系的开放和有序竞争指明了法制方向，要求政府和社会提供完善的市场管理服务。市场主体能够自由地进入市场参与竞争，商品和要素能够在不同行业、部门、地区、国内外自由流动，这就要求不仅要建立全国统一开放的市场体系，而且要求中国企业参与国际分工，力争在国际产业链中提升产品竞争力，提高产业配置效率。

铁路路网领域客观上存在严重的市场失效，所以需要国家投资。而铁路运营领域不存在或者很少存在市场失效，从公路运输领域体现得更加明显，因为运输市场并不呈现垄断状态，而是处于一个充分竞争的环境，市场可以自行实现资源配置，所以不需要国家过多的干预。因此，与路网合一的客货运业务应逐步从路网中分离出来，除了少数运营企业（例如三大专业运输公司）需要国家保持控制力之外，其他企业应完全向社会开放，国有经济和非国有经济应实现平等竞争。

9.1.2 铁路运营领域与其他领域的关系

1. 铁路运营领域与铁路其他领域的关系

铁路具体包括路网、工程、资本、装备和运营五大领域，由于不同领域在铁路中扮演角色不同，为保证铁路的公益性、公平竞争性和国防性，针对不同领域的国家所有权政策也不同，但是各个领域之间又有一定的联系。在某条铁路线规划以后，首先由工程领域的企业对铁路进行工程项目的建设，线路建好之后运营企业向铁路装备领域的各企业购买运输装备，运营公司再从路网公司购买路网的使用权，统筹协调各个专业部门和各个生产环节的关系，完成铁路旅客运输和铁路货物运输任务，实现铁路的运营工作。

运营领域是5大领域中的最后环节，这意味着运营领域的发展肩负着带动工程、装备、资本、路网领域发展的重任，其发展又影响着铁路运输业的发展水平，因此，要处理好运营领域与其他领域的关系，为运营领域营造公平公开的竞争环境，充分发挥运营领域市场调节机制的作用，促进运营领域健康良好发展。

运营领域是一个充分竞争的领域：①与路网合一的客货运业务应逐步从路网中分离出来。将铁路运营权下放到若干小、专、精的各类社会资本广泛参与的运营企业，充分放开竞争性业务，使这些企业在充分竞争的条件下提供更加优质高效的运输服务。②除了少数运营企业（例如三大专业运输公司）需要国家保持控制力之外，其他企业应完全向社会开放。

路网公司主要从事铁路线网等配套设施建设、维护和全网列车统一调度指挥、车站正常运转，拥有对线路、桥梁、隧道、信号、供电设备和车站等资产的依法管理权。本书建议，为了提供公平的竞争环境，必须以法律法规的形式严格禁止路网公司以任何形式（全资、控股或参股）获得铁路客货运营资格。否则，庞大的路网公司在利益驱使下会衍生出众多的有直接共同利益的运营公司，这些公司在利用路网资源的时候享有事实上的优先权，从而破坏市场竞争的公平性。

2. 铁路运营与非铁路领域的关系

铁路运营公司的主要职能是为旅客和货主提供优质的运输服务，设计满足市场需求的各类运输产品，以保持市场占有率，促进我国铁路运输行业在公平有序竞争中实现快速健康发展；对运输市场进行调查并做出运输需求预测分析，根据运输需求开发有竞争力的优质运输产品和运输服务；管理、调节和控制交通运输需求，从时间和空间分布两个方面影响和促进交通运输流的适度生成和合理分布，制定运输计划，防止或缓解交通运输“瓶颈”的交通拥挤和阻塞。

党的十八届三中全会提出，建立统一开放、竞争有序的市场体系，为进一步发展与完善我国的市场体系指明了方向。我们认为，我国的铁路运营具有经营性和充分竞争性，其主要目的是盈利，除了少数运营企业（例如三大专业运输公司）需要国家保持控制力并兜底一定数量的公益性运输和军事运输之外，其他企业原则上应完全向社会开放。

我们建议，应鼓励更多的社会资本投资铁路运营企业，充分发挥各方积极性，多渠道、多元化筹措建设资金，促进铁路运营企业的发展。特别是让一些煤炭、港口、快递等企业参股铁路运营领域的企业，不仅能够推进铁路投融资体制改革，还能促进铁路与产业链上下游的全产业融合。

9.1.3 铁路运营领域国家控制方式

由于铁路运营企业与其他企业之间存在竞争，这种竞争性有利于提高其自身效率，并推动整个国有经济的发展。铁路行业属于自然垄断行业，中央重视国有经济在这些行业中的作用地位。综上两点，使得铁路运营企业逐渐成为国民经济的支柱，并推动着国民经济的整体发展。由于运营领域企业体现出的商业性比较明显，可以将其定位为商业性，或以商业性为主、公益性为辅的企业。

1. 定位为商业性的企业

国家铁路运输企业在我国交通运输方式中处于非常重要的地位，可以完成工农业生产运输、国防军事运输、抢险救灾运输、专特运输等任务，为祖国统一、国家安定、民族团结和进步、国民经济又好又快发展、促进区域经济发展、扶贫解困、社会进步和发展，作出了巨大贡献。其中，铁路运营企业在此过程中发挥了重要的作用，其采用优化的运营方式方法，合理组织运输生产过程，充分发挥各种运输技术设备效能，不断改善客货运输业务，并对运输生产过程进行有效的计划、组织和控制，以最小的运输耗费取得最大的运营效果，尽可能满足广大旅客和货主的运输需求，努力完成国家赋予铁路行业的任务和责任。

当前，我国铁路运营企业处于全行业亏损，而且铁路运营企业以前也是处于长期亏损状态，现在又处于债台高筑的境地，国家铁路运输价格长期以来处于低运价，但维持运输所必需消耗的物资、材料、人工费用等却不断上涨，铁路运营维护所需成本不断攀升，即人们常言的低运价应对高物价。这造成国家铁路运输企业入不敷出。我国铁路运营企业要实现可持续发展，适应国民经济发展需求，满足国家和人民的需要，才有希望或可能走出困境，走上健康发展的良性轨道，真正发挥铁路运营企业在我国铁路运输企业中的地位和作用，真正体现铁路运营企业在我国经济社会发展中所处的地位和作用。

铁路运营企业是属于一般竞争性国企，国有资本在其中的目标是效率，企业的目标是盈利，国有资本应逐步退出。我国铁路运营企业应发挥自己的特点，为国家铁路运输业的健康发展，为国民经济大动脉的畅通，为社会的发展和进步，为祖国的强大和繁荣昌盛，为各行各业和人民群众提供优质、价廉、方便、快捷、舒适的铁路运输服务作出一定的贡献。因此，只考虑运营领域企业商业性的情况下，为了使该领域企业能够充分竞争，建议国家放松控制，采用相对控股甚至不参股的形式。

2. 定位为公益性为主、商业性为辅的企业

由于当前和今后一段时期，许多国家都迫切需要通过大型基础设施建设拉动经济增长，铁路国际市场前景广阔。我国铁路特别是高速铁路发展对世界铁路发展产生了重要影响，为我国铁路“走出去”提供重要发展机遇。国家高度重视铁路“走出去”，把铁路作为实施“一带一路”倡议的重要领域和优先方向，必然要求我国铁路实质深度参与国际标准化工作，充分反映国家利益和技术要求，加快铁路标准向国际标准转化，积极推广中国标准，提升国际影响力和竞争力，在推进“一带一路”建设，带动中国铁路产品、技术、装备、服务“走出去”等方面发挥更大作用。

铁路运营领域成为中国铁路参与国际竞争的主要力量。为了使我国铁路运营领域企业在国际上更具竞争力，需要国家保持一定的控制，从这个意义上，我们认为比较重要的铁路运营企业采用国家相对控股甚至严格至绝对控股的形式，也是十分有必要的。

9.2 铁路运营领域的出资人制度

众所周知，企业中的国有资产，其出资者为代表全体人民的国家，国家通过国有资产的出资人以其向企业的全部投资额享有所有者的权益，包括资产收益权、重大决策权、经营管理者选择权等。

改革开放以来，特别是党的十四大提出建立社会主义市场经济体制、十四届三中全会提出建立现代企业制度以来，国有企业迅速发展，在国民经济中发挥着主导作用。党的十五届四中全会的决定指出：“政府对国家出资兴办和拥有股份的企业，通过出资人代表行使所有者职能，按出资额享有资

产收益、重大决策和选择经营管理者等权利，对企业的债务承担有限责任，不干预企业日常经营活动。”

党的十六大作出改革国有资产管理体制的重大决策，提出：“继续调整国有经济的布局和结构，改革国有资产管理体制。在坚持国家所有的前提下，充分发挥中央和地方两个积极性。国家要制定法律、法规，建立中央政府和地方政府分别代表国家履行出资人职责，享有所有者权益，权利、义务和责任相统一，管资产和管人、管事相结合的国有资产管理体制。关系国民经济命脉和国家安全的大型国有企业、基础设施和重要自然资源等，由中央政府代表国家履行出资人职责。其他国有资产由地方政府代表国家履行出资人职责。”

党的十七大充分肯定了十六大以来国有资产管理体制改革和国有企业改革发展取得的重大进展和明显成效，明确要求进一步完善国有资产管理体制和制度，深化国有资产管理体制改革，优化国有经济布局和结构。

党的十八大报告再次强调，完善各类国有资产管理体制。党的十八届三中全会从积极发展混合所有制经济出发，对完善国有资产管理体制作出了新的部署。完善国有资产管理体制，就是要在国有资产改革已经取得成效的基础上，认真总结经验，分析不足，进一步健全适应社会主义市场经济要求的国有资产管理体制，为保护好、利用好、经营好各类国有资产提供可靠的制度保障，以最大限度地发挥好各类国有资产的作用，创造更好的经济效益和社会效益，为建设中国特色社会主义提供坚实的基础。

党的十九大报告强调，要完善各类国有资产管理体制，改革国有资本授权经营体制，加快国有经济布局优化、结构调整、战略性重组，促进国有资产保值增值，推动国有资本做强做优做大，有效防止国有资产流失。深化国有企业改革，发展混合所有制经济，培育具有全球竞争力的世界一流企业。

铁路运营公司作为市场竞争的直接参与者，要坚持市场取向，引入竞争机制，提高服务质量，逐步扩大市场份额，实现铁路客运、货运收益的最大化。考虑到运营领域具有竞争性，应当充分开放市场，可大力发展混合所有制，适时上市成为公众公司，重要运营企业采用相对控股或者严格至绝对控股，一般运营企业可放松至相对控股形式甚至不参股。

铁路运营领域由中国铁路国有资本投资运营公司代表国家履行国有资本出资人职责。在未来应将铁路运营公司推向市场，并允许各类资本举办运营类公司，充分放开铁路运营市场（也即进入了网运分离阶段），从而增强运营领域的竞争力。届时货运运营公司的出资人构成也会出现多样化，三大专业运输公司也同样可以参与进来，各类资本都可成为货运运营公司的出资者，从而改变出资人单一化现象。可以由铁路运输上下游领域内央企以及各级地方国企分别出资，如大型煤炭企业（如中国神华）、大型钢铁企业（如宝武集团）、大型石化企业（如中国石油、中国石化）、大型汽车企业（如一汽集团、东风汽车、上汽集团等）、大型民航企业（中国国航、东方航空、南方航空等）、大型港口企业（如大连港、青岛港、连云港、盐田港等）、大型航运企业（中国远洋海运集团等）。我们特别建议，由有实力的快递快运企业出资，如顺丰速递、圆通速递、申通速递、中通速递、韵达速递、德邦快运等。

9.3 铁路运营领域的企业治理结构

铁总及18个路局将建立的运营公司推向市场，并允许各类社会资本举办铁路运营公司，实现运营分离。在这一阶段的网运分离中，将已成立的各运营公司逐渐推向市场的同时，众多规模较小的社会资本也具有参与铁路运营的可能，因而将产生众多的运营公司，如图9–1所示。按照国有企业建立现代企业制度以企业法人制度为主体的要求，众多的运营公司都具有独立的法人资格以及承运人资格，使其在不同层面参与铁路运营并以加强竞争为首要目标[①]。

① 史忠健：《国有企业治理结构》，北京大学出版社2002年版。

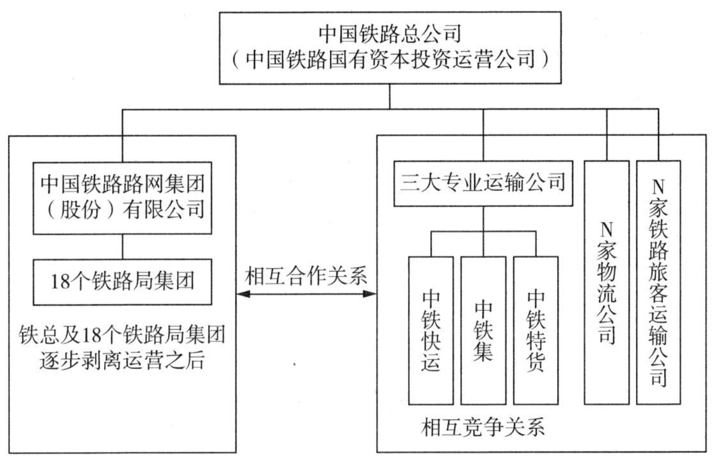

图9-1　网运关系调整后各公司关系

建立的运营公司将作为铁路总公司子公司的身份存在，铁路运营公司采用公司法人治理结构，即建立公司股东会、董事会和监事会，公司组织机构如图9–2所示。

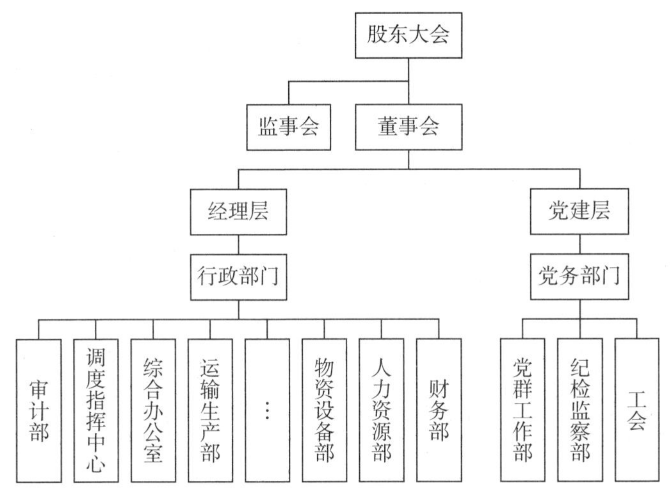

图9-2　铁路运营公司组织机构

铁路运营公司的特点主要表现在以下三个方面：①不同业务的企业之间可以相互独立、分离开来（当然也不禁止它们之间有融合发展）。②路网公司和客运公司两者都是各司其职。这样，两个部门能够根据自身的运营范围来分别负责不同的维护内容，实现对自身业务的进一步扩大，有效地实现了责任的精细化与管理的细致化。③客运公司（货运公司）以及路网公司与各个地区的铁路局根据职责以及业务的不同建立全新的合作关系，能够将运输企业从原本复杂和繁重的任务中逃离出来，还能有效控制成本，获得更高的利益。因为铁路建设需要巨额的投资，并且需要考虑铁路运输所涉及的公众利益。

9.3.1 股东大会

由于各个铁路运营股份有限公司是以资本的联合为基础设立的，向公司投入了资本的出资人是公司的所有权人，这种所有权是以持有公司股份来体现的，出资者持有公司的股份，在公司这种组织形式中被称为股东。各个铁路运营股份有限公司是由全部出资者出资设立的，即由全体股东集资设立，同时应当由全体股东组成股东大会。也就是说，股份有限公司的股东大会是由全体所有权人组成，每一个股东不论其持有股份的多与少，都有权成为股东大会的组成者。

股东会行使下列职权：①决定公司的经营方针和投资计划；②选举和更换董事、决定有关董事的报酬事项；③选举和更换由股东代表出任的监事，决定有关监事的报酬事项；④审议批准董事会的报告；⑤审议批准监事会或监事的报告；⑥审议批准公司的年度财务预算方案、决算方案；⑦审议批准公司的利润分配方案和弥补亏损方案；⑧对公司增加或减少注册资本做出决议；⑨对发行公司债券做出决议；⑩对公司向股东以外的人转让出资做出决议；⑪对公司合并、分立、变更公司形式、解散和清算等事项做出决议；⑫修改公司章程。

9.3.2 董事会

对于铁路运营领域的各个公司，由铁路总公司以及其他各类资本的代表派驻董事，由董事会决定行使股东权利所涉及的事项，也可以对行使重要股东权利所涉及的事项进行决定。

子公司董事会作为公司的决策机构，接受总公司的委托，做出公司的重大决策；同时将执行权委托给经理层。子公司董事会在公司治理中具有核心地位。

董事会是股东会的执行机构，由3～13名董事组成。董事会设董事长1人，可以设副董事长1～2人，董事长为公司的法定代表人。股东人数较少和公司规模较小的有限责任公司可以只设一名执行董事，不设董事会。

股东会会议由董事会召集，董事长主持，董事长因特殊原因不能履行职务时，由董事长指定的副董事长或其他董事主持。

董事会对股东会负责，行使下列职权：负责召集股东会，并向股东会报告工作；执行股东会的决议；决定公司的经营计划和投资方案；制订公司的年度财务预算方案、决算方案；制订公司的利润分配方案和弥补亏损方案；制订公司增加或减少注册资本的方案；拟订公司合并、分立、变更公司形式、解散的方案；决定公司内部管理机构的设置；聘任或解聘公司经理（总经理）；根据经理的提名，聘任或解聘公司的副经理、财务负责人，决定其报酬事项；制定公司的基本管理制度。

9.3.3 监事会

母公司为国有独资公司的企业集团，其总公司与子公司在法律上是一种平等地位，都是独立法人，各自享有独立的法人财产权，独立行使民事权利，独立承担民事责任。总公司与子公司不存在上下级行政隶属关系，母子公司的治理也不应采取行政控制的手段，母公司不能违反法律和章程规定，直接干预子公司的日常生产经营活动。

因此，总公司和子公司分别作为独立的法人，其监事会也应该是独立的，按照规定，监事会应直接向公司的出资人也就是国资委负责，子公司的监事会要由国资委直接委派，总公司和子公司的监事会之间不存在直接的隶属关系。

公司经营规模较大的，可以设立监事会，其成员不得少于3人。监事会应在其组成人员中推选1名召集人。监事会由股东代表和适当比例的公司职工代表组成，具体比例由公司章程规定。监事会中的职工代表由公司职工民主选举产生。公司股东人数较少和规模较小的，可以设1～2名监事。

董事、经理及财务负责人不得兼任监事。

监事会或监事行使下列职权：检查公司财务；对董事、经理执行公司职务时违反法律、法规或公司章程的行为进行监督；当董事和经理的行为损害公司利益时，要求董事和经理予以纠正；提议召开临时股东会；公司章程规定的其他职权。

9.3.4 职业经理人

铁路运营公司的总经理选拔机制可参照职业经理人的选拔制度，取消铁路运营公司总经理行政任命制，改为从市场上选聘。

经理对董事会负责，行使下列职权：①主持公司的生产经营管理工作，组织实施董事会决议；②组织实施公司年度经营计划和投资方案；③拟订公司内部管理机构设置方案；④拟订公司的基本管理制度；⑤制定公司的具体规章；⑥提请聘任或解聘公司副经理、财务负责人；⑦聘任或解聘除应由董事会聘任或解聘以外的管理人员；⑧公司章程和董事会授予的其他职权。经理列席董事会会议。

9.4 铁路运营领域的企业法律形式

1. 中铁集装箱有限责任公司

中铁集装箱运输有限责任公司，是经中国铁路总公司批准、国家工商行政管理总局注册、通过整合铁路集装箱运输资源后，成立的一家国有大型集装箱运输企业，具有集装箱铁路运输承运权。公司资产22亿元人民币，注册资本12亿元，现有股东15家，其中铁路总公司中铁集装箱运输中心占股份51%，其他14个铁路局合占股份49%。

中铁集装箱运输有限责任公司主营国内、国际集装箱铁路运输、集装箱多式联运、国际铁路联运；仓储、装卸、包装、配送等物流服务；集装箱、集装箱专用车辆、集装箱专用设施、铁路篷布等经营和租赁业务。兼营国际、国内货运代理，以及与上述业务相关的经济、技术、信息咨询和服务业务。

公司拥有北京东、杨浦、成都东、重庆东、大朗、昆明东6个集装箱办理站。现有20英尺、40英尺国际通用集装箱，有折叠式台架集装箱、板架式集装箱、双层汽车集装箱、罐式集装箱、散货水泥集装箱和散货集装箱等各种类型的专用集装箱，共计17.3万TEU。公司有集装箱专用平车9130辆，铁路篷布35万张。

公司正在实施经国务院批准的《中长期铁路规划》，建设上海、昆明、哈尔滨、广州、兰州、乌鲁木齐、天津、青岛、北京、沈阳、成都、重庆、西安、郑州、武汉、大连、宁波、深圳18个具有国际先进技术设备和物流功能的大型集装箱中心站。改造40个大城市、大型港口和主要内陆口岸所在地的集装箱专办站，保留100个左右的集装箱办理站。全国30个省、自治区、直辖市的740个铁路车站办理集装箱运输业务。

公司下设18个分公司、36个营业部。对外投资企业13个，其中全资子公司2家（中铁国际多式联运有限公司、中铁集装箱哈萨克斯坦国际物流有限公司）；控股子公司3家；参股子公司8家。公司是中外合资企业中铁联合国际集装箱有限公司和上市公司中铁铁龙集装箱物流股份有限公司的第一大股东，总部设在北京。其企业机构如图9-3所示。

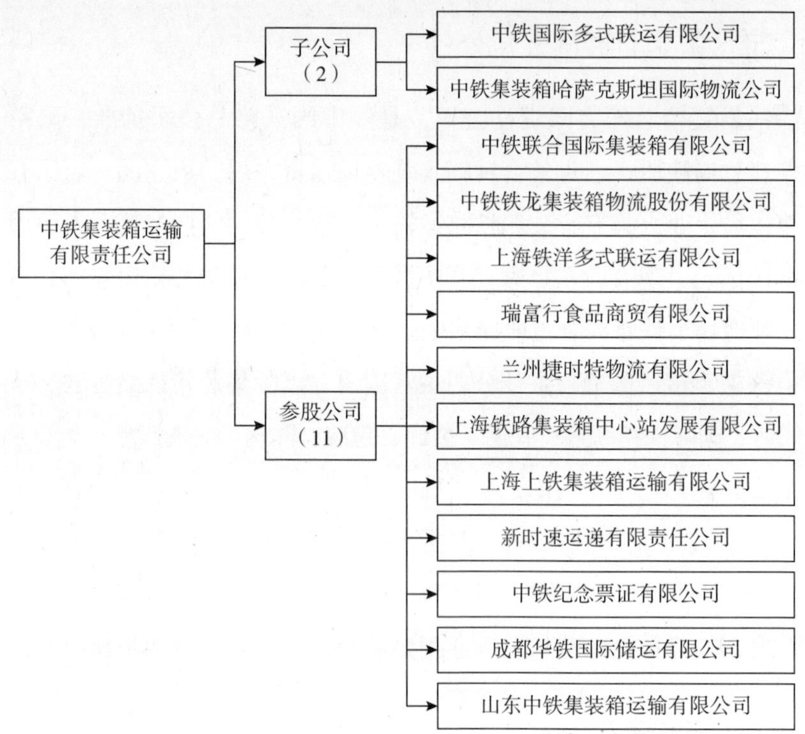

图9-3　中铁集装箱企业组织机构图

2. 中铁特货运输有限责任公司

中铁特货运输有限责任公司（China Railway Special Cargo Services CO., LTD.简称“中铁特货”）是中国铁路总公司直属专业运输企业，主要从事商品汽车、大件货物、冷藏货物的铁路运输，注册资本85亿元人民币。

公司总部在北京，在哈尔滨、沈阳、北京、郑州、上海、广州、柳州、乌鲁木齐、昆明等地设有13个分公司和直属营业部。下设中铁特货大件运输有限责任公司、中铁特货汽车物流有限公司2个全资子公司。

公司主营特种货物的铁路运输及货物的装卸、仓储、配送、流通加工、包装、信息服务；铁路运输设备、设施、配件的制造、安装、维修；铁路特种货物专用车及相关用具的租赁；铁路特种货物专用车装卸、加固用具的生产、销售、租赁。普通货物的运输及代理；与上述业务相关的经济、技术、信息咨询和服务。

公司拥有商品汽车运输专用车、长大货车、冷藏货物运输车一万余辆，110个商品车装卸作业点，42个物流基地，总面积219万平方米。

中铁特货公司在现代企业制度建设方面也进行了很多的建设，建立了董事会，并下设经理层和总经理办公会，如图9–4所示。

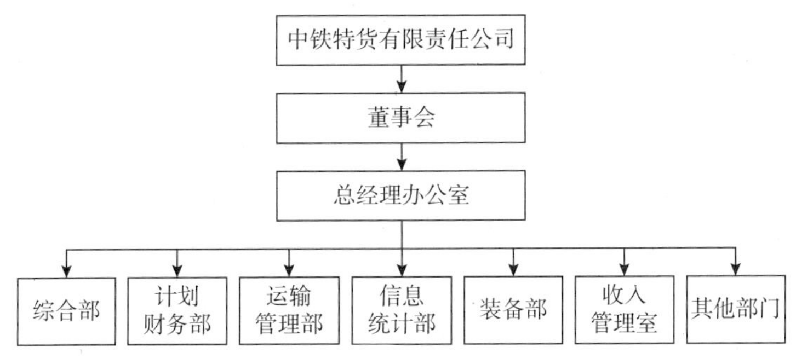

图9-4　中铁快运企业组织机构图

3. 中铁快运股份有限公司

中铁快运股份有限公司（China Railway Express Co.，Ltd.简称CRE）是中国铁路总公司直属企业，位于北京，是国家AAAAA级物流企业。

中铁快运依托遍布全国的高铁列车（动车组）、旅客列车行李车、特快及快速货物班列、电商班列等铁路运输资源，综合运用铁路、公路、航空各类运输方式以及经营网络、仓储与配送网络和信息化平台、95572客户服务平台、电子商务平台，中铁快运竭诚为广大客户提供高铁快运（当日达、次晨达、次日达、隔日达以及经济快递、同城快递、车票快递）、普通货物快运（时限快运、标准快运、特色快运）、货物快运（铁路整车、零担、集装箱）和普通包裹代理（铁路车站行包房受理行李、包裹）等系列产品服务。根据客户个性化需求，提供运输、仓储、分拨、配送、包装、信息跟踪、保价保险、签单返回、异地调货、代收货款、电子商务等增值服务，为广大客户提供物流方案设计、供应链管理等全方位、“一站式”综合物流服务。

中铁快运注册资金28.92亿元，设有18个分公司、13个省市分公司（中心营业部）和7个子公司，在全国322个城市有3200多个营业机构，“门到门”服务网络覆盖2906个市、县。其组织机构图如图9–5所示。

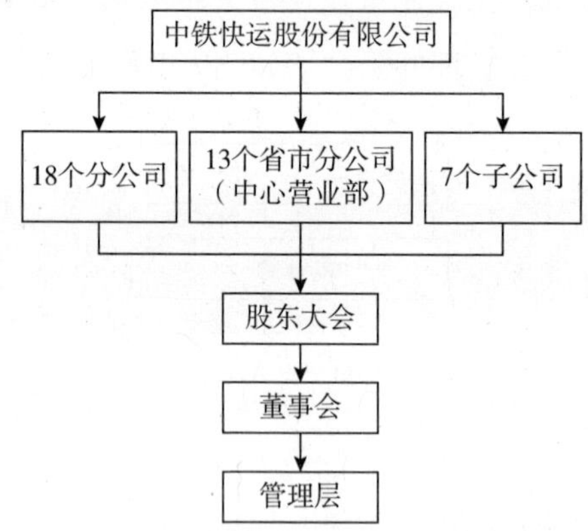

图9-5　中铁快运企业组织机构图

如图9–5所示，中铁快运股份有限公司建立了比较完善的现代企业制度，总公司下设股东大会、董事会和管理层。中铁快运股份有限公司的成立，为深化铁路企业制度改革提供了借鉴、积累了经验，创造了可复制、可推广的改革模式。

股份有限公司可迅速聚集大量资本，广泛聚集社会闲散资金形成资本，利于形成股权结构多元、股东行为规范、内部约束有效、运行高效灵活的市场化经营机制等优点。

作为铁路三大专业运营企业，中铁快运是股份有限公司，而中铁特货运输和中铁集装箱运输都是有限责任公司，笔者建议他们将企业法律形式改为股份有限公司，并上市成为公众公司，以便更好地从市场中获得公司扩大生再生产所需要的资金。

我国铁路运输业在运营管理中有很多问题亟待解决，比如长期投资不足、财务负担沉重、铁路效率低下、入不敷出等，因此运营企业不仅需要国有资本的支持，也需要更多的社会资本进入运营领域，使得铁路运营企业能够迅速、广泛、大量地集中资金，也可以通过向社会公开发行股票的办法筹集资金，并且使股东对公司债务负有限责任。

基于以上考虑，本书建议铁路运营公司从一开始就设立为股份有限公司的形式，从而充分发挥市场化机制，促进现代企业制度建立。由于各个铁路运营股份有限公司是以资本的联合为基础设立的，向公司投入了资本的出资人是公司的所有权人，这种所有权是以持有公司股份来体现的，出资者持有公司的股份，在公司这种组织形式中被称为股东。各个铁路运营股份有限公司是由全部出资者出资设立的，即由全体股东集资而设立，同时应当由全体股东组成股东大会。也就是说股份有限公司的股东大会是由全体所有权人组成，每一个股东不论其持有股份的多与少，都有权成为股东大会的组成者。

9.5 本章小结

本章在铁路的国家所有权总体政策之上，研究了对铁路运营领域的国家所有权具体政策。主要包括铁路运营领域中国有经济的定位及布局、铁路运营领域的出资人制度、铁路运营领域的企业治理结构、铁路运营领域的法律形式等内容。

我们认为，铁路的国家所有权总体政策指导着铁路运营领域的国家所有权具体政策的制定，具体政策保证总体政策的落实。随着国有企业改革的进行，铁路运营领域的改革会进一步加快，越来越多的社会资本会逐渐参与到铁路运营领域，铁路运营企业的各种制度和法律形式也会更加完善。

我们建议：

①明确国家所有权政策对铁路运营领域的发展和改革以及中国经济的发展都具有重大的意义。有利于从根本上明确国家和企业之间的关系，有利于明确企业的发展方向，推进改革、促进发展。

②铁路运营企业与其他企业之间存在竞争，这种竞争性有利于提高其自身效率，并推动整个国有经济的发展。考虑到运营领域具有竞争性，应当充分开放市场，可大力发展混合所有制，适时上市成为公众公司，建议运营领域企业采用国有参股的形式，重要运营企业采用相对控股甚至严格至绝对控股，一般运营企业可放松至相对控股形式，甚至不参股。

③铁路路网领域客观上存在严重的市场失效，而铁路运营领域不存在或者很少存在市场失效，所以不需要国家过多的干预。因此，与路网合一的客货运业务应逐步从路网中分离出来。

第 10 章 铁路资本领域的国家所有权政策

近年来，我国国企改革进入“深水区”，随着国企改革的不断深入，对铁路国有资本的进一步改革成为必然趋势。本章主要阐述基于当前国内外的国企改革实践与启示，成立铁路国有资本运营公司有利于进一步加强对铁路国有资本的监督与管理。一方面，使铁路国有资本能够比较顺利地在各个铁路国有企业之间流动，这对于实现铁路各领域的发展目标和功能定位有着重要意义；另一方面，也有利于实现铁路国有资产的保值增值。

10.1 国内外国有资本投资运营公司的实践与启示

新加坡淡马锡模式对我国国企改革具有重要参考价值，自全面深化国有企业改革以来，我国在借鉴其他国家成功经验的同时，结合我国国情，通过改组组建国有资本投资运营公司，成功实现了国资监管机构从“管人、管事、管资产”向“管资本”的转变，进一步深化了国有企业改革。

10.1.1 淡马锡模式

20世纪70年代中期之前，新加坡政府为了进一步促进全国基础设施的发展和管理，成立了一些所谓的“法定机构”，这些法定机构集政府职能与企业经营为一体，如电力局、邮电通讯管理局、石油管理局等。实行政企统一，既制定法规、政策，又进行行业管理和经营。随着各类工业发展规模和企业数量的增加，政府管理负担越来越重，难度越来越大。为此，政府逐步实行将制定工业政策和法规与企业的经营的职能分开，并将有关行业的管理机构进行合并。为了不影响企业的发展，确保原国有资产不流失并能增值，在1974年，新加坡政府决定由财政部负责组建一家专门经营和管理原国家投入到各类国联企业的资本的国家资产经营和管理公司，这家公司就是淡马锡控股公司（简称“淡马锡”）。政府赋予它的宗旨是：“通过有效的监督和商业性战略投资来培育世界级公司，从而为新加坡的经济发展做出贡献。”

截至2017年3月31日，淡马锡拥有总值2750亿新元的投资组合，主要分布在新加坡和亚洲，其投资组合涵盖广泛的行业领域，包括电信、媒体与科技、金融服务、交通与工业、消费与房地产、生命科学与综合农业，以及能源与资源等领域，有关数据显示，淡马锡正逐步减少了对金融服务业的投资，逐步增加对消费与房地产，生命科学与农业的投资比重。自1974年成立以来，淡马锡的复合年化股东总回报率以新元计算为15%，远超新加坡同期股市水平回报率和GDP增速。由于淡马锡控股公司业绩突出，因而形成了独具新加坡特色的为众多国家所认可的淡马锡模式。

淡马锡模式的精髓在于建构由政府、国资运作平台和企业组成的三层架构，政府在宏观层面把控企业战略方向和重要人事任免，而职业经理人负责企业的微观运行层面。淡马锡模式的内容主要包括以下几个方面。

第一，所有权和经营权相分离。淡马锡的经营模式是完全市场化的，政府授权国有企业董事会依靠产权纽带管理国有企业，对所属公司行使出资人职权，淡马锡的定位实现了政企分开。政府在其中的监管作用体现在国企资本金变动以及董事会重要成员任免等重大事项上，还有不定时调研下属淡联企业，而对企业的经营管理以及业绩考评等日常运营可以做到不干预，使企业能够真正地按照市场化原则运营和参与竞争。

第二，打破国有产权在所有领域的控股局面。淡马锡虽由国家控股，但其根据市场发展情况采用积极灵活的投资策略及资本退出机制。1985年淡马锡出台了一套完整的国企战略布局调整计划，政府投资公司要退出那些非战略重要性和无需政府主导的行业，还要将投入到那些成熟到可以允许私人资本进入行业的资本撤出，用这些资本进行海外投资。这种方式巧妙地配置了国有资本和私人资本，并且将优质资产以高价卖出，做好了国有资产的保值增值。

第三，坚持董事会为核心的治理结构。淡马锡模式的中枢系统是其独立董事会制度的高效运转。政府授权国企董事会对关系到企业生存和经营发展的所有重大事项在充分讨论的基础上做出决策，还要承担与决策相应的责任，而国有企业则以董事会治理为核心，按照市场化原则独立进行经营。政府通过国企董事会对其运营间接施加影响，这是完全市场化原则的体现。

第四，梳理利益至上的经营理念。淡马锡从成立以来一直以商业价值最大化的原则作为商业决策的基本依据，按照市场化原则运营。作为商业机构的淡马锡控股，其经营活动决策均基于商业利益作为判断标准，以回报率作为衡量投资的绝对指标。假如某项目需要兼顾国家和社会利益，政府对企业的要求是保持盈亏平衡，并对此给予补偿以确保淡马锡实现盈利[①]。

该模式是新加坡国有控股公司对本国国有资产进行管理的成功经验，是世界上为数不多的几个国营企业比民营企业做得好的国家的一种成功经验。

10.1.2 我国国有资本投资运营公司

国有企业改革是整个经济体制改革的中心环节。建立和完善社会主义市场经济体制，实现公有制与市场经济的有效结合，最重要的是使国有企业形成适应市场经济要求的管理体制和经营机制。

国有企业改革是中央实施做强做大国有企业方针的重大战略步骤，推进国有企业改革，要有利于国有资本保值增值，有利于提高国有经济竞争力，有利于放大国有资本功能。2013 年 11 月 12 日，党的十八届三中全会通过

---

① 焦欢："淡马锡模式对我国国企改革的启示与局限研究"，《时代金融》，2016年，第24期。

了《中共中央关于全面深化改革若干重大问题的决定》，其中第6条提出，“完善国有资产管理体制，以管资本为主加强国有资产监管，改革国有资本授权经营体制，组建若干国有资本运营公司，支持有条件的国有企业改组为国有资本投资公司”[①]，首次明确提出将国资监管体制从以往“管人、管事、管资产”转变为以“管资本”为主。会议确定了“管资本”、组建“国有资本投资公司”和“国有资本运营公司”的原则和方向，在国资监管机构与经营性国企之间，系统性地组建或改组设立国有资本投资运营公司，专门从事国有资本的运营管理。

1. 国有资本投资运营公司

国有资本投资运营公司是国家授权经营国有资本的公司制企业，是政府与国有企业的中间层，发挥管资本的作用，同时它也是国有资产的直接出资人代表，拥有国有企业股权，代替国资委履行出资人职责，致力于国有资本的投资和运营，以确保国有资产的保值增值，对国家负责，严防国有资产流失。

国有资本投资运营公司的主要职责是对国有资产进行投资经营及对存量资产的流动和重组，通过资本层面的运作对国有资产进行高效配置。具体而言，国有资本投资运营公司有两大特点：第一，国有资本投资运营公司原则上保持国有独资形态，与股权多元化的实体企业相区别；第二，国有资本投资运营公司是纯粹控股身份，从事国有资本的经营管理和运作，不从事具体的产品经营。

在其实际运营中，国有资本投资运营公司可以通过国有资本的持股、国有股权的减持变现及各种资本运营技巧的运用而追求收益；国有资本运营公司既可以对国有企业持股、增持、减持甚至变现退出，也可以对民营企业及外资企业持股、增持、减持或在获取收益后全部变现退出；待其发展到一定

---

① 周小龙：“国有资本运营公司持股模式选择及其制度设计”，华东政法大学，2015年。

阶段还可以从事跨国投资和跨国资本运营[①]。

国有资本投资运营公司的构建，打破了传统的“国资委—国有企业”的两层管理结构，而代之以“国资委—国有资本投资运营公司—国有企业”三层架构。三层委托—代理关系的形成，不仅符合以国有资本改革带动国企改革，政府仅以出资人身份管理国有资产的思路要求；而且，这将进一步明确国有资本的权属及以国资委为代表的相关政府机构的职能定位，有效消除由政府意志和利益干预甚至直接决定国有企业行为而造成的工作积极性降低、流程化管理低效等问题；有利于国有企业引入市场化运作机制，建立现代企业制度，实现国有资本的市场化运营与国有资本投资运营公司的市场化运作。

具体而言，三层委托—代理关系包括以国有资产监督管理委员会为代表的顶层；以国有资产投资、运营公司为主的中间层和以国有企业及国有资产投资运营公司下属成员企业构成的底层。不同层级的设置，具有不同的且不可替代的作用：以国资委为代表的顶层，可谓是传统意义上的“政府角色”，它的存在能够不断强化并始终保持国企改革进程中国有资产归国家所有的性质不变，进而保证国有企业的经营方向能够始终符合国民经济及社会发展的内在要求。国有资本投资运营公司则是独立的市场主体，是政府“人格化积极股东”的市场代表，履行出资人监管职责，在三层委托—代理关系中发挥着至关重要的作用。而处于三层委托代理关系底层的下属成员企业，则是在理顺企业治理结构的基础上，依托国有资本的投资及相关配套制度，既在一定程度上保持“国有”性质，又能够不断推进自身市场化改革及管控模式创新探索的市场主体[②]。

因此，设立国有资本投资运营公司成为新一轮国有企业深化改革的重点内容。为了契合新一轮国企改革，在构建我国国有资本投资运营公司进程

① 周小龙：“国有资本运营公司持股模式选择及其制度设计”，华东政法大学，2015年。

② 王曙光、王天雨：“国有资本投资运营公司:人格化积极股东塑造及其运行机制”，《经济体制改革》，2017年，第3期。

中，需要注意以下几个方面。

第一，要深入贯彻十八届三中全会通过的《中共中央关于全面深化改革若干重大问题的决定》及会议精神、2015年中共中央国务院《关于深化国有企业改革的指导意见》等，注意发挥市场在资源配置中的决定性作用，是全面深化改革的目标之一，而经济体制改革是其中的重点内容，关键是正确处理政府和市场之间的关系，因此要在市场经济主导下重构国有资产管理体制。

第二，现代企业制度建设是国有企业制度改革的方向，注重《指导意见》国企改革顶层文件以及相关文件形成的国企改革的“1+N”系列文件，打造成为独立的市场主体，充分激发和释放企业活力，提高市场竞争力和发展引领力，确保企业的独立市场主体地位，是深化国有企业改革的出发点和落脚点。

第三，注意国有资本投资运营公司在深化国企改革的关键作用，实现以管企业为主向以管资本为主的转变，改组组建国有资本投资运营公司是国企改革发展的需要，也是国有资产的管理体制改革的外在要求，要与国有企业公司制改造有机衔接，依托国有资本投资管理公司为国有资本市场化运作的专业平台，依法自主开展国有资本运作，对出资企业行使股东职责，按照责权对应原则承担起国有资产保值增值责任。

2. 国有资本投资运营公司的实践启示

①构建国有资本投资运营公司要因地制宜、因省各异。现阶段，国有资本投资运营公司的构建存在三种模式：一是上海模式，即首先把涉及国有资本的行业领域进行分类，然后在各类行业领域中建立一个综合性的专业国有资本投资运营公司。二是“类淡马锡模式”，即将区域范围内（一个国家或一个地区）几乎所有行业领域的国有资本进行整合，进而进行规模化、系统性的投资运营。三是“并行模式”，即混合型的大国有资本投资运营公司与专业化、分行业分领域的小国有资本投资运营公司并行存在。而对于我国国

家层面与具体地方层级的国有资本投资运营公司所选用的模式，是要与本国及本地区的基本国情与区情紧密相关的。资本实力较为雄厚、国有企业较为发达的省份，市场化程度也普遍较高，国有资本投资运营公司构建的工作重点只需更侧重于推进国有资本的合理布局与产业的结构调整；而国有企业发展情况不佳、经济发展水平较为滞后、市场化程度较低的省份则更需注重国有资本投资运营公司的设立所带来的制度文化渗透、企业治理结构的变化与经营意识的转变等。工作重点的不同，导致国有资本投资运营公司设立模式的差异。因此，构建国有资本投资运营公司不可采用“一刀切”的方式，要做到因地制宜，因省各异。

②优化委托—代理关系，处理好国资委与国有资本投资运营公司之间的关系。从国资委与国有资本投资运营公司两者关系分析，国资委授权国有资本投资运营公司开展国有资本股权管理运营、产业投资，两者之间形成了国有资本的委托—代理关系。但因国资委同时既是政策制定者，又是实际管理者，履行出资人职责，并与国有资本投资运营公司存在上下级的行政管辖关系，所以，国资委与国有资本投资运营公司之间可能会出现行政化的委托—代理关系，缺乏市场化的激励约束机制。本轮国企改革的关键依然是避免两者之间的行政化管理模式，如何使国资委做到不干涉或不直接参与国有企业的具体经营，仅提供企业发展的保障性与服务性措施，履行出资人的监管职责，是国有资本投资运营公司构建及运行过程中极其关键的问题。国有资本投资运营公司作为由国家授权而经营国有资本的公司制市场主体，国资委应仅以其出资额为限，以股东身份对其行使相应的决策和监督管理权，着力构建国有资本管理的制度性规范，建立并完善国有资本监管等相关政策的制定，充分发挥其负面清单列示及其在国有资本市场化运作、职业经理人选聘等方面不可替代的作用。这将有利于推进我国国资监管机构职能逐步向以管资本为主转变，建立并完善监管权力清单和责任清单，实现国资监管机构不干预企业自主经营权与国有企业经营的去行政化。在处理国资委与国有资本投资运营公司的委托—代理关系中，国资委必须认清自身的职能定位，着重

落实其出资人与监管人职责，同时又要注重国有资本投资运营公司优质独立法人的市场主体地位，不过度介入公司的日常经营。

③完善国有资本投资运营公司的内部治理，推进现代企业制度建设。国有资本投资运营公司应积极探索有效运营方式，建立现代企业制度，优化董事会成员结构，规范绩效考核办法并完善人事聘用制度，建立完善的激励约束机制，最大程度激发公司各层级员工工作积极性，由以往“管人管事管资产”的传统模式，向“管资本”的新兴模式转变。国有资本投资运营公司作为市场化的资本运营主体，既要防止政府干预过多导致企业失去活力，又要防止出资人监管职责不到位而产生的内部人控制风险。因此，完善现代企业制度是国有资本投资运营公司的立身之基。在当前的市场化条件下，应在国有资本投资运营公司构建过程中逐步建立其内部的破产文化，由此促进国有资本投资运营公司与其下属企业之间激励约束机制的产生、奖惩机制的完善。国有资本投资运营公司应强化职业经理人外部选聘意识，着力建设专业人才储备库及多指标、全方位绩效评定体系。另外，国有资本投资运营公司应从现代企业制度出发，充分发挥董事会、监事会、经理层相互激励、相互制约的法人治理功能，促进国有资产投资运营公司的规范化治理，以提升决策效率。国有资本投资运营公司所控股、参股的原有国有企业则应通过市场化遴选机制进行选择，即在微观层面实现要素配置效率的提升，进而提高国有资本的竞争力与流动性。而在宏观层面上，国有资本投资运营公司应通过重组并购等方式逐步撤回高风险、低回报、产能过剩的夕阳行业领域投资，进而转向新兴的、高回报的朝阳产业，实现国有资本布局、产业结构的优化升级及国民经济结构的转变。

④引入市场化运作机制，处理好国有资本投资运营公司与其关联国有企业之间的关系。从国有资本投资运营公司与其关联企业两者之间关系分析，国有资本投资运营公司通过负责多家央企、国企的股权管理，开展产业投资、重组消化过剩产能、开展国际化发展等业务，由此形成国有资本投资运营公司与关联企业（多家央企）之间的委托—代理关系。不难发现，国有

资本投资运营公司角色双重，是政府与市场之间的中间层，要权衡处理好行政与市场之间的关系。国有资本投资运营公司与关联企业这一重委托—代理关系中不可避免地存在道德风险、激励不相容、所有者缺位等问题。对于国有资本投资运营公司与其关联国有企业，应通过引入市场化运作机制，公司或公司下设二级专项事业部对相关企业采用多样的持股方式体现其控制监管职能。所选择投资项目应多以盈利性为目标，除市政公用设施建设、基础设施建设等具有明显公益性的项目外，其他项目不应再获得国家补贴。国有资本投资运营公司也仅以股东身份，以持股比例和出资额为限对投资企业行使相应的经营决策、监督管理的权利及有限责任。国有资本投资运营公司与其关联国有企业之间应以治理管控为主，避免行政管控；应根据关联企业的战略定位、股权结构、业务特点、发展阶段采取分类治理策略，完善其治理水平。以往国有企业改革中形成的专职董事制度对于国有资本投资运营公司是具有一定借鉴意义的。专职董事由国有资本投资运营公司派出，在成员公司中承担董事的专业性职责，代表出资人行使相应的权利与责任。专职董事的薪酬则在国有资本投资运营公司领取，代理相应的管理工作。同时，国有资本投资运营公司应以市场化为原则，同时兼顾效率与制衡，对关联国有企业进行分级授权，做实关联国有企业董事会，完善其企业治理结构，不断增强企业竞争力①。

专栏10-1　国有资本投资运营公司的成功试点——中粮重组合并中纺

中粮集团有限公司（简称“中粮”）以粮油为核心主业，集农产品贸易、物流、加工和粮油食品生产销售为一体，为接近全球1/4的人口提供粮油食品。目前，中粮在中国拥有超过180家工厂，230万家终端售点遍布中国952个大中城市、十几万个县乡村。

① 王曙光、王天雨：“国有资本投资运营公司:人格化积极股东塑造及其运行机制”，《经济体制改革》，2017年，第3期。

中国中纺集团公司（简称“中纺”）创建于1951年，集团注册资本4.22亿元。中纺专注于纺织和粮油两大主业，纺织业务涵盖棉花、羊毛贸易、棉纺生产、纺织品服装的贸易和生产等；粮油业务包括大豆、玉米、油菜籽、豆油、棕榈油等的贸易、加工、仓储物流等。

中纺整体并入中粮，成为其全资子企业，这是中粮整合国家粮油行业资源又一关键举措。自此，中国中纺集团不再作为国资委直接监管企业。

中粮中纺同处农粮行业，粮油业务国内市场规模分列第一和第三。重组后，中粮国内油脂加工产能将达2400万吨，整体市场份额提升至18%，成为国内第一，位居全球油脂加工企业产能前列。重组后的棉花业务产业链条，占据全球近10%市场份额。双方覆盖全球主要产区和销区的经营网络对接，将进一步完善中粮全球布局，在粮油领域具备更强的上游掌控能力、物流保障能力、综合加工能力和市场覆盖能力，有利于充分利用“两个市场，两种资源”服务国家粮食安全。

历时一年时间，中粮系统地完成了《国有资本投资公司改革方案》等重大政策配套，将使中粮突出粮油食品主业、整合资产、打造保障国家粮食安全和食品安全的主体，成为我国农粮食品领域的国有资本投资平台、资源整合平台和海外投资平台。

中粮按照“小总部，大产业”的原则，把资本经营与资产管理经营分开，压缩管理层级至三级，形成定位清晰且职责明确的“集团总部资本层—专业化公司资产层—生产单位执行层”三级架构，优化精简集团总部，做实专业化公司，总部下放资产经营调度权，直接管理专业化公司，实现集团总部向管资本的转型。

依据精简高效原则，中粮将总部职能部门从13个压缩到7个，人员从610人调整至240人之内，做实资产层和生产层。同时，将用人权、资产配置权、生产和研发创新权、考核评价权及薪酬分配权等五大类关键权力下放给专业化公司，总部主要通过派驻专职董事、监事行使股东权利，不直接干预企业经营决策和业务运营。

依据业务聚焦原则，中粮组建了18个专业化公司。专业化公司的目标是解决产业发展中专业化经营的问题，以资产、经营、管理的专业化为核心，是资产经营层面和管理体系改革，不涉及上市公司资本结构的调整。

中粮和中纺的重组有利于资源整合和专业化、集约化经营，加快打造中国自己的国际化大粮商，增强服务国家粮食安全的能力。中粮的成功试点对于我国新一轮国有企业的改革具有重要意义，是我国国企改革的成功经验。

资料来源：华夏时报，http：//www.chinatimes.cc/article/58800.html。

10.2 铁路资本领域的功能定位

随着国有企业改革的不断进行，未来对国有企业的改革将转变为对国有资本的改革。铁路在我国交通运输领域起着骨干作用，加强对铁路国有资本的管控成为新时期深化铁路改革的重要举措。为契合新一轮国企改革，未来将在铁路领域成立或组建中国铁路国有资本投资运营公司，通过中国铁路国有资本投资运营公司来对铁路各领域企业进行管理与控制，优化铁路领域产业布局，实现铁路国有资产保值增值。

10.2.1 发展目标

2017年12月20日闭幕的中央经济工作会议提出，要推动国有资本做强做优做大。“从强调做强做优做大‘国有企业’到‘国有资本’，一词之变明确了‘强优大’是对国有资本整体的要求。”中国企业研究院首席研究员李锦说，这凸显了加快国有经济布局优化的政策意图，有利于推动在国企结构调整与重组上实现更大的进展。

中国铁路国有资本投资运营公司是国资委（或财政部）授权经营铁路国有资本的公司制企业，是国家与铁路各领域企业之间的中间层，同时它也是铁路国有资本的直接出资人代表，拥有铁路各领域企业的股权，代替国资委（或财政部）履行出资人职责，致力于铁路国有资本的投资和运营，以确保铁路国有资本的保值增值。

国家委托国资委（或财政部）代理监管铁路国有资产，作为铁路国有资产的监管机构，国资委（或财政部）的主要职能是：受国家委托，代理行使铁路国有资产的所有权，具体负责监管铁路国有资产的运作，其监管绩效受国家监督。

新时期对铁路的改革，要注重铁路国有资产投资管理改革的路径设计。中国铁路国有资本投资运营公司可通过三种途径设立：一是原有的大型国有企业集团，可以通过剥离其经营性业务重组设立，成为中国铁路国有资本投资运营公司；二是原有的大型国有金融性投资公司，可以通过扩大其授权职能的方式设立；三是新设，把现有的由党政机关直接持有的国有股权，转由多个新设的中国铁路国有资本投资运营公司持有。

改组或成立中国铁路国有资本投资运营公司，对于铁路国有资本的经营与管理具有重要意义：第一，形成国资委（或财政部）与铁路各领域企业之间的“隔离带”，政府不再对铁路各领域企业的生产经营管理进行直接干预，实现真正意义上的“政企分开”。第二，以往国资监管部门身担两责，既承担国有资产的经营职能，又承担国有资产的监督职能，相当于既当“运动员”，又任“裁判员”，从而不能很好履行其职能。将对铁路国有资产的经营职能授予更贴近市场、更专业的中国铁路国有资本投资运营公司，而由国资监管部门行使铁路国有资产的监督职能，实现铁路国有资产经营职能和监督职能的分离，提高铁路国有资产的经营效率，使铁路国有资本能够比较顺利地在各铁路国企之间流动。一方面能够促进实现铁路各领域的发展目标和功能定位，另一方面也有利于实现铁路国有资产的保值增值。

10.2.2 铁路资本领域国家控制方式

中国铁路国有资本投资运营公司以股权的形式参与铁路路网、运营、工程、装备等领域的实业企业，通过对铁路各个领域企业进行投资和运营，根据不同领域企业的特性而进行绝对控股、相对控股或是参股，不干预企业的生产经营活动，体现国家在铁路资本领域的所有权政策，实现铁路各领域企业的良好运营，合理规划、整合市场资源，优化铁路产业布局，进一步促进我国铁路的发展壮大，同时也为出资人带来相应的收益。

铁路国资监管机构、中国铁路国有资本投资运营公司、铁路各领域相关企业之间，需要实现两级分离和三层资产管理架构，具体要求为：①在铁路资产监管机构与中国铁路国有资本投资运营公司之间，实现监管者与出资者职能的分离；②在中国铁路国有资本投资运营公司与铁路各领域企业之间，实现出资者与各领域企业的分离；③形成“资产监管机构——中国铁路国有资本投资运营公司——铁路各投资领域企业”的三层资产管理架构。

重构铁路国有资产管理体制，积极成立或重组中国铁路国有资本投资运营公司，要规划好铁路国有资产分类监管战略，通过对重点子领域企业重点投资来实现股份制深化改造，依托中国铁路国有资本投资运营公司的专业化管理平台，提升对铁路领域国有资本的控制力和影响力。

由于铁路资本领域企业属于功能性国企，国家占主导地位，并且需要国家财政予以支持，因此可以将该领域企业定位为公益性或者以公益性为主、商业性为辅这两种形式。

定位为公益性为主的企业时，需要国家严格控制，建议采用国家独资的形式；定位为以公益性为主、商业性为辅的企业时，国家资本领域作为一种投资方式，应该在国家绝对控制的条件下充分融合社会资本，在充分利用资金的同时保证国家的利益，因此建议采用国家绝对控股的形式。

10.3 铁路资本领域的出资人制度

中国铁路国有资本投资运营公司是国家与铁路各领域企业之间联系的纽带，国家委托国资委（或财政部）代理行使铁路国有资产的所有权，对铁路国有资产进行监管与经营，随着国企改革的不断进行，在中国铁路国有资本投资运营公司成立或组建后，国资委（或财政部）将对铁路各领域企业的直接管理与经营权下放给中国铁路国有资本投资运营公司，由中国铁路国有资本投资运营公司代替国资委（或财政部）和其他出资人履行出资人职责，而国资委（或财政部）则负责对中国铁路国有资本投资运营公司进行监督管理。中国铁路国有资本投资运营公司根据铁路各领域企业的不同特性进行绝对控股、相对控股或是参股，从而实现铁路各领域企业资产的良好运营，合理规划、整合市场资源，优化铁路企业布局，进一步促进我国铁路的发展壮大，同时为出资人带来收益。

十八届三中全会《关于全面深化改革若干重大问题的决定》提出，“国有资本投资项目允许非国有资本参股”。中国铁路国有资本投资运营公司的出资人可以不唯一，其资金来源可以是广泛的，即一切可以利用的资本，无论是国家财政、社会资本或是外资。不同于新加坡淡马锡控股公司，财政部持其100%股权，是其唯一出资人，中国铁路国有资本投资运营公司的资金来源广泛，故可作为铁路建设项目设资金的筹集者，这一功能在一定程度上也可缓解由于铁路建设所需资金规模巨大、投资回收期长而带来的因社会资本犹豫而不愿进行铁路投资的融资难现象。

10.3.1 潜在的出资人

在中国铁路国有资本投资运营公司的资本来源方面，笔者建议：

①由国务院或者地方人民政府授权的本级人民政府国有资产监督管理机构出资，或者由国家财政部出资。此时，中国铁路国有资本投资运营公司的投资主体为国家，是国有独资公司。

②由中国国家产业结构调整基金等国家级基金出资。铁路是国家重要的先导性、支柱性产业，由国家产业结构调整基金出资组建或参与中国铁路国有资本投资运营公司，体现了国家支持与重视铁路改革发展的意志，是关于铁路国家所有权政策的重要体现。

③由铁路相关大型央企出资，如大型装备企业（如中国中车、中国通号）、大型工程企业（如中国铁建、中国中铁）、大型物资企业（如中国铁物）。铁路领域上述企业共同出资组建或参与中国铁路国有资本投资运营公司，对于促进铁路路网、运营、装备、工程领域各类企业融合发展具有重要价值。

④由“大交通”领域央企以及各级地方国企分别出资，如大型民航企业（中国国航、东方航空、南方航空等）、大型港口企业（如大连港、青岛港、连云港、盐田港等）、大型航运企业（中国远洋海运集团等）。我们特别建议，由有实力的快递快运企业出资，如顺丰速递、圆通速递、申通速递、中通速递、韵达速递、德邦快运等。上述企业共同出资组建或参与中国铁路国有资本投资运营公司，不仅有利于充分吸引各类资本投资铁路，而且能够从资本融合的角度促进多式联运。

⑤由铁路运输上下游领域内央企以及各级地方国企分别出资，如大型煤炭企业（如中国神华）、大型钢铁企业（如宝武集团）、大型石化企业（如中国石油、中国石化）、大型汽车企业（如一汽集团、东风汽车、上汽集团等）。上述企业共同出资组建或参与中国铁路国有资本投资运营公司，不仅有利于充分吸引上述企业投资中国铁路，而且对于上述企业“降本增效”具有重要价值。

⑥由一切对铁路感兴趣的社会资本（包括个人资本，甚至境外资本等）出资。

10.3.2 出资人方案

中国铁路国有资本投资运营公司的出资人可以不唯一，这是基于铁路国有资本不同于其他国有资本的特点决定的，铁路建设所需资金规模巨大，投资回报周期长，因而需要广泛吸纳一切可以利用的资本发展壮大铁路行业，进一步深化铁路改革。

在成立或组建中国铁路国有资本投资运营公司时，根据上述潜在出资人，笔者建议可有以下几种出资人方案：

方案一：由国资委（或财政部）出资成立或组建中国铁路国有资本投资运营公司。此时国家为唯一出资人，中国铁路国有资本投资运营公司为国有独资公司。

方案二：由国资委（或财政部）和国家产业结构调整基金等国家级基金，以及各大国企、央企联合出资。此时中国铁路国有资本投资运营公司为国资委（或财政部）、国家级基金、各大央企、国企共同参股的股份制企业。

方案三：由国家产业结构调整基金等国家级基金、各央企、国企共同出资来成立或组建中国铁路国有资本投资运营公司。此时中国铁路国有资本投资运营公司为各大央企、国企、国家级基金共同参股的股份制企业。

方案四：由公有资本和非公有资本（即社会资本）共同出资来成立或组建中国铁路国有资本投资运营公司，形成公有资本与非公有资本共同参股的混合所有制企业。

表10-1　中国铁路国有资本投资运营公司出资人方案及组成

方案编号	出资人	公司或企业形式
1	国资委（或财政部）	国有独资公司
2	国资委（或财政部）+国家产业结构调整基金等国家级基金+央企+国企	股份制企业
3	国家产业结构调整基金等国家级基金+央企+国企	股份制企业
4	公有资本+非公有资本（社会资本）	混合所有制企业

在成立或组建中国铁路国有资本投资运营公司时，其出资人组合的方案并不局限于上述四种。在当前及今后一段时期内国资国企改革的背景下，上述四种情况是更符合我国国情和铁路改革的出资人组合方案。

10.3.3 出资人方案比选

对铁路国有资本的改革将是新时期铁路国资国企改革的关键环节，成立或组建中国铁路国有资本投资运营公司成为铁路国有资本改革的必然趋势。在实际改革过程中，究竟选择哪种出资人方案，取决于实际改革情况，不同的出资人组合方案各有优势。

针对方案一，由于出资人为国家，此时中国铁路国有资本投资运营公司为国有独资公司，作为国有独资公司，其全部资本由国家投入，优势在于更能够充分体现国家的意志和利益，确保国有资产的保值增值，便于实现国家调节经济的目标，优化产业布局。但其不足之处在于，仅有国家唯一一个投资主体，此种模式将其他所有形式的资本拒之门外，阻碍了其他类型的资本进入铁路行业，未将各类资本充分利用起来共同助力铁路国有资本改革，无法充分激发市场竞争活力。

针对方案二，中国铁路国有资本投资运营公司是由国资委（或财政部）、国家级基金、各大央企、国企共同出资而形成的股份制企业，将多个利益主体以集股经营的方式结合在一起，能适应社会化大生产和市场经济的需要，有利于强化企业经营职能。但此种形式的企业运行机制仍然缺乏一定的灵活性，没有充分放开各类资本进入铁路行业的限制，无法放活市场竞争机制。

针对方案三，出资人构成相比原方案二减少了国资委（或财政部）。虽然此种形式的投资主体相比国有独资公司更多元，企业运行机制具有一定的灵活性，但缺少了国家财政的投入，中国铁路国有资本投资运营公司资金运转的稳定性在一定程度上可能会受影响，再者，在体现国家意志和利益方面，相比国有独资的形式就弱化了。

针对方案四，由国资委（或财政部）、国家产业结构调整基金等国家基金、各大央企、国企、社会资本共同出资组建或成立的中国铁路国有资本投资运营公司为混所有制企业，此种形式将各类资本充分调动和利用起来，共同助力深化铁路改革，不仅能实现铁路国有资本在各铁路国有企业之间的流动，还能确保铁路国有资产的保值增值，有利于优化铁路领域产业布局，这对于加速我国社会主义市场经济体制和现代企业制度的建立和完善都起着重要作用。

不同的出资人组合方案各有其特点和优势，结合当前及今后一段时期我国国资国企改革的背景，笔者建议选择方案四来作为新时期成立或组建中国铁路国有资本投资运营公司的出资人方案。需要注意的是，在此种方案中，各类投资主体依据出资份额履行出资人职责，其中，国资委（或财政部）与各大央企、国企的出资份额之和应大于社会资本的出资份额，以便更好地体现国家意志和公众利益，同时也便于实现国家在铁路各领域不同的所有权政策。

10.4 铁路资本领域的企业治理结构

中国铁路国有资本投资运营公司是国资委或财政部授权经营铁路国有资本的公司制企业，是以投资业务为主的自主经营、自负盈亏、独立核算的法人实体。

公司法人治理结构依法由四个部分组成，其产生和组成、行使的职权、行事的规则等，都在《公司法》中作了具体规定，所以说，公司法人治理结构是以法制为基础，按照公司本质属性的要求形成的。法人治理结构，按照《公司法》的规定由四个部分组成：①股东会或者股东大会，由公司股东组成，所体现的是所有者对公司的最终所有权（若为国有独资公司，则无股东会或股东大会）。②董事会，由公司股东大会选举产生，对公司的发展目标和重大经营活动作出决策，维护出资人的权益。③监事会，是公司的监督机构，对公司的财务和董事、经营者的行为发挥监督作用。④经理层，由董事会聘任，是经营者、执行者。

公司法人治理结构的各组成部分应当有明确的分工，在这个基础上各行其职，各负其责，避免职责不清、分工不明而导致的混乱，干扰各部分正常职责的行使，以致影响整个功能的发挥。

在成立或组建中国铁路国有资本投资运营公司时，由于出资人不同，因而中国铁路国有资本投资运营公司的治理结构也有所不同。针对上述四种出资人方案，中国铁路国有资本投资运营公司的治理结构可统分为两大类。

① 中国铁路国有资本投资运营公司为国有独资公司的治理结构。对于方案一而言，国家是其唯一出资人，此时，中国铁路国有资本投资运营公司为国有独资公司。由于国有独资公司只有国家这唯一的一个投资主体，所以国有独资公司不设立股东会，出资人的职责由国务院或者地方人民政府授权本级人民政府国有资产监督管理机构（或财政部）履行。国有资产管理机构（或财政部）也可分配给董事会部分股东权力。在国有独资公司中，董事会的成员由出资人委派，在此方案中，也就是由国有资产监督管理机构（或财政部）委派并且董事会的董事长也由出资人指定。公司董事会是公司的最高决策机构，拥有对高级经理人员的聘用、奖惩以及解雇权。在国有独资企业的董事会中必须有职工董事，并且职工董事由公司的职工代表大会（下简称为职代会）选出。而且在国有独资公司中，不仅要有董事会，还要有监事会。监事会的成员不得少于五人。在监事会的成员中应当有至少1/3的比例是职工代表，这些代表由职代会选举产生。除了职工代表外其他的监事会成员由国有资产监督管理机构委派[①]。

②中国铁路国有资本投资运营公司为国家控股的股份制公司的治理结

① 张璇："我国国有独资公司治理结构完善研究"，东北林业大学，2016年。

构。对于其余方案，由于出资人不唯一，各出资人根据出资份额履行股东职责，由出资人派出股东形成股东大会，股东大会通过选举产生董事，所有董事组成一个集体领导班子成为董事会。董事可以是股东，也可以不是股东。股东大会决定公司的经营方针和投资计划，审议批准董事会、监事会或者监事的报告、公司的年度财务预算方案、决算方案，对公司增加或者减少注册资本作出决议，对公司合并、分立、解散、清算或者变更公司形式作出决议等，而董事会向股东报告工作，执行股东会的决议，制订公司合并、分立、解散或者变更公司形式的方案。

监事会是指由股东大会选举产生的独立行使监督权，对企业经营生产管理运作情况、财务状况及其他影响企业发展的重大事项进行监督的法定监督机构，在企业治理结构上对股东大会负责[①]。监事会与董事会并立，独立地行使对董事会、总经理、高级职员及整个公司管理的监督权。

两类治理结构中的经理层职能相同，经理层由董事会聘任，对董事会负责，主要权责包括实施董事会决策；负责公司日常管理，包括内部设置和管理规章；负责内部员工选聘、管理，并决定员工报酬等。经理人应由董事会根据企业的发展需要，从市场中按照市场机制选择和聘任，逐步形成职业经理人制度，并按照市场价值对职业经理人实行与业绩挂钩的薪酬制度。

10.5　对铁路各领域企业的出资政策

为了对铁路领域企业的布局进行优化，中国铁路国有资本投资运营公司应该有所为、有所不为。国家对铁路国有资本是国家独资、绝对控股、相对控股还是参股，需要依据不同领域铁路行业性质决定。对于铁路行业中涉及

---

① 范运恒："浅谈国有企业监事会的作用、现状及对策"，《交通企业管理》，2015年，第3期。

国家战略及市场失灵的非竞争性领域，国有资本应保持控制力；而在铁路行业中的竞争性领域，国有资本则应以平等身份参与竞争，利用市场机制提高效率，从而有利于国有资本放大功能、保值增值、提高企业竞争力。

10.5.1 工程领域

铁路工程是指铁路上的各种土木工程设施，同时也指修建铁路各阶段（勘测设计、施工、养护、改建）所运用的技术。铁路工程是我国交通运输建设领域的重要组成部分，铁路工程建设肩负着“走出去”战略的重要使命。

近年来，我国铁路发展迅速，以中国铁建和中国中铁为代表的铁路工程领域企业也取得了一系列重要成就。新时期我国对铁路工程的所有权政策在很大程度上将会影响铁路工程相关企业的发展方向与规模，因此，为切实保障铁路国有资本的保值增值，提高企业竞争活力，国家对铁路工程的控制力不应过度，但需保持较高股权，以体现国家意志，在保证国家对该领域仍具有一定控制力与影响力的同时，注意有效提高企业经营效率。中国铁路国有资本投资运营公司投入到铁路工程领域有关企业的资金只需做到对其有一定的控制力和影响力即可，中国铁路国有资本投资运营公司（简称中铁国投）代表国资监管机构履行出资人职责，不干预企业的运营。

目前，中国铁建和中国中铁的大部分股权均由国资委持有，且均由国资委统一管理，在全面深化铁路改革适当时机改组或成立中铁国投后，可考虑将国资委持有的这两家公司股权划归至中国铁路国有资本投资运营公司，改由中国铁路国有资本投资运营公司来代替国资委行使出资人职责。股权划转至中国铁路国有资本投资运营公司，将带来众多益处，一方面，股权投资是国有资本投资运营公司的基本职能，股权的划转有利于通过中国铁路国有资本投资运营公司来进一步加强对铁路国有资本的监督与管理；另一方面，由国资委持有铁路相关领域企业的股权，能够使铁路国有资本比较顺利地在各个铁路国有企业之间流动，这对于实现铁路各领域的发展目标和功能定位有着重要意义，也有利于实现铁路国有资产的保值增值。

10.5.2 装备领域

铁路装备是指轨道、机车、货车、机动客车、敞车、电气信号、交通管理设备以及车辆零件等铁路设备的总称，是保障铁路高效、快速、安全运营的重要基础设施。当前，我国铁路装备领域相关企业正在不断发展壮大，规模较大的诸如中国中车、中国通号等上市公司，其在铁路装备领域已取得许多成就。中国中车股份有限公司，简称“中国中车”，是经国务院同意，国务院国资委批准，由中国北车股份有限公司、中国南车股份有限公司按照对等原则合并组建的A+H股上市公司；而中国铁路通信信号股份有限公司，简称“中国通号”，是由中国铁路通信信号集团公司作为主发起人，联合中国机械工业集团有限公司、中国诚通控股集团有限公司、中国国新控股有限责任公司和中金佳成投资管理有限公司共同发起设立的。

在不断深化铁路改革的浪潮下，新成立或组建的中国铁路国有资本投资运营公司要充分发挥作用，实现铁路国有资本保值增值，就必须正确处理国家与铁路各领域的所有权政策。

虽然当前我国铁路装备领域不断发展壮大，但铁路装备技术与管理经验与发达国家仍存在一定差距。为了进一步优化铁路装备领域产业布局，同时积极鼓励中国铁路“走出去”，国家对铁路装备领域投入的资金需做到对该领域有一定的控制力和影响力，在铁路装备领域保持较高股权，以体现国家意志，同时应充分利用市场配置资源，通过市场机制提高效率。

中国铁路国有资本投资运营公司在国家管理铁路国有资本过程中有着重要作用，它是国家对铁路国有资本的专业化管理平台，国家对铁路装备领域的控制力体现在中国铁路国有资本投资运营公司投入到该领域的资金上。由于国家对铁路装备领域需保持一定的控制力，但不能绝对控制，以便充分激发铁路装备企业的市场竞争力，因此，中国铁路国有资本投资运营公司应通过科学、合理的铁路装备投资计划决策手段，对铁路装备投资规模及投资方向进行把控，促进提升铁路装备管理水平，盘活既有铁路装备存量，提高铁路装备使用效率，进一步优化新增购置铁路装备结构，支持装备技术进步，提高投入产出效益。

10.5.3 路网领域

铁路路网设施是有形的、固化的、地理区域性十分强的生产网络，其生产服务的主要对象是由区域内旅客和货物运输需求而形成的各种各样的铁路客运和货运运行列车。路网设施的沉没成本大，其生产服务量与区域内社会经济发展水平、自然资源和条件等有紧密关系。铁路路网具有自然垄断特性，基础投资量很大，投资回收期长，一般民营企业或个体很难进入。

2013年原铁道部撤销后组建国家铁路局和中国铁路总公司，实行铁路政企分开的管理体制改革，是党中央、国务院在新时期作出的一项重大决策，是推动中国铁路建设和运营健康可持续发展的重要举措，它给中国铁路事业的创新发展注入了新的生机和活力。

但是，目前中国铁路总公司网运合一的体制，已经影响了我国铁路的发展。第一，阻碍了社会资本进入铁路。虽然国家颁布了一系列文件大力鼓励社会资本投资铁路领域，但民资入铁的积极性仍不高。第二，无法提高我国铁路运输效率。由于疆域辽阔、区域发展与资源分布不均衡，我国铁路运输主要是跨区域的“直通运输”，原铁道部对所属各铁路局以分界口为边界设计了一套严格的清算体系，并对其日常运营情况进行严格考核。出于自身利益考虑，各铁路局经常纠缠于本局某些具体的技术经济指标从而影响整个铁路网络的运输效率。第三，无法充分激发铁路运输市场的竞争。在网运合一条件下，社会资本因为自身资本规模较小等因素难以参与铁路建设与运营领域，因而铁总下仅有18个铁路局及3个专业公司具有承运人资格，铁路运输领域内部几乎没有充分的竞争机制。这不符合市场经济的本质要求和客观规律[①]。

新时期成立或组建的中国铁路国有资本投资运营公司在网运合一体制下无法充分发挥效用，国家对铁路路网和运营应该以怎样的方式来进行管理与控制也会受到网运合一体制的严重阻碍。一方面，铁路路网具有自然垄断特性，路网的分割会造成铁路运输效率低下、线路拥堵，完整的路网设施能够更好地完成国家宏观调控任务，能够更高效地保障国家重点物资运输、军事运输、抢险救灾运输等需要，确保广大人民群众正常的生活质量，维护整个社会的稳定。为充分发挥路网基础设施的整体优势，国家对铁路路网应进行绝对控制。另一方面，铁路运营是可以完全放开的竞争性业务，运输服务作为非自然垄断业务，应具有充分的市场竞争性。为激发铁路运输市场活力，国家应适度降低对铁路运营的控制力度，降低是相对国家对铁路路网的控制力度而言的，因此，对于铁路运营来说，国家仍要保持相对控制力度。

我国铁路作为一种网络型、超大型自然垄断行业，如何处理路网与运营之间的关系，即选择何种经营管理体制，已经成为全面深化铁路改革的首要关键问题。充分结合我国国情和路情，探索适合的铁路经营管理模式，对于进一步深化我国铁路资本领域国家所有权具有重要意义。

笔者认为，我国铁路经营管理体制改革应充分考虑路网的整体性与运营的竞争性，并探索出一种充分发挥路网整体性与运营竞争性优势的经营管理模式——统分结合的网运分离经营管理体制。其主要特点应包括两个方面：一是“路网统一”，即将铁路路网收归为一个大、统、全的国有企业，统一规划建设、调度指挥，以充分发挥路网作为国家基础设施的重要作用；二是“运营分离”，即将铁路运营权下放到若干小、专、精的各类社会资本广泛参与的运营企业，充分放开竞争性业务，使这些企业在充分竞争的条件下提

① 左大杰：“铁路网运分离的必要性与实施路径”，《综合运输》，2013年，第7期。

供更加优质高效的运输服务[①]。

网运分离可体现出的优势有：第一，只有在网运分离条件下，主体分散、规模较小的社会资本才具有进入铁路领域（准确地说是运营领域而非建设领域）的可行性。第二，在网运分离模式下，一个大、统、全的路网公司能够克服或避免以上影响运输效率的一些不利因素，以充分发挥整个铁路网络的运输效率。第三，在网运分离条件下，以购买列车运行线或租赁运载工具的形式从事铁路运营无需巨额资本，这使规模较小的各类社会资本能够积极涉足铁路运营领域，因而可以举办数量众多的小、精、专的铁路运营公司。这对于引入竞争机制具有重要意义，而且只有那些有特色、重服务、求效益的那些运营公司才能在市场竞争中处于不败之地[②]。

10.5.4 运营领域

在铁路运营领域，中铁特货、中铁快运、中铁集装箱都是中国铁路总公司直属的专业运输公司，也是目前中国铁路运营领域仅有的3家专业运输公司。

按照笔者的设想，未来在中国铁路运营领域将会形成“3+N+N”的并存局面，即3大专业运输平台，N家铁路专线物流公司，N家铁路旅客专线运输公司并存发展，其中：3大专业运输公司中仅有中铁集装箱旗下的铁龙物流已完成上市计划，另外N家铁路专线物流公司和N家铁路旅客专线运输公司均有待促成和发展。

铁路车站（车务）有行车、客运、货运三大职能。现代物流领域的竞争十分充分，然而铁路货运组织现状却十分严峻。笔者认为，铁路货运组织改革成立货运中心并逐步把货运业务从车站（车务）分出来，其最终成果是

---

① 左大杰：“基于统分结合的铁路网运分离经营管理体制研究”，《综合运输》，2016年，第3期。

② 左大杰：“铁路网运分离的必要性与实施路径”，《综合运输》，2013年，第7期。

按照现代物流企业的标准形成一批具有竞争力的货运公司，待到时机成熟之际，再将客运也从车站分出来，那时车站就只具有行车职能。分离出来的货运中心、客运中心逐步做实成为具有独立法人资格的运营公司，即N家铁路专线物流公司和N家铁路旅客专线运输公司。

中铁国投可对3大专业运输公司增资入股，一方面，助其上市，另一方面，实际控股3大专业运输公司，从而更加便于落实和执行国家关于铁路运营领域的改革政策。值得注意的是，国家通过中铁国投对3大运输公司所持有的股份比例不宜过高，相对控股即可。除了对3大专业运输公司进行股权投资外，中铁国投还可与各央企或国企联合在铁路运营领域共同设立专项基金，通过该基金的运作来进行投资和战略布局，促进形成N家铁路专线物流公司和N家铁路旅客专线运输公司等众多铁路运输企业相互竞争、共同发展的蓬勃局面，充分放开铁路运营市场。允许各类社会资本举办铁路运营公司，有实力的铁路专线物流公司或铁路旅客运输公司，可自行参与铁路运营，无需国家投资，真正做到完全放开铁路运营市场。

2016年12月召开的中央经济工作会议上指出，要把混改作为国企改革突破口，在电力、石油、天然气、铁路、民航、电信、军工等领域迈出实质性步伐，铁路一直是混改的重点领域。中铁国投通过股权投资来控制3大专业运输企业和设立专项基金来对铁路运营领域众多专线物流公司和旅客专线运输公司的发展壮大提供资金支持，有利于促进“3+N+N”局面的形成，进一步推进铁路运营领域混合所有制改革。

10.5.5　铁路国有资本在各领域的动态调整

由此可见，基于统分结合的网运分离经营管理体制是新时期深化铁路改革的必要措施。中国铁路国有资本投资运营公司要在铁路路网和运营领域充分发挥作用，网运分离已成为必要前提。国家对铁路路网和运营领域的控制力度不同，必然就需要在各领域采取不同的所有权政策，因此，只有在网运分离的条件下，才能进一步体现出国家对铁路路网的绝对控制和对铁路运营的相对控制，进而充分体现出国家对铁路国有资本的不同领域的所有权政策。

由于铁路工程、装备、路网、运营等领域在国家战略发展中扮演着不同的角色，对我国铁路的发展有着不同的功能和意义，因而国家对铁路不同领域企业有着不同的所有权政策，但需要说明的是，虽然出于对各个领域企业所有权政策的不同而人为将铁路划分为不同领域，使之成为数个看似独立的领域，但铁路国有资本仍会根据国家发展战略的需要而在几个领域之间有所流动和调整。

10.6 本章小结

本章主要内容包括：

①当前国内外国有企业改革的实践与启示。具体阐述了新加坡淡马锡模式，以及参考淡马锡，同时结合我国国情而在当前国有企业改革中实行改组组建国有资本投资运营公司。其中，国有资本投资运营公司的改组或组建应因地制宜，视具体改革实际而定；优化国资委与国有资本投资运营公司的委托代理关系；完善国有资本投资运营公司内部治理结构，建立现代企业制度；处理好国有资本投资运营公司与下属国企之间的关系。

②基于现行其他行业国企改革的成功经验及启示，在新时期深化铁路改革的浪潮下，成立或组建中国铁路国有资本投资运营公司。阐述了中国铁路国有资本投资运营公司的发展目标、功能定位、出资人、治理结构，以及对铁路各领域企业的不同出资政策。

③中国铁路国有资本投资运营公司的资金来源广泛，国资委（或财政部）、国家产业结构调整基金等国家级基金、铁路相关大型央企、“大交

通”领域央企及各级地方国企、铁路运输上下游领域内央企及各级地方国企，以及一切对铁路感兴趣的社会资本均可成为其出资人，这也有利于充分发挥各类资本共同参与到铁路建设项目中，进一步深化铁路投融资体制改革。

我们建议：

①要明晰中国铁路国有资本投资运营公司成立的目标及其功能定位。中国铁路国有资本投资运营公司仅以股权的形式参与投资铁路路网、运营、工程、装备等领域的实业企业，根据不同领域企业的特性而进行绝对控股、相对控股或是参股，并不干预企业的生产经营活动。

②就投资方面而言，中国铁路国有资本投资运营公司对路网、运营、工程、装备等领域的实业企业可采取不同的出资政策：第一，投入到铁路路网企业的资金要做到国家对其的绝对控股。第二，投入到铁路运营企业的资金做到相对控股即可，个别企业可能还是要绝对控股。第三，投入到铁路装备、工程两个领域企业的资金，要做到国家能够对这两个领域有一定的控制力和影响力，从而有利于中国铁路走出去。

第 11 章 铁路国家所有权政策的保障机制

铁路国有企业在经济社会中占据特殊地位并扮演重要角色，而铁路国有资产和铁路国有企业管理体制的市场化问题还远未解决。铁路国企管理体制的问题不解决，直接影响到铁路国企经营的市场化，从而导致铁路国企经营效率无法得到根本的改善。国际经验表明，国家既然需要控制大量资产，就应该做一个负责任的股东，以一个积极的所有者行事，这样，才能确保国有资产保值增值，不断为社会创造财富。国家（政府）如何履行其所有权责任，是改善国有企业公司治理的关键因素。

因此，铁路国家所有权政策实施应当全力做好实施路径与保障机制，以保证国家所有权政策的顺利实施，并且有显著成效。

11.1 铁路国家所有权政策的理论准备

11.1.1 加强国家所有权政策的研究

目前我国对于国家所有权政策的研究尚浅，对国家所有权政策的概念也不甚清晰，不利于国家各企业的改革政策制定。因此，为了更好地明确企业改革中的一些相关政策，我国首先应加强对国家所有权政策的研究。

国家所有权政策是有关国有经济功能作用、行为规范和国有企业与政府、社会关系的基本政策体系。国务院发展研究中心企业所已有专门报告建议明确国家所有权政策。国家所有权政策不仅有利于明确国有经济改革的方向及政策，而且有利于改进国有经济管理；不仅体现改革和管理的指导思想，而且作为政策工具可以直接帮助改革和管理的实施操作。中共中央十八届三中全会《决定》中没有国家所有权政策的说法，但根据《决定》提出的“准确界定国有企业功能”等有关政策思想，实际上已经从不同角度提出了与国家所有权政策有关的政策。目前，我国亟需用国家所有权政策及其体系梳理和系统化有关国有经济改革及管理的政策工具。为了减少国家所有权政策的说法引起不必要的争论，可用各方面都容易接受的另外说法，如用国家出资管理政策或国有资本管理政策的说法。重要的是必须能够形成一以贯之的可操作的政策体系。

目前，我国国家所有权政策的基本方针已经明确，但政策未成体系。

①国家所有权政策的概念：有关国有企业的基本的公共政策。国家所有权政策是有关国家出资和资本运作的公共政策，说明国家投资兴办企业或出资的目标和领域、国家在国有企业公司治理中的作用方式，以及与国有资本有关的重要关系的处理原则和处理国有企业与社会、与其他企业关系及规则的基本政策。根据这个定义，可以认为国家所有权政策是国家作为国有企业（含国家出资，后同）所有者，有关国有企业最基本最重要的公共政策。

国家所有权政策包括目标和实现目标的工具手段两个方面。目标既指有企业的功能作用，还指国有企业的行为规则。实现目标的手段，既指国家为企业实现目标所采取的各种手段举措，亦指国家必须承担的相应职责。

国家所有权政策分为两个层面。一是总体政策。即国家在总体上明确国有企业的基本目标、功能作用及有关规则和国家的有关作用、要求和责任；二是国有企业的具体政策，即针对具体国有企业的基本目标、功能作用、有关规则，及国家要求和责任的政策。总政策指导具体政策的制定，具体政策保证总政策的落实。

②我国已初步明确了国家所有权政策的基本方针。我国宪法和党的十五大、十五届四中全会、十六大、十六届三中全会等文件，已经明确了有关国家所有权政策的基本方针，主要包括三点：①“在社会主义初级阶段，坚

持公有制为主体、多种所有制经济共同发展的基本经济制度”。②国有经济在四类重要行业和关键领域要有控制力，“国有经济要‘有进有退’进行战略性的布局调整”；重要企业国家控股，可以绝对控股或相对控股；“除极少数必须由国家独资经营的企业外，积极推行股份制，实行投资主体多元化”。③“各种所有制经济完全可以在市场竞争中发挥各自优势，相互促进”；“促进各种所有制经济公平竞争和共同发展”。

我们认为，党的基本方针明确了以下三点：一是国家所有权政策的总方针；二是国有企业的基本功能和控制方式；三是国有企业基本行为规则，包括其与非国有企业关系的基本规则。以上三个方面既互相联系又属于不同的层次。

③我国还没有形成比较完整的国家所有权政策体系。到目前为止，我国已初步明确的国家所有权政策的基本方针，总体看是指明方向的政治安排，不是明确的可操作的公共政策，更不是相应的法律规范。在这种情况下，从行政管理和公共政策的角度看，已明确的方针在具体实践中难以落实，甚至可能走样。

我国已出台一些本质上属于国家所有权政策范畴的政策，但由于没有国家所有权政策（及类似的政策）明确基本目标和规则，出台的政策往往不协调，政策有效性受限，甚至一些初衷很好的政策并没有达到设计者的初衷甚至完全相反。

国家所有权政策成为体系的重要标志，首先是目标和规则有前瞻性同时具体化，有服务于目标的政策体系和工具手段，其次是有政策设计和实施并能不断改进的组织保证体系。按这两个标准，可以认为尽管已出台了一些与国家所有权政策有关的政策，但我国的国家所有权政策还没有真正形成理论体系。

我国应加强对国家所有权政策的概念和内容的研究，形成相应的理论体系，由此为铁路国家所有权政策的研究打下基础。

11.1.2 加强铁路国家所有权政策的研究

目前，我国鲜有关于铁路国家所有权政策的研究，而明确铁路国家所有权政策对于有效进行铁路改革具有至关重要的作用，因此，为了保证铁路国家所有权政策在铁路改革中的指导性意义，需要进一步加强铁路国家所有权政策的研究。

首先要明确铁路国家所有权政策的概念。铁路国家所有权政策是国家行使铁路国家所有权的基础，是明确企业的功能、目标、定位、发展前景等的公共政策。

铁路国家所有权政策要回答根据铁路企业的功能和经济性质等因素的分类，国家投资企业的目标及有关条件。铁路国家所有权政策的意义，不仅在于它通过明确企业的基本和具体的功能目标，可以指导国有经济布局结构调整方案和国有经济改革方案的分类设计及实施，还在于它能够指导对国有经济的分类管理。这两方面的作用是相互联系的，因为在确定改革或调整方案时就要考虑以后的管理。

根据铁路国家所有权政策进行分类管理。要明确有关政策的功能作用，还要调整完善有关的法律规则、治理和管理制度，考虑国家投资的功能目标及企业战略，并从企业实际出发进行包括考核、激励等多方面的规则调整和安排，而后才能进行比较有效的管理。

分类管理及其改进的重点，与行业领域及企业具体情况相关。特殊领域的国有企业管理改进的重点之一是要强化公众的监督和防止滥用优势地位。一般领域，包括战略性领域，国有企业要按市场化原则向着特别是对董事会更充分授权的方向改进治理，同时国家要尽快放松规制，按强化公平竞争、保护中小企业和消费者的机制规范。对各类企业都要强化战略导向型的创新激励，强化资本回报的财务激励。要与企业市场条件分析相结合，改进和强化企业负责人薪酬激励。

十三届三中全会中指出铁路是关系国计民生的产业，国家应对其保持直接的所有权和控制力。铁路按照功能可划分为五大领域，即路网领域、工程领域、装备领域、运营领域和资本领域，其中路网处于核心地位。根据不同领域国家所有权政策对应的主体、客体等特性的不同，如公益性和竞争性的差异等，国家所有权政策应有所不同，这一观点在前文有详细阐述，这里不再赘述。

铁路国家所有权政策主要解决铁路各领域功能定位、国家控制方式等问题。需要确定铁路及其各领域在国民经济体系中的重要地位、国有资本的功能定位及布局；国家对各领域的控制方式，是否允许社会资本参加；铁路各领域国有企业的出资人、法律形式以及相应的治理结构。通过加强对铁路国家所有权政策的研究，对各领域企业采取适宜的控制政策，有助于全面深化铁路改革的有效进行。

11.2 铁路国家所有权政策的顶层设计

11.2.1 加强铁路国家所有权政策的顶层设计

基于以下两方面的原因，我们建议成立国家铁路改革咨询委员会，作为协助党中央和国务院领导全面深化铁路改革的决策咨询和协调机构：①虽然党中央和国务院在把握铁路改革全局上发挥了很大作用，但仍然缺乏一个超越部门和地区利益之上的、能够统揽铁路改革全局、特别是能够日常有效运转的机构；②由于铁路改革是全面而系统的改革，远超出经济范围，只依靠国家铁路局、财政部、国家发展改革委以及中国铁路总公司等部门或者企业，可能难以应对挑战。

我们建议，国家铁路改革咨询委员会可下设12个专门委员会，分别负责铁路国家所有权政策研究、铁路网运关系调整、铁路现代企业制度研究、铁路混合所有制改革等12个铁路改革专题的相关政策研究。其中负责铁路国家所有权政策研究的专门委员会提出铁路国家所有权改革政策和建议，并提交国家铁路改革咨询委员会决策和审批汇总、协调，最终向中央全面深化改革委员会报告。特别地，国家铁路改革咨询委员会的主要职责之一，就是向中央深改委提出全面深化铁路改革的建议，并作为未来可能出台的《中共中央、国务院关于全面深化铁路改革的指导意见》的最初版本。

国家铁路改革咨询委员会与国家发展和改革委员会都有改革的职责。它们之间的区别在于：国家发展和改革委员会作为国务院一个重要执行部门，主要负责改革的具体执行和操作，国家铁路改革咨询委员会是中央深改委的专门委员会，主要负责党和国家的铁路改革决策和改革政策的提出或制定，带有决策研究和咨询性，正如负责决策的董事会的专门委员会与负责执行的经理管理层的部门之间的差别一样。

我们认为，国家铁路改革咨询委员会有关国家所有权政策的主要职能有四项：①咨询职能，为中央全面深化改革委员会提供铁路国家所有权决策的建议和意见，如制订铁路国家所有权政策改革的总体方案和规划纲要等；②指导职能，协助中央全面深化改革委员会指导铁路国家所有权政策改革；③协调职能，协调各部门各地区改革机构进行铁路国家所有权政策有关改革；④监督职能，督促铁路和地方部门按中央部署进行铁路国家所有权政策改革，及时反馈改革动向和意见。

11.2.2　设立中国铁路国有资本投资运营公司

中国铁路国有资本投资运营公司是国家与铁路各领域企业之间联系的纽带，国家委托国资委（或财政部）代理行使铁路国有资产的所有权，对铁路国有资产进行监管与经营。随着国企改革的不断进行，在中国铁路国有资本投资运营公司成立或组建后，国资委（或财政部）将对铁路各领域企业的直接管理与经营权授予给中国铁路国有资本投资运营公司，由中国铁路国有资本投资运营公司代替国资委（或财政部）和其他出资人履行出资人职责，而国资委（或财政部）则负责对中国铁路国有资本投资运营公司进行监督管理。

由于铁路工程、装备、路网、运营等领域在国家战略发展中扮演着不同的角色，对我国铁路的发展有着不同的功能和意义，中国铁路国有资本投资运营公司据此在几个领域之间进行出资或股权的动态调整，从而实现国家对铁路各领域企业不同的功能定位和控制。

11.3　铁路国家所有权政策的政策保障

11.3.1　国有铁路资产管理部门需要重新定位

国资委作为国有股东代表应履行股东的各项权利和义务，不能缺位，更不能越位。《中共中央关于全面深化改革若干重大问题的决定》为下一步国有资本管理体制和国企改革明确了方向，即国有出资人机构从“管企业”转向“管资本”，这是一个根本性的转变。为了有效行使国家所有权，国家应制定明确的所有权政策，以表明国家作为所有者所要实现的总体目标，以及国有企业为实现这些总体目标而制定的实施战略。

11.3.2　明确国有企业分类管理的实施方案

明确了国有企业的功能目标、经营业务、行为规则及国家有关法规后，铁路国家所有权的具体政策，即有关企业目标和规则的具体要求就可以明确了。此时应当制定相应的分类管理的实施方案。国务院提出要加强制度建设，形成长效机制。出台国资监管权力和责任清单，对国企实施精准的分类监管。

考虑到国有企业职能的复杂性，除实现经营业绩的目标以外，还根据政府的需要承担公共服务和特殊职能。政府将国有企业进行分类管理，并根据不同类型的国企制定不同的所有权政策目标。

政府通过制定国有企业的战略目标和具体目标，详细地阐述政府作为所有者对国有企业的期待和要求，战略目标文件是建立国有企业问责体系的基础。在多数情况下，特别是在国家部分持股的国有企业，公司的战略目标必须得到股东大会的批准。政府的战略目标文件在不同的国家采取不同的形式，有“股东信函”“公司意向书”“谅解备忘录”“公司规划”等多种形式，这些文件在不同的国家具有不同的法律效力。但所包含的内容大同小异，主要包括使命宣言、商业描述、总体战略目标、问责声明、财务和非财务绩效指标、公司价值等。

11.3.3 国家不应干预铁路国有企业的日常管理

政府的地位特殊，当其作为控股股东时，往往会表现得很强势，容易直接操控董事会和管理层，干预国有企业的经营管理，从而不利于国有企业问责机制的建立。因此，国家（政府）作为所有者，既要知情和“在位”，又不能“越位”。“国有企业董事会应对公司运营负最终责任。”国有企业战略目标执行的好坏主要取决于董事会的运行质量，因此，国家作为所有者的重要职责是确保国有企业董事会的履职能力。

一些国家为了避免国有股东对企业的日常干预，采取避免从政府官员中提名或选举任何人进入国有企业董事会的做法。近年来，越来越多的国家开始对国有企业董事会的专业化和授权进行重大改革，旨在对企业的政治干预进行限制，并通过合理的董事会结构和严格的任命程序，以增强国有企业董事会的独立性和决策能力。

DECD一些成员国已经认识到董事会提名对于提高国有企业董事会竞争力和独立性至关重要，并对本国董事会提名程序进行了改革。其目的是通过制定合理的提名程序，减少国有企业董事会中国家代表的数量，降低董事会提名过程中的政治干预。例如，澳大利亚、新西兰和瑞典建立了结构化的、以技能为基础的董事会任命制度。优化董事会结构是建立在对现有董事会进行系统评估的基础上，根据公司战略和现有董事会成员的能力和技能组合，新董事会岗位会对候选人提出能力和经验方面的要求。在瑞典，董事会要进行自我评价，并列出董事会的需求。这样要求的结果，导致大量国企董事会成员加速更替，最终形成更职业化、多元化和以商业为导向的董事会。在挪威，对大型国有企业董事会成员的提名要经过选举委员会，该委员会不是董事会的下属机构，而是由股东代表组成。

一般认为，国有企业董事会的职能和责任是建立在《公司法》的基础上，具有与其他的股份公司一样的责任和义务，但在很多情况下，国有企业董事会并没有被赋予在战略制定、管理层监督、薪酬政策和信息披露等方面的完全责任。国有企业董事会的角色和责任会经常因为所有权代表机构绕过董事会而受到侵蚀。董事会的一些职能也可能被国家控制的机构重复行使，国有企业董事会因为缺乏权威性和合法性而在对管理层实施监督时也会遇到障碍。与中国的情况类似，DECD一些国家的国企管理层也由政府直接任命，因此，总经理会绕过董事会直接向上级部门汇报。在许多国家，国有企业董事会没有行使应属于它的一个关键职能，即首席执行官的任免，只有澳大利亚、丹麦、德国、芬兰和挪威等少数国家明确了由国有企业董事会任命CEO。在法国，最大的国有企业CEO由总统任命，国资管理实体对候选人的能力进行判断并提出建议。在一些国家，对国有企业首席执行官的挑选和任命是一项政府的特权。

董事会如果没有任命首席执行官的关键职能，也没有解除业绩不佳的CEO职务的权力，那么，董事会就很难行使对管理层的监督职责，并对公司的经营业绩负最终责任。国有企业董事会这种职责的缺失被DECD许多成员国认为是国有企业治理最薄弱的环节之一。

因此，国家作为所有者不应干预铁路国有企业的日常管理，应该给董事会和管理层明确授权，尊重董事会的独立性，并促使董事会履行受托责任。

11.3.4　建立并完善企业经营管理问责机制

国资委作为国有出资人代表，必须要做合格股东，做负责任的股东。一方面要放权，另一方面也要问责。目前，国有企业最大的问题是“无人负责”，无人能够对国有企业的经营后果承担直接的经济责任。建立起国有企业经营者的问责机制，使国企高管的责任、权利和义务对等，建立合理的经营者激励机制，仍是现阶段国有企业发展混合所有制的重要内容。应在国有企业分类管理的前提下，确保国有企业董事会授权明确，并承担全部受托责任。

建立监事会监督事项清单，强化对国资运营、境外资产项目等监督检查，严格责任追究。提升国企管理水平，加快形成有效制衡的公司法人治理结构和灵活高效的市场化经营机制，按照简政放权、放管结合、优化服务改革要求，落实企业经营自主权，增强发展内生动力，实现国有资产保值增值。

11.3.5　提高国有铁路企业信息披露的透明度

西方国家管理和经营国有企业的经验表明，国家作为股东，必须确保国有企业经营有充分的透明度，并建立一个完整的框架，制定从所有权政策、国企内部和外部的审计体系和标准到向国会报告和向公众公布年度国有企业运营报告的整套规则。

首先，为确保国有企业层面的信息披露和透明，国家应制定统一的信息披露政策，以明确信息披露的种类、对象、内容和方式，并确保信息披露质量的有关程序。其次，国有企业应执行高质量的会计和审计标准，披露所有重要信息，特别是明显关系到公众利益的信息。最后，编制国有企业年度报告是各国管理国有企业的普遍做法。

作为面向普通公众、国会和媒体披露的工具，将编制国有企业年度报告作为提高其信息披露和透明度的重要手段，以便对国有企业总体业绩和进展有清楚和及时的了解，形成面向大众的监督机制。

中国国有资产管理和国有企业运行的薄弱环节是缺乏国企信息披露的透明度，不利于广大民众和高层权力机关对国有企业的监督。世界各国国有企业管理和运行的经验表明，确保企业层面充分的信息披露和透明度是改善国有企业治理和运行效率的必要途径。提高国有企业信息披露的透明度有利于公众清楚地了解国企经营业绩和运营情况，唤起民众和媒体对国企的关注和监督，有利于全国人民代表大会有效行使所有权职责。

11.3.6 积极推进发展混合所有制

国务院提出推进国企在落实质量第一、效益优先的要求中发挥领军作用。通过优化重组，促进国有资本向关系国家安全、国民经济命脉和国计民生的重要行业和关键领域、重点基础设施倾斜，向实体经济聚焦。推进央企股份制改革，引入社会资本实现股权多元化。对主业处于充分竞争行业和领域的商业类国企推进混合所有制改革。抓紧淘汰落后产能、处置“僵尸企业”。继续推动降杠杆、减负债。促进国企效益持续增长。

国家对混合所有制的推进有利于铁路各领域企业法律形式的改革。党的十八届三中全会通过的《中共中央关于全面深化改革若干重大问题的决定》提出：国有资本、集体资本、非公有资本等交叉持股、相互融合的混合所有制经济，是基本经济制度的重要实现形式，要积极发展混合所有制经济。混合所有制是实现铁路市场化的重要形式，推动铁路向市场化、产权多元化方向发展。

11.3.7 推进铁路投融资体制改革

根据国家对铁路各领域企业的控制形式，对投融资体制进行一定的改革，保证国家所有权政策的有效实施。推进铁路采用“网运分离”的模式，打破铁路自然垄断性、增强铁路行业直接竞争性、吸引民间资本投资铁路；路网业务具有国家基础设施的特点，可在国有资本控股、确保国家对路网拥有控制权的前提下，以包括国有资本在内的各类社会资本参股形式实现混合所有制；运营业务是具有充分竞争性的业务，可以包括国有资本在内的各类社会资本独资、参股或控股的形式实现混合所有制。建立补偿补贴机制化解铁路外部效应，增强权益性资本融资能力；强化法律和制度建设，保障铁路投融资顺利改革。对于铁路企业而言，在逐步进行统分结合的网运分离过程中，也将逐步建立起混合所有制下的现代企业制度，进而有利于发挥混合所有制经济的优势。

11.3.8 建立报告制度对铁路国有企业进行监督和评估

国有资产管理部门应使用适当的手段和价值评估方法，监督和评估国有企业的经营业绩。为便于对国有企业经营业绩的有效监督，国有资产管理部门需要配备具有会计和审计技能和经验的专业人士，并定期与外部审计员和国家特派监察机构保持顺畅的沟通。

国家所有权机构在对下属的国有企业经营业绩进行监督时，要求国有企业提供年度预算报告、经营业绩的半年度报告、公司规划等。通过一体化信息管理系统，对国有企业经营状况实施密切监督，可将月度数据与预算数据进行比较，从而实现更强的监督效果。管控模式可制定为对国有企业每季度进行一次“交通灯”审查，主要评价股东关系质量、董事会和管理层的质量、公司战略的执行情况以及财务业绩等。

11.4 铁路国家所有权政策的法律保障

11.4.1 赋予国家民事主体资格

国家成为法律意义上的主体，国家享有民事主体资格具有其必要性，在一定程度上国家需要参与民事活动，需要获得民事主体资格，能够以自己的名义享有权利、承担义务。对国有企业进行股份制改造，确立国家的民事主体资格和地位，国家资产以股份的形式投入国有企业，国家通过持股实现国家所有权。当国家财产受到侵害时，国家有民事主体资格，能够以民事手段来维护自己的合法权益。

11.4.2 政企分开要以法律形式巩固下来

在此基础上明确政府职能和企业权利界限，并进一步明确铁路企业产权，确立企业法人财产制度；为适应铁路企业股份制改造的需要，可以依据《公司法》制定《铁路股份制企业管理办法》，铁路企业股份制改造有关法律问题做到有法可依；制定与《公司法》相配套的法律、法规和规章，建立起规范的法人治理结构；制定配套的监管法，明确国家铁路局作为铁路行业的监管主体、权力配置、监管内容、监管职责以及监管程序。

11.4.3 针对不同类型国有企业分类立法

整备制度环境，提供分类管理的法律和组织条件。首先，要结合经济法规的情况进一步完备企业行为规范的法律条件。铁路国家所有权政策有关企业行为的法律规范，部分通过行业法、反垄断法等经济法予以规范，部分可以股东要求的方式实现。有必要结合有关法规的完善进行法律协调。其次，要结合组织机构法和财政法（含国有资本经营预算法）规定进行协调、规范。最后，要修改完善包括治理制度、会计制度在内的企业制度法规。对同时有特殊业务和竞争性业务的企业，有关法规的明确十分重要。

我国《公司法》适用国有公司，需要结合有关政策和行业法规出台规范政府直接干预较多的特殊领域各类公司（自然垄断公司、平台类投资公司等）的法，分类出台具体明确不同类型企业国家股东及其代表责任的法。

11.4.4 国家应在法律框架内行使其所有者权利

由于政府扮演着市场调节者和国有企业所有者的双重角色，能否将这两个职责分开便成为政府能否建立公平竞争的市场秩序的关键。为了避免不适当的政治干预或被动的国家所有权，OECD认为国家应作为一个积极的所有者行使其职责，主要包括下面几个方面：委派代表出席股东大会并行使投票权；建立规则透明的董事会提名程序并积极参与董事会的提名；国有企业的董事会提名应该透明、规则明确，并以专业和多元化为基础。

11.4.5 制定铁路国家所有权政策改革相关法律

为了依法、有序推进铁路改革，铁路国家所有权政策相关事宜应当由法律来规定。制定我国《铁路所有权政策有关条例》，将铁路改革的目标、步骤、实施规划等基本内容写进条例，使铁路国家所有权政策有法可依、目标明确。

将设立的国家铁路改革咨询委员会铁路所有权政策研究成果，建立的国有企业经营者的问责机制、合理的经营者激励机制，为了确保国有企业经营有充分的透明度而制定的从所有权政策、国企内部和外部的审计体系和标准到向国会报告和向公众公布年度国有企业运营报告的整套规则，以及定期对铁路国有企业的经营绩效进行监督和评估的报告制度作为一项法律政策，以法律的形式确保其制定实施。

11.5 铁路国家所有权政策的人才保障

11.5.1 确保企业人才与国家所有权政策相匹配

企业人才应对相应企业的国家所有权政策有所理解与认同，并在执行过程中贯彻这些政策。

对于具有竞争性的铁路领域，为了积极推进混合所有制，增强企业活力，企业法律形式可采用股份有限公司的形式，促进现代企业制度的建立。构建股东大会、董事会及各专门委员会、监事会及高级管理层，形成权责明确、独立运作，以公司章程为核心和基础的公司治理制度。董事长、总经理和监事会主席应该三人分设，以形成良好的权力制衡及监督机制。其中董事会成员包括执行董事，非执行董事和独立非执行董事，独立董事对管理层进行有效的监督和制约。通过制定公司章程来界定公司股东大会、董事会、监事会、总裁的职责、义务、权限和议事程序等。同时，可成立战略与投资委员会、审计与风险管理委员会、薪酬与考核委员会、提名委员会等，并制定各专门委员会的工作细则，明确规定委员会的职责、议事程序和会议制度等。这些专门委员会主要由独立董事担任委员，确保董事会科学而高效地运作。

此外，还可以设置职业经理人。职业经理人受公司所有者委托，以公司绩效最大化为目标经营管理企业，维护企业的正常运作，并承担公司资产保值增值的责任。在“职业经理人”制条件下，担任经理职务的人不是国有资产所有权的代表人，有利于国有资产管理部门代表国家对企业的经营行为依法实行监督。职业经理人也不是企业上级管理部门的代言人，因此在授权范围内有更多的经营自主权，能更好地代表企业或股东的利益依法经营，从而为完善法人治理结构打下了基础。

对于路网和资本领域的企业，由于需要得到国家的绝对控制，企业可以采用国有独资的形式，以增强国家的控制力。由于国有独资公司只有国家这唯一的一个投资主体，所以国有独资公司不设立股东会。出资人的职责由国务院或者地方人民政府授权本级人民政府国有资产监督管理机构（或财政部）履行，国有资产管理机构（或财政部）也可分配给董事会部分股东权力。在国有独资公司中，董事会的成员由出资人委派，也就是由国有资产监督管理机构（或财政部）委派并且董事会的董事长也由出资人指定。公司董事会是公司的最高决策机构，拥有对高级经理人员的聘用、奖惩以及解雇权。在国有独资企业的董事会中必须有职工董事，并且职工董事由公司的职工代表大会选出。监事会的成员不得少于五人，其中应当有至少1/3的比例是职工代表，这些代表由职代会选举产生，除了职工代表外其他的监事会成员由国有资产监督管理机构委派。公司法人治理结构的各组成部分应当有明确的分工，在这个基础上各行其职，各负其责，确保企业的有效运作。

11.5.2 确保国企高管薪酬激励能吸引和留住合格人才

董事会的薪酬政策也是影响国有企业公司治理水平的一个重要因素。DECD对其成员国的调查显示，在OECD大多数成员国中，董事会的薪酬普遍低于同行业的市场平均水平。这一状况在不同的所有权模式下也有所区别。大体上看，分权和双重所有权模式下的国有企业董事会成员薪酬水平相对更低，集中所有权模式下的董事会薪酬相对高些，但仍达不到私营部门的平均水平。例如，波兰某些行业国有企业董事会的薪酬只有私营部门的1/10。西班牙等少数国家国企董事会成员除了津贴之外，没有其他酬劳。另外一些国家将董事会成员的薪酬与业绩挂钩，不同的公司，年度绩效奖金占工资的比例各不相同，约在20%～70%之间。

如果董事会成员的薪酬远远达不到与其责任相匹配的水平，也大大低于同行业私营企业董事的平均水平，这势必会影响国有企业董事会吸引和留住人才。正是意识到薪酬问题的严重性，OECD一些国家已经着手改变现有的薪酬政策，使其更加接近私营部门的水平，目的是为了吸引和留住在知识和经验能力等方面更加胜任董事会工作的高级人才。瑞典前5家最大的国有企业董事会成员薪酬水平从2002年的16.7万瑞典克朗增加到2004年的22.6万瑞典克朗；董事长薪酬的平均水平从2002年的33.1万克朗增加到2004年的43.4万瑞典克朗，董事和董事长薪酬增幅均超过30%。中型国有企业董事会成员薪酬的增长幅度更大，两年间几乎增长了3倍。

因此，国家作为一个积极所有者的另一个重要职责，是确保国企高管薪酬激励政策符合公司发展的长期利益，并能吸引和留住合格人才。

11.5.3 从高层、中层以及基层职工方面做好人才的建设工作

完善多层次、全面化的铁路国家所有权人才保障措施，针对各铁路企业所有权政策对相应人才做出培训。

①董事会人才体系。在规模上，铁路公司董事会成员一般不少于7人，不超过13人；董事会设置常务委员会；铁路董事会的构成中至少有1名职工董事；铁路公司董事会要设外部董事，外部董事是指出资人依法聘用、由任职公司以外人员担任的董事。

②经营管理人才体系。改革铁路企业领导的行政任命制，建立人才公平竞争机制；改革铁路企业领导的薪酬制度，建立完善的激励与约束机制；建立完善的现代企业制度。

③基层职工人才体系。拓宽人才的招聘渠道，铁路企业可针对应届以及

非应届全日制学生进行招聘；根据所空缺的岗位以及所需职工的类型实时地进行人才的招聘，建立动态的人才招聘信息化平台。

11.6 铁路国家所有权政策的宣传保障

在全面深化改革的新形势下，只有构建大宣传格局，调动各方力量，组织优势资源，进一步强化宣传舆论工作，才能为铁路国家所有权政策改革发展提供有力的思想保证、精神动力和舆论支持。

11.6.1 巩固铁路国家所有权政策的思想基础

实现铁路国家所有权政策改革，必须正视现实存在的诸多挑战。一是铁路在国家所有权政策改革发展的过程中，由于有各项政策的出台和相关组织的建立，必然会面临许多新的矛盾和困难。解疑释惑、凝心聚力，最大限度地形成思想共识，迫切需要加强有关铁路国家所有权政策的思想教育和宣传引导。二是加快转变发展方式，迫切需要做好深入细致的思想工作，引导各领域干部职工坚定转变发展方式的决心和信心，推进铁路企业各项所有权政策的顺利实施。三是由于铁路国家所有权政策的实施对各领域企业有不同程度的影响，关乎职工的切身利益，为了更快速有效地保证所有权政策的实施，应加强各项关系职工切身利益政策措施的解读宣传。四是落实各项战略部署，各级领导干部是关键。需要通过对铁路国家所有权政策深入的学习研讨，带动领导干部先学一步、深学一步，使各级领导干部始终在政治上保持头脑清醒，在工作上保持满腔热情，在作风上发挥表率作用，在廉政上能够自律自警，面对新的形势任务，我们必须通过强有力的宣传舆论工作把干部职工的思想认识统一到铁路的战略决策上来，行动统一到国家领导层、各铁路有关企业工作部署上来，切实把力量凝聚到实现铁路国家所有权政策发展上来。

11.6.2 创建推动铁路国家所有权政策的工作氛围

推动铁路国家所有权政策发展的进程，既是提高运输能力、确保安全生产的过程，也是教育引导广大干部职工贯彻改革发展理念、弘扬和谐精神、建设先进文化的过程。宣传舆论工作要把铁路维护职工群众切身利益、提高职工物质文化生活水平的新举措宣传到位，调动干部职工的积极性；宣传舆论工作要把加强职工的心理疏导作为重要任务，建立谈心制度，面对面交流思想、心贴心化解矛盾，让谈心活动成为对职工进行人文关怀的重要载体；宣传舆论工作要引导干部职工以推进铁路改革发展为己任，解放思想、更新观念，始终站在铁路现代化建设的前列，争创一流业绩，为各项工作协调、和谐、可持续发展提供不竭动力。

11.6.3 营造利于铁路国家所有权政策实施的舆论环境

使普通民众了解有关铁路国家所有权政策对铁路发展的积极影响。铁路是大众化交通工具，我们的每一项新政策的出台都备受新闻媒体的关注。当今时代，新兴媒体发展迅速，网络媒体、都市类媒体不断增加，而且非常活跃。这些，既为我们宣传企业形象提供了便利，也为我们引导舆论增加了难度。特别是信息技术快速发展，传播渠道日益多样，新闻采访日益开放，社会舆论呈现多层次的状态，对宣传舆论工作是一个严峻的考验。这就需要我们主动运用新兴媒介，加强与媒体的深度合作交流，始终保持正面引导的强劲态势，使铁路“以人民满意为标尺”的良好形象和铁路职工无私奉献的精神风貌通过媒体得到广泛传播，为铁路国家所有权政策发展营造良好的舆论环境。

11.6.4 加强铁路国家所有权政策内外部宣传

应加强内部宣传，其目的是充分发挥员工的智慧和能力，充分调动广大干部、工人对铁路国家所有权政策实施的积极性。对出现的重大事件及时予以宣传报道，对重要活动有必要时开展专题宣传。铁路国家所有权政策改革也应围绕其实施的进程要做好战役性宣传报道，可推出《铁路国家所有权政策系列谈》等新栏目，增强新闻宣传的思想性。

应做好外部宣传，在国家“走出去”战略以及创新驱动发展、“中国制造2025”及“一带一路”等重大战略的机遇背景下，提升铁路各领域企业对外宣传能力，展示铁路各领域企业的发展趋势以及相应的国家所有权政策改革方向。

11.7 本章小结

本章首先提出为确保铁路国家所有权政策的有效实施，应当做好相应的理论准备，进而从顶层设计、政策、法律、人才、宣传等五个方面提出了铁路国家所有权政策的保障机制。主要结论为：

①针对国家所有权政策的概念不清晰的情况，我国应加强对铁路国家所有权政策的研究，以便于更好地明确企业改革中的一些相关政策。

②在顶层设计方面，设立国家铁路改革咨询委员会，并将铁路所有权政策研究纳入其工作议题；设立国有资本投资运营公司，以分离国家所有权与经营权。

③在政策保障方面，为确保铁路国家所有权政策顺利、有效实施，国有铁路资产管理部门需要重新定位；国家作为所有者不应干预铁路国有企业的日常管理；建立国有企业经营管理的问责机制，提高国有铁路企业信息披

露的透明度；建立报告制度，定期对铁路国有企业的经营绩效进行监督和评估，与铁路国有企业的外部审计机构和国家监察机构保持沟通，提高企业运营透明度。

④在法律保障方面，国家应该在法律框架内行使其所有者权利。铁路国家所有权政策的实现需要制定企业的相关法律，结合有关法规以及组织机构法、财政法进行协调规范，各项事宜应以法律的形式固定下来。

⑤在人才保障方面，应确保国企高管薪酬激励符合公司发展的长期利益，并能吸引和留住合格人才；从董事会和监事会等高层管理人才、中层经营管理人才以及基层职工三方面做好人才的建设工作。

⑥在宣传保障方面，主要从推动铁路国家所有权政策实施的思想基础、工作氛围、舆论环境和加强内外部宣传着手，营造一个良好的舆论环境，正确的舆论导向。

第 12 章 结论与展望

12.1 主要研究内容

本书作为全面深化铁路改革系列丛书中的一本，深入研究了国家所有权政策的理念与实践，以及铁路国家所有权政策总体框架、总体政策、具体政策、保障机制等相关问题。

首先，以十八届三中全会中提出的全面深化改革为背景，叙述了我国国有企业的现状及存在的问题。我国铁路运输企业自20世纪90年代起出现行业性亏损，是我国最后一个实现政企分离的网络型垄断性行业，目前仍存在政企分离率低、董事会缺失、存在道德风险和监事会职能弱化等现象。此时此刻，明确国家所有权政策对促进铁路改革具有重要意义。

阐述国家所有权政策的基本概念和主要内容，对国外典型行业的国家所有权政策的实践经验及启示做了总结，并结合我国国情，简要论述了我国在深化国有企业改革过程中对国家所有权政策的探索。

明确铁路国家所有权政策的概念及体系，从所有权主体、客体、内容三个方面，分析了其主要特征。并对铁路国家所有权政策的总体框架进行了构建，主要包括铁路行业总体政策和铁路各领域具体政策两个层面。

铁路具体主要包括路网、工程、装备、运营和资本五大领域，由于不同铁路领域的公益性与竞争性不同，据此制定的国家所有权具体政策也有所不同。

总体政策方面，首先简述了铁路的任务及功能，再明确了铁路国家所有权政策的目标，最后对我国铁路国家所有权政策涉及的五大关系做出阐述。

具体政策方面，分别针对铁路工程、装备、路网、运营和资本五大领域的国家所有权进行了阐述。国家对不同领域有不同的功能定位，各领域企业存在的问题也不尽相同，因此，针对各领域提出了企业出资人制度、企业法律形式、企业治理结构等方面的改革建议，由此形成不同的国家所有权政策。

最后，明确了国家作为国有铁路的所有者应当扮演的角色，进而提出铁路国家所有权政策有效实施的保障机制。

12.2　主要研究结论

本书以全面深化改革向深水区迈进、全面深化国有企业改革为背景，叙述了我国国有企业的现状及存在的问题，深入研究了国家所有权政策的理念与实践，以及铁路国家所有权政策总体框架、总体政策、具体政策、保障机制等相关问题。

我国铁路运输企业自20世纪90年代起出现行业性亏损，是我国最后一个实现政企分离的网络型垄断性行业，目前仍存在政企分离率低、董事会缺失、存在道德风险和监事会职能弱化等现象。制定国家所有权政策是深化铁路行业作为国有企业深化改革的必要手段，因此推出铁路国家所有权政策刻不容缓。本书主要研究结论如下：

①明确国家所有权政策，能更好地发挥国有企业的主导作用，加快垄断行业改革，深化垄断行业国有企业改革。

②在深化铁路改革过程中，应当结合“统分结合的网运分离”实施路径，以所有权和经营权分离为主要思想，进行产权制度改革、转换经营机制。

③国资委作为国家履行出资人的代表机构，应下设行业性国有资产（资

本）经营公司，通过国有资本经营公司来实现国有资产管理的优化。完善国有企业董事会制度，由国资委资产经营公司派出国家股东代表，执行铁路所有权政策。

④铁路国有企业在经济社会中占据特殊地位并扮演重要角色，在实施铁路国家所有权政策过程中，应当首先明确国家应扮演的角色，做好顶层设计。而后在中观层面，分别以国有资产管理部门和企业为主体，构建一套完善的企业治理规则，形成面向大众的监督机制。

⑤国家（政府）如何履行其所有权责任，是改善国有企业公司治理的关键因素。为此，应当全力做好各项保障机制，以保证国家所有权政策的顺利实施，并且有显著成效。

⑥国家对铁路工程领域、装备领域、路网领域、运营领域和资本领域的国家所有权政策应根据各自特点有所不同，如表12-1所示。

表12-1　　铁路五大领域所有权政策

	工程	装备	路网	运营	资本
功能定位	功能性国企，国家占主导地位	功能性国企，国家占主导地位	功能性国企，国家垄断地位	一般竞争性国企，国家放开竞争	功能性国企，国家占主导地位
控制方式	国家相对控股	国家绝对控股或放松至相对控股	国有独资或放松至国家绝对控股	国家相对控股或不参股，重要领域绝对控股	国有独资或国家绝对控股
出资人制度	中国铁路国有资本投资运营公司履行国有资本出资人职责	中国铁路国有资本投资运营公司履行国有资本出资人职责	中国铁路国有资本投资运营公司履行国有资本出资人职责	中国铁路国有资本投资运营公司履行国有资本出资人职责	公有资本及社会资本作为出资人
企业法律形式	国有独资公司或股份有限公司	股份有限公司	国有独资公司或股份有限公司	股份有限公司	国有独资公司或股份有限公司
企业治理结构	股东大会、董事会及各专门委员会、监事会及高级管理层	股东大会、董事会、监事会和经营管理层	股东大会、董事会、监事会和职业经理人	股东大会、董事会、监事会和职业经理人	股东大会（独资公司则无）、董事会、监事会和经理层

从表12-1可知铁路所有权政策的基本思路，即路网具有公益性，国家应当垄断控制，但为了促进现代企业制度的建立，也可以适当引入竞争；运营具有竞争性，应当充分开放市场，对于重要的企业可加强一定的控制；而工程、装备等领域虽然具有竞争性，但要体现“中国高铁走出去”、“一带一路”等，为了便于走出去，政府应仍保持较高的股权，以体现国家意志；资本领域需要得到国家的严格控制，但其作为一种投资方式，也可以在国家控制的条件下充分融合社会资本，在充分利用资金的同时保证国家的利益。

12.3 未来研究展望

传统观念认为，铁路运输行业具有自然垄断性。但究其本质，铁路运输产业只在部分业务领域具有显著的自然垄断性（如铁路路网系统等）。而在其他业务领域则不具有完全的自然垄断性。英国、日本等国家重组铁路运输产业市场结构的经验表明，实行自然垄断业务与非自然垄断业务相分离能给铁路运输业提供一个公平的竞争环境，促使他们展开高效的竞争。

铁路国家所有权政策在明确了国家对铁路的发展目标、功能定位、法律形式、企业治理结构后，配套的相关政策法规应同步提出并实施，才能在真正意义上实现铁路的深化改革，实现政企分离。例如，运输市场的重组只是我国铁路运输产业改革的一个重要组成部分，还需要在重组市场结构的同时，对铁路运输业的运价体制、投资体制进行配套改革。为防止铁路路网公司进行垄断经营，对铁路路网公司的管制，特别是价格管制，应为重点。

正因为铁路改革地位特殊，作者倍感责任重大，因此反复斟酌之后认为本书仍有以下三个方面有待深入研究：

第一，不同铁路领域根据现有发展状况对企业体制改革操作流程存在一定的差异，有待进一步明确。第二，本文提出的功能定位及企业法律形式仅作为一种参考，具体采用哪一种方案需要视情况做出具体实践。第三，铁路系统庞大、改革涉及面广、牵涉利益较多，研究工作十分复杂。本文旨在提出一套系统理论设想，供决策层参考。尚有不成熟之处，有待深入研究。

参考文献

[1] 陈小洪，赵昌文.新时期大型国有企业深化改革研究[M].北京：中国发展出版社，2014.

[2] 陈云卿.国有企业的组织法律形式[J].管理观察，1996（3）：61–61.

[3] 范运恒.浅谈国有企业监事会的作用、现状及对策[J].交通企业管理，2015（03）：48–50.

[4] 国家发展和改革委员会.中长期铁路网规划[EB/OL].中华人民共和国国家发展和改革委员会[2017–08–13]. http：//ghs.ndrc.gov.cn/ghwb/gjjgh/201705/U020170516620657922852.pdf.

[5] 国家发展和改革委员会.国家重点专项规划之——“十三五”现代综合交通运输体系发展规划[EB/OL].中华人民共和国国家发展和改革委员会[2017–08–13].http：//ghs.ndrc.gov.cn/ghwb/gjjgh/201705/t20170509_846922.html.

[6] 黄群慧.国企发展进入“分类改革与监管”新时期[J].中国经济周刊，2013（42）：20–22.

[7] 呼志刚.英国铁路路网公司的运营与管理[J].铁道运输与经济，2006（12）：55–58.

[8] 焦欢.淡马锡模式对我国国企改革的启示与局限研究[J].时代金融，2016（24）：141–143.

[9] 蒋科.国家出资人代表制度研究[D/OL].长沙：湖南大学，2014.

[10] 林雪梅.铁路行业的政府监管体制研究[D].成都：西南交通大学，2013.

[11] 李国营.浅析新形势下国有企业混合所有制改革[J].商，2014（16）：58–58.

[12] 李宝仁.中国铁路“走出去”若干问题的思考[J].中国铁路，2010（01）：15–17.

[13] 李文杰，刘东，董敬.中国铁路运营“走出去”现状分析与政策建议[J].中国铁路，2017（6）：17-27.

[14] 鲁桐.深化国企改革亟须制定国家所有权政策[J].中国国情国力，2015（03）：23-25.

[15] 莫蒂默L唐尼.美国铁路发展政策中的政府作用[J].中国铁路，2006（10）：47-49.

[16] 孟斯硕.中国铁路运营管理不宜“网运分离”[EB/OL].中国证券报·中证网.（2013-03-13）[2017-09-25]. http：//www.cs.com.cn/app/ipad/ipad01/04/201303/t20130313_3896577.html.

[17] 孟光宇.我国铁路有效竞争研究[D].北京：北京交通大学，2016.

[18] 任雪松.基础设施投融资法律问题研究[D].上海：华东政法大学，2011.

[19] 史忠健.国有企业治理结构[M/OL].北京：北京大学出版社，2002.

[20] 孙萍.日本铁路改革及启示[J].辽宁广播电视大学学报，2007（1）：23-25.

[21] 王晓艳.铁路基础设施与区域经济协调发展研究[D].北京：北京交通大学，2016.

[22] 王曙光，王天雨.国有资本投资运营公司：人格化积极股东塑造及其运行机制[J].经济体制改革，2017（03）：116-122.

[23] 谢淑萍，顾洪梅，刘凌波.我国国有企业治理结构改革研究[J].商业经济，2011（17）：35-38.

[24] 许剑毅，叶植材.中国第三产业统计年鉴[M].北京：中国统计出版社，2015：305-306.

[25] 新华网.习近平主持召开中央全面深化改革领导小组第十七次会议[EB/OL].新华网[2017-04-26]. http：//news.xinhuanet.com/fortune/2015-10/13/c_1116812201.htm.

[26] 叶晓辉.老调新谈：好教案的几个关注点[J].辽宁教育，2016（6）：16-18.

[27] 佚名.陈小洪：国企改革，要明确国家所有权政策[EB/OL].（2014-12-19）[2017-07-06]. http：//www.chinadaily.com.cn/hqcj/zgjj/2014-12-19/content_12919301.html.

[28] 佚名.2016年铁道统计公报[Z/OL]，2017.

[29] 佚名.铁路运营现状研究及发展趋势[Z]，2015.

[30] 左大杰.铁路网运分离的必要性与实施路径[J].综合运输，2013（07）：44-46.

[31] 左大杰.铁路网运分离的必要性与实施路径[J].综合运输，2013（07）：44-46.

[32] 左大杰.基于统分结合的铁路网运分离经营管理体制研究[J].综合运输，2016（03）：

24–35.

[33] 张璇.我国国有独资公司治理结构完善研究[D].哈尔滨：东北林业大学，2016.

[34] 张用刚，贾小梁.日本国铁、电信电话公司的民营化及其启示[J].企业管理，1992（10）：46–48.

[35] 周小龙.国有资本运营公司持股模式选择及其制度设计[D].上海：华东政法大学，2015.

[36] 邹检文.铁路“网运分离”改革与激励约束机制研究[D].贵阳：贵州大学，2007.

后 记

本书是“中国铁路改革研究”丛书中的一本，主要涉及铁路国家所有权政策的研究。

国家所有权政策是有关国有经济功能作用、行为规范和国有企业与政府、社会关系的基本政策体系。国家所有权政策不仅有利于明确国有经济改革的方向及政策，而且有利于改进国有经济管理；不仅体现改革和管理的指导思想，而且作为政策工具可以直接帮助改革和管理的实施操作。虽然我国已出台一些本质上属于国家所有权政策范畴的政策，但由于没有国家所有权政策（及类似的政策）明确基本目标和规则，出台的政策往往不协调，政策有效性受限，甚至一些政策并没有达到设计者的初衷，甚至完全相反。

例如，铁路或者说铁路行业的各个领域，在究竟是公益性还是经营性这个问题上，铁路企业与社会公众沟通上存在明显障碍。而铁路国家所有权问题正是要解决国家对铁路各领域企业的功能定位与发展目标。我们认为，铁路国家所有权政策在深化铁路改革之中处于纲领地位，纲举则目张，如果这个不首先予以明确，将直接导致其他改革措施难以推进。

目前，我国鲜有关于铁路国家所有权政策的研究，而明确铁路国家所有权政策对于有效进行铁路改革具有至关重要的作用，因此为了保证铁路国家所有权政策在铁路改革中的指导性意义，需要对其进行系统性的研究。

铁路国家所有权政策要回答根据铁路企业的功能和经济性质等因素的分类，国家投资企业的目标及有关条件。铁路国家所有权政策的意义，不仅在于它通过明确企业的基本和具体的功能目标，可以指导国有经济布局结构调整方案和国有经济改革方案的分类设计及实施，还在于它能够指导对国有经济的分类管理。这两方面的作用是相互联系的，因为在确定改革或调整方案时就要考虑以后的管理。

本书的研究重点是根据基本国情提出铁路国家所有权的总体政策，并针对工程、装备、路网、运营、资本等不同领域的特点提出不同的国家所有权具体政策。研究过程大量参考国家出台的相关政策，例如《中共中央关于全面深化改革若干重大问题的决定》《国务院关于提请审议国务院机构改革和职能转变方案》等。铁路国家所有权政策在明确了国家对铁路的发展目标、功能定位、法律形式、企业治理结构后，配套的相关政策法规应同步提出并实施，才能在真正意义上实现铁路的深化改革。

总体来说，本书内容丰富，涉及面广，政策性极强，实践价值高，写作难度大。但是，考虑到当前铁路改革发展的严峻形势，迫切需出版全面深化铁路改革系列丛书以表达作者的思考与建议。该系列丛书的初衷在于试图构筑全面深化铁路改革的完整体系，而对于若干个关键问题的阐述可能还不够深入，甚至存在不少不当之处，恳请专家与读者提出宝贵意见和建议，以便再版时修改、完善。

硕士研究生雷之田、曹瞻、石晶、陈瑶、黄蓉、徐莉等同学在本书撰写工程中承担了大量的资料收集、整理工作，雷之田同学还承担了本书第11章的撰写工作。感谢他们为本书的撰写和出版所做出的重要贡献。

最后，本书付梓之际，感谢所有关心本书、为本书作出贡献的专家、学者以及铁路相关领导同志。

作者

2018年6月